Biblioteca
Rafael Arráiz Lucca
14

Edición exclusiva impresa bajo demanda por CreateSpace, Charleston SC.

1.ª edición: octubre de 2017

© **Rafael Arráiz Lucca, 2017**
© **Editorial Alfa, 2017**
© **alfadigital.es, 2017**

Reservados todos los derechos. Queda rigurosamente prohibida, sin autorización escrita de los titulares del Copyright, bajo las sanciones establecidas en las leyes, la reproducción parcial o total de esta obra por cualquier medio o procedimiento, incluidos la reprografía y el tratamiento informático.

Editorial Alfa
Apartado postal 50.304. Caracas 1050 A, Venezuela
Teléfono: [+58 212] 762. 30. 36 / Fax: [+58 212] 762. 02. 10
e-mail: contacto@editorial-alfa.com
www.editorial-alfa.com

ISBN: 978-84-17014-47-6

Diseño de colección
Ulises Milla Lacurcia

Diagramación
Rocío Jaimes

Corrección
Magaly Pérez Campos

Imagen de portada
Fundación Casa Arturo Uslar Pietri

Fotografía del autor
Efrén Hernández

Printed by CreateSpace, An Amazon.com Company

Arturo Uslar Pietri.
Una biografía

Rafael Arráiz Lucca

Índice

Prólogo 7

Arturo Uslar Pietri. Una biografía 9
La trama de sus ancestros 9
Los primeros años (1906-1916) 16
Los valles de Aragua:
adolescencia y juventud (1916-1923) 19
El quinquenio universitario (1924-1929) 23
París era una fiesta (1929-1934) 32
Vuelta a la patria (1934-1939) 44
Los hilos del poder (1939-1945) 53
El exilio en Nueva York (1945-1950) 72
Segunda vuelta a la patria (1950-1958) 83
El llamado de la democracia (1958-1963) 98
La candidatura presidencial y la fundación
de un partido político (1963-1968) 108
La dirección de *El Nacional* (1969-1974) 115
Embajador ante la Unesco (1975-1979) 121
En La Florida, de nuevo (1979-1985) 128
Ochenta años y el homenaje nacional (1986-1989) 138
Dos premios internacionales, el episodio de «los Notables»
y la publicación de sus dos últimos libros (1990-1994) 148
Recogiendo las velas (1995-2001) 160

Uslarianas

Arturo Uslar Pietri: itinerario de una vocación 179
Bibliografía 193
De Romualda a Manduca, n.º 102 195
Arturo Uslar Pietri: centenario y centro 199
Una consigna nacional 203
Arturo Uslar Pietri: un clásico moderno 207
Arturo Uslar Pietri y la historia venezolana 213
Bibliografía 225
Cuatro novelas 229
Las lanzas coloradas 229
El camino de El Dorado 232
Oficio de difuntos 235
La visita en el tiempo 238
Pizarrón 243
Medio milenio de Venezuela 247
Educar para Venezuela 249
Arturo Uslar Pietri: «El progreso del mundo
se debe a los disidentes» 253
Cronología Arturo Uslar Pietri (1906-2001) 261

Bibliografía directa e indirecta 273

Prólogo

Las ediciones anteriores de esta biografía fueron publicadas en 2006, en el marco del centenario del nacimiento del escritor caraqueño. En esta tercera edición he preferido ofrecer un título escueto, sin explicaciones, más inclinado a provocar en el lector una valoración propia sobre el personaje que sugerida por nuestra parte. *Arturo Uslar Pietri. Una biografía*, además, recoge un conjunto de ensayos y artículos escritos, en su mayoría, durante y después del año centenario. De modo que la visión biográfica se complementa ahora con una aproximación crítica a su obra, enriqueciendo con nuevos puntos de vista las dos ediciones anteriores. Además, he añadido algunos párrafos a la biografía que en su momento de escritura no se presentaron tan evidentes como ahora, he cambiado unos adjetivos por otros, he afinado la puntuación, he precisado detalles, he añadido nuevas valoraciones. También ofrezco en esta edición una entrevista de 1986, la primera que sostuve con el escritor, entonces con motivo de sus ochenta años.

Después de la muerte de Uslar, en febrero de 2001, el interés por el personaje se ha incrementado notablemente. Con frecuencia advertimos citas de su obra literaria, así como referencias a su legendario programa de televisión *Valores humanos* o a su columna periodística Pizarrón. Es evidente que no se puede estudiar el siglo XX venezolano sin detenerse en las tareas literarias, comunicacionales y políticas que Uslar desarrolló en su dilatada y fecunda existencia. Aspiramos a que esta nueva edición, enriquecida, contribuya al mejor conocimiento de la vida y obra de este escritor y político fundamental de nuestra historia republicana.

RAL

Arturo Uslar Pietri. Una biografía

Vamos a seguir los pasos de un venezolano multifacético. Un hombre que cultivó la escritura con un fervor pocas veces registrado entre nosotros; un hombre de ideas y un creador. Un pionero en la utilización de la televisión con fines pedagógicos y un hombre de Estado que fue ministro, senador, embajador y candidato presidencial. Estuvo presente en todos los debates de importancia nacional en el siglo XX: el petróleo, la educación, el sentido del Estado, siempre intentando comprender la realidad venezolana en el contexto hispanoamericano. Sigamos los pasos de un caraqueño que cautivó a miles de lectores y televidentes y que enfrentó a no pocos adversarios y desconocedores de su valía y sus aportes. Un venezolano típico y atípico a la vez. Una voz que no dejaba indiferentes a quienes la escuchaban y, sin la menor duda, uno de los personajes centrales de la historia venezolana en el siglo XX.

La trama de sus ancestros

El varón que nace el 16 de mayo de 1906 a las dos de la madrugada, según reza su partida de nacimiento, en una típica casa caraqueña entre las esquinas de Romualda y Manduca, número 102, y que responderá al nombre de Arturo Uslar Pietri, es heredero de dos tradiciones familiares enraizadas en Venezuela de manera consustancial. Una de origen alemán, específicamente de

Hannover: los von Uslar, y otra de origen corso: los Pietri. Es el hijo mayor del coronel Arturo Uslar Santamaría y de Helena Pietri Paúl. Le siguen dos hermanas (Helena, 1908, y Teresa, 1909), que murieron antes de cumplir dos años, de modo que será prácticamente hijo único durante casi dos décadas, hasta que en 1925 nace Juan Uslar Pietri, su único hermano, quien se entregó a los estudios de historia de Venezuela y a la diplomacia, y falleció en 1998.

La aventura de Johann von Uslar en Venezuela ha sido relatada pormenorizadamente por su bisnieto Uslar Pietri en un discurso que pronunció en la Sociedad Bolivariana de Venezuela en 1966, cuando se le rindió homenaje con motivo del centenario de su muerte, acaecida en Valencia el 1 de abril de 1866. Von Uslar integraba una familia noble de Loccum, un pueblo en las inmediaciones de la ciudad de Hannover, en donde había nacido en 1779, y las relaciones estrechas entre esa región y la Corona inglesa facilitaron el hecho de que el joven estudiara en el Real Colegio Militar de Windsor. Estas relaciones contaban con la solidez de la sangre, ya que Jorge I de Inglaterra procedía de Hannover, y desde 1714, a raíz de la muerte de la reina Ana, ocupó el trono. Por línea sucesoral y hasta 1837, con la muerte de Guillermo IV, esta zona de Alemania e Inglaterra pertenecía al mismo dominio monárquico. Por otra parte, no obstante estos datos indudables en relación con la procedencia de Loccum, también es posible suponer que los von Uslar fuesen originarios de un pequeño pueblo, cercano a Göttingen, llamado precisamente Uslar, pero no contamos con pruebas como para asegurarlo.

En su condición de militar, von Uslar estuvo en España, defendiéndola de la invasión napoleónica; luego lo hallamos en el sitio de Waterloo, bajo las directrices del duque de Wellington; y después en Inglaterra, donde es licenciado del Ejército inglés y recibe la Cruz de Waterloo por los ingentes servicios prestados. Estando en Londres, conoce a Luis López Méndez, quien lo entusiasma con el tema americano y con la figura creciente de Simón

Bolívar. El ideal de la libertad no le es ajeno al joven militar, de modo que von Uslar decide sumarse a la epopeya del sur y reúne a cerca de trescientos soldados y treinta y seis oficiales, entre ingleses y alemanes, casi todos ellos residentes de Hamburgo, hasta que zarpa del puerto alemán y alcanza costas venezolanas en Juan Griego, isla de Margarita, el 4 de abril de 1819; entonces se pone a las órdenes del general Rafael Urdaneta. Al tiempo es capturado y hecho preso por las fuerzas de la Corona española, pero queda libre después del armisticio de Santa Ana, una vez que es canjeado, en 1820. De inmediato se suma a las fuerzas patrióticas que van en camino de librar la batalla de Carabobo. En ella participa al final. Por otra parte, su última incursión militar será al lado del general José Antonio Páez en la toma de Puerto Cabello, en 1823. Para entonces, ya se había casado con Dolores Hernández, con quien va a tener cinco hijos; va a establecerse en Valencia y va a ser propietario de un ingenio en Tocuyito. Johann von Uslar quema sus naves en Venezuela y para siempre será conocido como el general Juan Uslar.

De la unión con Dolores Hernández nacerá el abuelo de Uslar Pietri, el también general Federico Uslar Hernández (1825-1909). Se sabe que el joven Federico fue compañero de estudios de Antonio Guzmán Blanco, que respaldó sus causas desde la juventud y que estuvo a su lado en el ejercicio del poder. Uslar Hernández contrajo nupcias con Teresa Santamaría Soublette, emparentada por ambas vías con casas familiares de gran significación durante la colonia y el período independentista. Era hija de Julián de Santamaría, natural de Medellín y uno de los edecanes del Libertador, y de Concepción Soublette de Jerez y Aristeguieta, hermana del general Carlos Soublette quien, además de prócer de la independencia y uno de los hombres de mayor confianza de Bolívar, fue presidente de la República. De la unión de Federico y Teresa nace en Valencia, en 1870, Arturo Uslar Santamaría, quien morirá en Caracas, ya anciano, en 1951.

Helena Pietri Paúl es hija del general Juan Pietri Pietri quien, como todos los Pietri iniciales, es natural de Río Caribe, muy cerca de Carúpano, en la península de Paria. Allí nació en 1849, hijo de inmigrantes corsos, como muchos de los que a Carúpano y Río Caribe llegaron a partir de 1828, cuando la figura fundadora de la estirpe corsa en oriente, José Vicente Franceschi, inició la avanzada. En la investigación: «La red comercial corsa y el desarrollo de la producción de cacao en el oriente venezolano 1830-1930», del historiador Nikita Harwich Vallenilla, no solo se ofrecen los datos que arriba anotamos, sino que se profundiza aún más sobre los primeros Pietri en la región:

> Cabe mencionar, entre los primeros: a Andrés Pietri, nativo de Ersa y a su pariente Gerónimo Pietri, nativo de Centuri, pequeño pueblo pesquero ubicado en la punta occidental del cabo Corso, a Juan Bautista Lucca, quien arribó a Carúpano en 1833, era sobrino de José Vicente Franceschi; Gerónimo Pietri casó con Ángela María Franceschi; su hija Catalina Pietri Franceschi, se casó con su primo Andrés Pietri quien, para entonces, se había mudado de Carúpano para el vecino pueblo de Río Caribe (Harwich, 1999: 425).

El general Juan Pietri Pietri es hijo de Andrés Pietri Bonifacio y de Catalina Pietri Franceschi, y va a trazar el arco de una vida política agitadísima, en la que alcanzó a desempeñar cargos de gran importancia en el aparato del Estado, como veremos de inmediato. Sus padres lo envían a Córcega, y luego se traslada a París, donde estudia Medicina. Regresa a Venezuela en 1877 y revalida su título en la Universidad Central de Venezuela. En 1883 se ve en la necesidad de abandonar el país por serias divergencias con el gobierno de Antonio Guzmán Blanco, el gobierno que el otro abuelo de Uslar Pietri, el general Federico Uslar Hernández, respaldaba con entusiasmo, pero ambas familias estaban lejos aún de trenzarse en relación de parentesco. Pietri regresa al país cuando gobierna Raimundo Andueza Palacio, en 1890, pero de inmediato es nombrado ministro plenipotenciario de Venezuela en México. Vuelve en 1892 y se une a la Revolución Legalista de Joaquín Crespo. En su gobierno, fue ministro de Hacienda, de Guerra y Marina y canciller. Incluso estuvo encargado de la Presidencia de la República en 1893, por enfermedad de Crespo. En 1895 renuncia a sus cargos ministeriales y dos años después acepta ser ministro plenipotenciario en Alemania, España, Francia, Italia e Inglaterra. Regresa al país en 1897. Dos años después lo ubicamos como senador, y a partir de la llegada de Cipriano Castro al poder, en 1899, lo encontramos en franca oposición a su gobierno. Es hecho preso en 1902 y en 1905, hasta que las hostilidades hacia él cesaron con la llegada de Juan Vicente Gómez al poder. Entonces, se desempeñó de nuevo como canciller (1909-1910) y luego como presidente del Consejo de Gobierno, cargo que ejercía cuando lo sorprendió la muerte, el 28 de mayo de 1911. De esta figura central, Uslar Pietri tendrá un inolvidable recuerdo:

> Pero a mi abuelo materno, el doctor y general Juan Pietri, lo conocí más. Él murió siendo del Consejo de Gobierno y fue una figura política y militar muy curiosa. Cuando murió yo tendría seis años. Recuerdo que iba con mi madre a saludarlo con mucha frecuencia. Lo veo sentado en el corredor de la casa leyendo el periódico con un gorrito en la cabeza, un gorrito de esos bordados. Tenía una barba y al entrar yo siempre le decía: «Bendición, gran Papá» (Arráiz Lucca, 2001: 6).

El doctor y general Juan Pietri va a casarse dos veces. Su primera unión fue con Carmen Paúl García, hija de Jesús Paúl y Pulido y de una distinguida señora de origen español: Carmen García Fuentes. Una vez fallecida la joven Carmen Paúl García, deja al general Pietri con cuatro hijos pequeños, y este contrae nupcias de nuevo con una viuda: Inés Ibarra de Ibarra. De este segundo matrimonio nacen dos hijos. Los Pietri Paúl serán Catalina, madre de los Boulton Pietri; Carmen, madre de los Pietri Pietri; Juan, casado con Hilda Volcán, padre de los Pietri Volcán; y Helena, madre de los Uslar Pietri. Helena Pietri Paúl nace en Caracas en 1885 y es enviada a estudiar a París en el Colegio de las Religieuses de l'Assomption, una institución para señoritas, casi exclusivamente concentrada en la enseñanza de normas de conducta y buenos modales. Es enviada a esta institución junto con sus hermanas Catalina y Carmen. La madre, como dije antes, Carmen Paúl García, ha fallecido en México, muy joven, mientras su esposo ejerce funciones diplomáticas en el país centroamericano. Helena Pietri de Uslar morirá en Caracas en 1959, ocho años después de su esposo.

El recuerdo de sus padres anidó en Uslar durante toda su vida con emoción. Así lo expresó ante una pregunta del periodista Alfredo Peña, en un libro de conversaciones que sostuvieron en 1978:

> Mi padre era un hombre excelente, muy bondadoso, afectuoso, cariñoso, buen padre de familia y buen marido. Un hombre de casa, nunca fumó, ni bebió, ni trasnochó. No recuerdo que haya llegado tarde una noche a mi casa, salvo que haya salido con mamá a algún teatro. Fue enteramente de su hogar y llevó una vida modesta. Sin ninguna complicación intelectual, de muy buenas condiciones personales y morales, muy serio, responsable, afectuoso conmigo y muy comprensivo. Nunca tuve con él problemas de ninguna especie. Y con mi madre, menos aún. Mamá era una mujer inteligente, despierta, muy vivaz, alegre, de un carácter sumamente ingenioso, graciosa; tenían gran fama entre sus amigos por su ingenio, por su agudeza, por su facilidad para caricaturizar a la gente. Conmigo fue una excelente madre, una mujer sumamente afectuosa. No tuve problemas nunca en mi casa por cuestiones de entendimiento con mis padres (Peña, 1978: 13).

Las tradiciones familiares en las que entronca Uslar Pietri son militares; como es fácil advertir, con él se rompe una línea castrense de varias generaciones. Es posible que la aproximación inicial a la lectura del niño Uslar provenga de la afición por leer que profesaba su madre. Ella colocaba libros en sus manos desde muy pequeño, mientras su padre le refería con fervor los hechos de la historia nacional donde estuvieron involucrados sus antepasados. De modo que la historia del país no era un asunto de nombres extraños y lejanos, sino que había sido sustancia de la historia personal de sus parientes, con mucha frecuencia vinculados directamente con los personajes de la política republicana. De hecho, cuando el niño Arturo es bautizado, el 26 de septiembre de 1908, con un poco más de dos años de nacido, los padrinos de bautizo serán Cipriano Castro y Zoila de Castro, entonces pareja presidencial.

Por otra parte, la composición familiar de Uslar Pietri es arquetípica en Venezuela, en el sentido de que en ella confluyen en distintos momentos inmigrantes europeos con criollos, dándose en el seno de su estirpe una combinatoria análoga a la que tenía lugar en la sociedad venezolana. Se distinguen sus dos ramas familiares, eso sí, por el protagonismo de sus integrantes. Tanto su bisabuelo como sus abuelos fueron figuras en distintos grados principales, tanto en el terreno de las armas como en el del poder.

Es probable que haya influido en la formación de su sensibilidad artística la colección de arte pictórico que latía en las paredes de la casa de sus tíos Boulton Pietri, aunque esta influencia no se dio en la infancia sino ya en la juventud, dado que el vínculo entre esos primos hermanos no se estableció durante estos años, sino ya entrada la adolescencia, como veremos luego. Y, ciertamente, a lo largo de toda su vida encontraremos un particular interés por los asuntos del arte, compartidos con su primo hermano y entrañable amigo, el crítico e historiador del arte venezolano Alfredo Boulton. Además, desde sus primeras obras advertiremos una singular dotación del autor para la construcción plástica de los ambientes, al punto que escenas de *Las lanzas coloradas* parecen escritas para cine, y en casi todos sus relatos el influjo poético proviene de su familiaridad con la imagen. Pero estos son temas que abordaremos más adelante.

Los primeros años (1906-1916)

Para el momento en que nace Uslar Pietri, su padre se desempeña como prefecto del Departamento Guaicaipuro, uno de los departamentos en que ha sido dividido el Departamento Libertador después de la organización establecida el 18 de noviembre de 1903. El cargo que desempeñaba era modesto, pero para ejercerlo se requería el respaldo de Cipriano Castro, con el que contaba el coronel, quien lo había seguido en su gesta; pero esta circunstancia alejó a Uslar Pietri de sus primos Boulton Pietri durante casi toda su infancia, ya que esta familia no era afecta a Castro. Además, entre ambas familias había diferencias económicas considerables. No cabe la menor duda de que el devenir de los Uslar Pietri era modesto; basta recordar que el lugar donde quedaba su casa estaba bastante alejado de las casas del centro, ámbito donde vivían solo las familias afortunadas, como sus parientes Boulton Pietri, quienes moraban entre las esquinas de Conde y Principal, justo al lado del corazón de la plaza Bolívar.

La suerte del coronel Uslar Santamaría cambió todavía hacia estadios más comprometidos económicamente cuando Castro es desplazado por Juan Vicente Gómez del poder, ya que perdió en lo inmediato su cargo y se vio en la necesidad de circunscribir sus tareas a la pequeña finca de café que tenía en las afueras de Caracas, e incluso hasta allá fue a visitarlo la mala fortuna, porque en 1913 fue hecho preso y despojado de su pequeña propiedad, al parecer porque alguien lo relacionó con la conspiración de Román Delgado Chalbaud, y el general Gómez «cortó por lo sano» y lo encarceló. Sin embargo, suponemos que, gracias a alguien que intercedió por él, salió de la cárcel, retomó el curso de su libertad y se congració de alguna manera con el gobierno, porque en 1916 es nombrado jefe civil de Cagua, otro cargo discreto que supo ejercer.

El aislamiento de los Uslar Pietri de su entorno familiar materno lo refiere perfectamente Margot Boulton de Bottome en sus memorias. Allí se lee:

> Yo sabía que mi madre tenía dos hermanas, una que se llamaba Carmen, hermana de padre y madre, y Mercedes, hija de la segunda esposa de mi abuelo, Inés Ibarra de Pietri. No había oído hablar, hasta pasados los diez años, de otra hermana que tenía mi madre de nombre Helena Pietri Paúl de Uslar, por la sencilla razón de que, al casarse Helena con un edecán de Cipriano Castro se produjo un distanciamiento que duró muchos años (Boulton de Bottome, 1992: 63).

Al distanciamiento político se sumó, como dije antes, el abismo económico entre ambos núcleos familiares, cosa que después, por otra parte, no fue óbice para una amistad entrañable entre Margot y Alfredo Boulton y el primo hermano al que conocieron ya en la adolescencia. El propio Uslar Pietri tuvo que desmentir toda su vida los orígenes acaudalados que se le atribuían a su familia, siempre alimentados por la confusión entre la prosapia de sus apellidos y la circunstancia modesta de sus padres. Dejemos que él mismo lo explique:

> Vengo de una vieja familia venezolana; muchos de mis parientes son y han sido gente muy rica, pero yo pertenecí a la rama pobre, cosa que ocurre muchas veces (Peña, 1978: 13).

En 1913, en medio de las dificultades económicas y políticas de su padre, Uslar Pietri entra en una escuela atendida por una señorita que enseñaba a leer. Tiene siete años y le ha tocado vivir entre contradicciones y dificultades. Mientras su padre es extrañado del servicio público por castrista, su abuelo, el general Juan Pietri, alcanza cimas en el servicio público, que ya hemos señalado y que, sin embargo, en lo inmediato no sirvieron para paliar la situación del coronel Uslar, pues todo indica que su natural discreción hacía imposible que solicitara que su esposa agenciara algún tipo de privilegio ante su padre, es decir, su suegro. El general Pietri muere en 1911, y el nombramiento de jefe civil de Cagua por parte del general Gómez ocurre tiempo después.

En 1914, cuando el niño cuenta con ocho años, es inscrito en el Colegio Francés, en la esquina de Mijares, que administraban unos sacerdotes franceses y que albergaba a cerca de trescientos alumnos, integrantes de familias con una mediana posición económica en la ciudad. En algo ha debido mejorar la situación de los Uslar Pietri, lo que hizo posible la inscripción del niño en este establecimiento. Allí va a compartir aulas con quien será su amigo toda su vida: Eugenio Mendoza Goiticoa, y allí será preparado para hacer la Primera Comunión el 11 de junio de 1916. Entre los primocomulgantes figura su amigo Armando Zuloaga Blanco, quien encontrará la muerte en la escaramuza de la invasión del *Falke* en Cumaná varios años después.

En varias oportunidades refirió Uslar Pietri que su familia no era particularmente católica, más allá del cumplimiento de los sacramentos de rigor. Él mismo, en diversas oportunidades de su vida, se declaró agnóstico: respetó la institución de la Iglesia católica y su raigambre social y política, pero no era un creyente; tampoco era ateo.

La suerte mejoró para el coronel Uslar Santamaría y la vida de los Uslar Pietri va a cambiar, por más que el cargo al que han destinado al coronel sea poco más que insignificante, en un poblado casi inexistente; prácticamente una humillación que, verdaderamente, el coronel Uslar aceptó con dignidad y entereza. Con todo y la ínfima importancia del cargo concedido, la vida se les hizo menos estrecha. Se mudan a Cagua primero y luego a Maracay.

Estamos en 1916 y el niño cuenta con diez años. De estos primeros diez años es sumamente curioso que Uslar Pietri no conservara mayores recuerdos. En todas las entrevistas que se le hicieron a lo largo de su vida, cuando celebró la alegría de la etapa infantil se refería a Maracay, cuando ya era un niño de diez años. Por algún motivo de psicología profunda nuestro biografiado no recordaba con fluidez los años que van de los cinco –cuando suelen fijarse los primeros recuerdos– a los diez, cinco años básicos para la formación del cuerpo psicológico del hombre. No creo que fuesen traumáticos estos años, si bien es cierto que la circunstancia política había colocado a su padre contra las cuerdas; pero tampoco fueron de grandes alegrías. A ello ha debido sumarse el estado de tristeza que a un hogar trae la muerte de dos niñas que le seguían en edad, lo que ha debido deprimir notablemente a sus padres, imantando el ambiente familiar de una comprensible pesadumbre.

Los valles de Aragua: adolescencia y juventud (1916-1923)

La primera mudanza de los Uslar Pietri, como dije antes, es a Cagua. Allí el niño será inscrito en una Escuela Unitaria, naturalmente pública, que dirigía el profesor Luis Alejandro Alvarado. El mismo año de 1916 su padre es trasladado a Maracay y el niño entra en otra escuela pública, la Escuela Federal Graduada Felipe Guevara Rojas. Allí cursó los años que le faltaban de la escuela primaria y egresó en 1919, a los trece años. Entonces, es inscrito para comenzar el bachillerato en el Colegio Federal de Varones de Maracay.

En la Escuela Guevara Rojas conoce a quien será un entrañable amigo y compañero de aventuras literarias y publicitarias de todas las horas: Carlos Eduardo Frías. El esplendor de su vida adolescente comenzará en compañía de Frías, así como el descubrimiento del campo venezolano, de la naturaleza, de todo el ambiente que será fundamental para su futura cuentística y sus novelas. Aquellos valles de Aragua, que el Uslar adolescente esculcará con alegría, fueron abriéndole las puertas de su vocación literaria. Escuchémoslo:

> Así comenzó una amistad desbordada y plena, de todas las horas y de todos los gustos, llena de fantasías, de truculencias, y de descubrimientos en la que cambiábamos, a voluntad y minuto a minuto, de personajes y de lugares. Las colinas de Maracay se llenaban de cuevas de piratas, de rutas de aventureros, de pistas de tigres y de tesoros enterrados (Eskenazi, 1988: 26).

La literatura, en aquellos muchachos de catorce años, se había atravesado en sus caminos. La única librería de Maracay, atendida por el señor Gino Sardi, fue entregándole otros mundos: Verne, Dumas y Salgari fueron los autores de sus primeras lecturas juveniles, suficientes para azuzar la imaginación de aquellos adolescentes en trance de adultez. La combinación de la vida campestre de Maracay y sus alrededores con el descubrimiento de los libros, así como el paso por la adolescencia hacen, de estos, años cruciales para la formación de la personalidad de Uslar.

Entonces, también, nace una amistad, nunca desmentida por Uslar, con los hijos del general Gómez, en particular con Florencio, a quien apodaban *el negro* Gómez, aunque también era amigo de Juan Vicente. La frecuencia con la que el joven Uslar veía al general era casi diaria; era «de la casa» de los Gómez. Así me lo refirió en el libro de conversaciones que sostuvimos. Incluso me relató que estaba en casa de los Gómez el día de la muerte del general y refirió los hechos con meridiana claridad. Luego citaré sus palabras.

Aquel adolescente solía sentarse a la mesa del general Gómez con mucha frecuencia, sobre todo cuando Florencio lo invitaba a ir con su padre a la hacienda El Trompillo, en las afueras de

Maracay, y pasaban varios días «temperando» en aquellos parajes aragüeños. De aquellos años escolares, Uslar conserva el recuerdo agradecido de uno de sus profesores: el bachiller Rodríguez López, quien le enseñó a amar la naturaleza. Maracay no pasaba de los cinco mil habitantes, pero en contraste contaba con casas muy grandes, muy bien construidas; no en balde era el lugar escogido por Gómez para vivir; y muy cerca del poder viven «las cortes», los familiares y amigos. Los Uslar vivieron en distintas casas en la capital de Aragua: una en la calle Atanasio Girardot, otra en la calle Santos Michelena. De estos años en que el trato con Gómez le fue familiar, Uslar obtuvo insumos y recuerdos para su novela sobre el general tachirense: *Oficio de difuntos*. Conservaba un recuerdo minucioso del general Gómez, hasta de su forma de vestir:

> Él se vestía de un modo muy caprichoso. Usaba unas botas sueltas de cuero muy fino hasta las rodillas. No usaba, salvo en actos oficiales, gorra militar. Usaba generalmente un panamá y una guerrera que no era regular tampoco, porque no usaba correaje; lo que se ponía era la presilla de general en jefe y usaba unas blusas de tela de seda (Arráiz Lucca, 2001: 7).

De modo que la adolescencia de Uslar está vinculada con la experiencia del trato frecuente con el poder absoluto, así como con el descubrimiento del campo y la posibilidad de soñar que le entregaba en bandeja la literatura de aventuras. También, de estos años data su primer trabajo, bastante curioso por lo demás: cuando cumplió catorce años le pidió a su padre que le regalara una máquina de escribir usada, cosa que el padre satisfizo, y con ella tuvo la iniciativa de dirigirse hasta el hotel Maracay y proponerle al dueño pasarle a máquina, todos los días, el menú del restaurante. El dueño aceptó y fue entonces como el futuro escritor comenzó a devengar diez bolívares semanales por la tarea y la entrega puntual del encargo.

En 1920, Uslar Pietri contaba con catorce años y ya el impulso de escribir lo acicateaba. Publica su primer artículo el 28 de agosto en el diario *El Comercio* de Maracay, que se titula «El plátano o banano», y luego publica un segundo artículo el 30 de septiembre, intitulado «Sapere». No publica más en lo inmediato. Al año siguiente (1921) es inscrito en el internado de los salesianos en Valencia. Allí estuvo seis meses y regresó a Maracay. Este extraño intervalo es un misterio; se sabe que su madre no estuvo de acuerdo con el extrañamiento del adolescente a Valencia y abogó por su regreso, pero ¿de quién fue la iniciativa de enviarlo a Valencia interno? ¿Del padre, del mismo joven? El propio Uslar, que sepamos, no lo explicó nunca y, más bien, en el recuento de su vida pasó por encima estos seis meses valencianos.

Regresa a Maracay en 1922, publica unos primeros y olvidables versos en el semanario *Paz y labor* de Maracay, vuelve al colegio en el que estaba y, de pronto, se le manifiesta un paludismo pernicioso hacia finales de 1922. El diagnóstico es de cuidado, de modo que los médicos recomiendan la mudanza hacia zonas benéficas, y la familia se muda a Los Teques, ciudad que gozaba de especial fama por sus condiciones climáticas propicias para la lucha contra este mal. En Los Teques va a terminar el bachillerato en el liceo San José, un internado que gozó de notable prestigio hasta años recientes. Allí compartirá aulas con otro amigo que será su compañero toda la vida, más allá de las diferencias políticas que se pronunciarán en el futuro: Miguel Otero Silva.

En este año de 1923 publica su primer cuento en la revista *Billiken*: «El silencio del desierto», y también publica poemas y artículos. Las dedicatorias de estos textos hablan de sus afectos de entonces o de sus escritores admirados. Las ofrendas afectivas van dirigidas a Juan Vicente Gómez Núñez y Armando Zuloaga Blanco; las admirativas, a Andrés Mata y Pedro Emilio Coll. Finalmente, se gradúa de bachiller en el liceo San José de Los Teques el 23 de octubre de 1923, pero como era costumbre jurídica entonces, el título de bachiller lo expedía la Universidad Central de Venezuela, cosa que ocurre en su caso el 16 de enero de 1924, confiriéndosele el título de bachiller en Filosofía, después de haber presentado la tesis *Todo es subjetividad*. El jurado de la tesis emitió el veredicto el 27 de diciembre de 1923, y estaba integrado por Juan de Dios Méndez y Mendoza, J. R. Ayala y nada más y nada menos que por José Antonio Ramos Sucre.

La salud del joven Uslar ha mejorado ostensiblemente en Los Teques, de modo que sus padres regresan a su casa de Maracay y a partir de 1924 el muchacho, que va a cumplir dieciocho años, se muda a Caracas. Alquila una pieza en una pensión, como era usual por parte de los jóvenes interioranos que se trasladaban a estudiar a la capital, y se inscribe en la Facultad de Ciencias Jurídicas y Políticas de la Universidad Central de Venezuela. De la oferta académica de entonces –Medicina, Ingeniería y Derecho–, pues el Derecho le es menos ajeno. Ya estaba claro que la vocación literaria se imponía en su espíritu; todavía la vocación política no asomaba su largo cuello de jirafa.

El quinquenio universitario (1924-1929)

El fervor literario que ha nacido en Maracay encuentra viento para seguir encendido en Caracas. Sabemos que vive en una pensión típica caraqueña, de aquellas que solían recibir a estudiantes que venían del interior. La pensión queda entre las esquinas de Jesuitas y Tienda Honda, y no muy lejos tienen lugar las tertulias literarias de la plaza Bolívar. Sobre la calidad de aquel ambiente literario, el juicio de Uslar no es muy favorable. Así se refería a la vida intelectual caraqueña de entonces:

> Era en la plaza Bolívar o en las cervecerías a tomar cerveza y a conversar y hablar de literatura con una ignorancia tremenda. No había

revistas, no había libros. En Caracas había dos librerías apenas, muy malas. Era una cosa terrible (Uslar Pietri, 1964: 32).

De modo que si bien el joven Uslar frecuentó estas peñas, lo cierto es que su aventura de lector ha debido sustraerlo un tanto de la experiencia bohemia. Además, la vida universitaria también lo llamaba. En estos años va a compartir aulas con los futuros integrantes de la llamada generación de 1928, aquella de la que el propio Uslar formó parte en su vertiente literaria, mas no en la política, por causas que veremos luego.

En segundo año de Derecho, el joven Uslar tiene una experiencia que fue aclarándole aún más su vocación profesional. Era requisito hacer una pasantía en algún juzgado, cosa que hace como escribiente del Tribunal de Primera Instancia en lo Civil del Distrito Federal, cuyo juez era Ernesto Solís. Allí conoce la probidad del doctor Solís, pero también observa de cerca el ambiente humano en el que tendría que desarrollarse su vida profesional en caso de dedicarse al ejercicio profesional del Derecho, y su conclusión no fue auspiciosa. Sin que los estudios de abogacía se le hicieran una carga pesada, difícil de sobrellevar, al menos conoció de cerca su ambiente y supo que no era el que había soñado para él. Un paso importante, sin duda.

En la universidad, tuvo las puertas abiertas de la revista del Centro de Estudiantes de Derecho. Allí publicó algún ensayo metajurídico, mientras se abría espacio en otras revistas: *Billiken*, *Elite* y *Fantoches*, a la par que calzaba su firma en artículos en *El Universal* y *El Nuevo Diario*. De estos tiempos también son unas crónicas taurinas escritas por Uslar, publicadas con el seudónimo «Don Critias, el exiguo», en el semanario *De Pitón a Pitón*, que se erigen en los únicos textos escritos por el autor sobre temas taurinos. Una rareza.

En estos años está en gestación el movimiento estudiantil que hará eclosión en 1928. Raúl Leoni organiza la Federación de Estudiantes de Venezuela, Rómulo Betancourt se suma a ella al llegar de Guatire a estudiar Derecho en Caracas. Jacinto Fombona Pachano culmina su gestión al frente de la FEV y escribe poesía. Fernando Paz Castillo imparte clases en los liceos, escribe poesía y alienta la naciente crítica plástica sobre la obra de los pintores del Círculo de Bellas Artes. Antonio Arráiz publica en 1924 un poemario que entró en la sala como una granada de mano: *Áspero*, toda una revolución poética. De este poemario en su segunda edición, en 1939, Uslar escribirá el prólogo, ya ubicando su importancia histórica y literaria. José Antonio Ramos Sucre está por publicar *La torre de Timón*, y recibe el silencio y la incomprensión de casi todos. Uslar avanza con sus primeros relatos, busca su propia voz, acomete poemas, redacta artículos y no escapa a las lecturas que realizaban sus contemporáneos caraqueños: autores como Leónidas Andreiev, Oswald Spengler, José Ortega y Gasset, entre muy pocos más.

Su nombre va haciéndose conocido entre los lectores y los condiscípulos, sobre todo en el ámbito de la literatura. Los temas políticos no le son ajenos, pero una circunstancia lo inhibe: la situación de su padre, funcionario del régimen gomecista, un hombre que, como vimos, había conocido la calamidad de caer en desgracia con el poder cuando Gómez comenzaba su mandato, que había sido hecho preso, expulsado de su trabajo y a quien le habían confiscado una finca en las afueras de Caracas, en Mariches, como vimos antes. De modo que la participación política de Uslar en contra de la dictadura gomecista suponía daños a su familia que el joven no quiso asumir. Además, la amistad con los hijos de Gómez, por más que ya no convivía con ellos en Maracay, seguía en pie, y seguramente constituía un obstáculo más para el ímpetu político del estudiante. El propio Uslar explicó esta situación tantas veces en las entrevistas que concedió a lo largo de su vida que no es necesario detenerse en este punto. Señalemos, eso sí, que le creó una zanja difícil de sortear durante muchos años con sus compañeros de generación que, mientras Uslar se retraía comprensiblemente en preservación de su padre, estuvieron presos o en el exilio.

Así como la publicación en revistas y periódicos fue ingente durante los años 1923 y 1924, se produjo un inexplicable hiato durante los años 1925 y 1926, cuando ningún registro hemerográfico se tiene de su actividad literaria. En 1927 la retoma y continúa en 1928, para amainar en 1929, año en que viaja a París. Si en 1924 publicó uno de los relatos que integrarían su primer libro de cuentos, la mayoría fueron publicados entre 1927 y 1928, años en los que el prestigio de cuentista de Uslar va en ascenso. Ya entonces algunos lectores atentos consideraban que el joven adelantaba una obra singular, entre ellos Pedro Sotillo, Rafael Angarita Arvelo y Fernando Paz Castillo.

Si 1928 fue el año clave de la generación política que terminó por ubicarse en la historia con el guarismo de ese año, también lo fue para la generación literaria con la aparición, en enero, del único número de la revista *Válvula*, cuyo editorial fue redactado por Uslar:

> Somos un puñado de hombres jóvenes con fe, con esperanza y sin caridad. Nos juzgamos llamados al cumplimiento de un tremendo deber, insinuado e impuesto por nosotros mismos, el de renovar y crear. ¡Trabajaremos compréndasenos o no! Bien sabido tenemos que se pare con dolor y para ello ofrecemos nuestra carne nueva. No nos hallamos clasificados en escuelas, ni rótulos literarios, ni permitiremos que se nos haga tal, somos de nuestro tiempo y el ritmo del corazón del mundo nos dará la pauta (Santaella, 1992: 35).

Además de Uslar, formaron parte del grupo que creó la revista Carlos Eduardo Frías, Antonio Arráiz, Miguel Otero Silva, Fernando Paz Castillo, Nelson Himiob, José Antonio Ramos Sucre, Juan Oropeza, José Salazar Domínguez, Pedro Sotillo, Rafael Rivero Oramas, Luis Castro, Joaquín Gabaldón Márquez, Alfonso Espinoza y José Nucete Sardi, entre otros. Releer el editorial escrito por el joven narrador constituye todo un ejercicio de asombro, ya que el escritor ecuánime de su vida adulta guarda poca relación con el fervor juvenil, y hasta agresivo, de estos años en que el joven no había cumplido todavía los veintidós.

> Abominamos todos los medios tonos, todas las discreciones, sólo creemos en la eficacia del silencio o del grito. *Válvula* es la espita de la máquina por donde escapará el gas de las explosiones del arte futuro. Para comenzar: creemos, ya es una fuerza; esperamos, ya es una virtud, y estamos dispuestos a torturar las semillas, a fatigar el tiempo, porque la cosecha es nuestra y tenemos el derecho de exigirla cuando querramos (Santaella, 1992: 36).

La actitud juvenil del grupo es más que evidente, quizás inspirada en ciertas posiciones artísticas europeas a las que, desde aquí y escasamente, tenían acceso los participantes. Pienso en el arte abstracto, en el futurismo, en el dadaísmo, aunque lo digo con precaución porque, si bien es cierto que algunos conocían estos movimientos y Uslar era uno de ellos (publicó en *El Universal* en diciembre de 1927 un ensayo intitulado: «La vanguardia, fenómeno cultural»), no habían tenido tiempo para metabolizar estos postulados. Algunos de sus rasgos asomaban en sus textos, pero al mismo tiempo sobrevivían otros, costumbristas y hasta criollistas. Hubiese sido imposible que «de buenas a primeras» el discurso literario de estos jóvenes fuese radicalmente vanguardista. Sin embargo, el proyecto de alejarse del costumbrismo y el criollismo es manifiesto; al menos para Uslar lo era: no solo lo expresa en el editorial, sino en los cuentos que está tejiendo.

La revuelta literaria de *Válvula* es seguida de la revuelta política que generó la Semana del Estudiante en febrero de 1928. Fue entonces cuando Uslar se vio en la necesidad de sustraerse y concentrarse en su proyecto literario exclusivamente. No participó en los hechos de febrero ni en los de abril, ni estuvo preso ni tuvo que irse al exilio. Se concentró en su obra literaria y se empeñó en publicar un libro de relatos. Lo ayudó su padre, sufragando parte de la edición, y lo ayudó el editor Juan de Guruceaga, cobrando el costo de impresión solamente. Así fue como salió de la imprenta en septiembre de 1928 el primer libro de Arturo Uslar Pietri: *Barrabás y otros relatos*.

El propio autor, muchos años después, al momento de prologar una edición de sus *Obras selectas* en 1953, reflexionaba sobre sus propósitos iniciales diciendo:

> Con una información demasiado rápida, fragmentaria y superficial, comenzamos a hacer vanguardia y a pedir cambios. Pero un día advertimos que no bastaba con discutir y proclamar, sino que había que realizar una obra que reflejara, en su condición nueva, la presencia de una nueva conciencia no sólo de la literatura, sino de la condición venezolana.
> Fui uno de los que se puso a esa esperanzada tarea. De ella nació *Barrabás y otros relatos*, el primero de mis libros, que apareció a fines del año 1928. Eran unos cuentos que buscaban no parecerse a los cuentos que hasta entonces se venían escribiendo en Venezuela. El primero y más obvio de sus propósitos era reaccionar contra el costumbrismo pintoresco. Se empezaba por Barrabás, que no era un personaje costumbrista, sino la posibilidad de un conflicto humano válido y profundo: el hombre oscuro que participa decisivamente, y sin darse cuenta, en el momento más importante de una gran religión universal que va a nacer (Uslar Pietri, 1953: XV).

Si consideramos la Venezuela literaria de entonces, evidentemente que el libro constituyó un hito, una separación de las aguas entre la forma de narrar imperante, costumbrista o criollista, y los giros vanguardistas que emanaban de algunos de sus cuentos. No en todos ocurría así, pero sí en varios, y ello ya suponía una puerta abierta hacia otros estadios de indagación narrativa. El vanguardismo de su cuentística inicial no solo estribaba en la universalidad de los temas, lo que ya era bastante, sino en el lenguaje, en su frescura, en su imantación enigmática.

Algunos críticos de la época recibieron el libro con entusiasmo, otros no. Jesús Semprún lo castigó con una nota firmada con seudónimo, publicada en *Fantoches*, donde dudaba del vanguardismo del libro. Por su lado, los comentarios entusiastas de Pedro Sotillo y de Rafael Angarita Arvelo le dan la bienvenida al novel escritor, de apenas veintidós años. El primero dijo en nota bibliográfica publicada en *El Universal* unas semanas después de publicado el libro:

> Este muchacho es una realidad intelectual, y una realidad nueva que lamentamos vaya a interrumpir el baile de momias que divierte a la gran mayoría de la tribu literaria. No tenemos la culpa; que traten de no leer. Por demás de eso, de no leer han hecho casi un oficio (Sotillo, 1928: 12).

Como vemos, Sotillo no solo aúpa al joven que acaba de publicar su ópera prima, sino que aprovecha para denostar de la tribu literaria de entonces, a quien acusa de desinterés por la lectura. Doble propósito. Angarita Arvelo es menos alusivo y va directo a calificar la importancia de la obra. Dice:

> Constituye en la literatura venezolana de todos los tiempos su andamiaje divisorio el volumen *Barrabás y otros relatos*. Es el adiós al paisaje superficial y plástico, adiós al vernaculismo, adiós al nativismo (Angarita Arvelo, 1928: 14).

Años después, en un ensayo documentado y lúcido de Domingo Miliani, «Arturo Uslar Pietri, una escritura para el cuento», publicado en un libro colectivo en homenaje a Uslar editado por la Academia Nacional de la Historia en 1984, el estudioso de la obra literaria uslariana calibraba el aporte de *Barrabás y otros relatos*:

> Por los temas, por la incidencia constante de metáforas vanguardistas, por la utilización de puntos de vista orientados a independizar a los

personajes de la omnisciencia tiránica de un narrador autor, aquel libro introdujo en el arte de narrar en Venezuela, procedimientos técnicos y expresivos que no se habían intentado con anterioridad (Miliani, 1984: 210).

¿Exageraban Angarita Arvelo y Sotillo al recibir la ópera prima uslariana como un hito? No. Para comprenderlo es necesario remitirse al contexto en el que surge el libro. Las promociones literarias de *Cosmópolis* y *La Alborada*, una de finales del siglo XIX y la otra de principios del XX, si bien se propusieron avanzar en relación con sus antecesores, siempre bajo el ideal de la modernidad, lo cierto es que en el universo del cuento, hasta la fecha de publicación de *Barrabás y otros relatos*, no produjeron intentos renovadores. Incluso en el campo de la novela los aportes para la fecha son mínimos, por no decir inexistentes. Rómulo Gallegos publica *Doña Bárbara* en 1929, por señalar un solo ejemplo. De modo que, en el contexto nacional, no cabe la menor duda de la significación renovadora de algunos relatos del conjunto príncipe del joven Uslar. Así lo reconocen Miliani, Beatriz González Stephan, Nelson Osorio y algunos otros críticos literarios de formación profesional. Curiosamente, visto el conjunto de la obra cuentística del narrador, vamos a encontrar que sus cuentos más célebres no forman parte de este conjunto, sino del que le sucede: *Red* (1936).

En lo relativo a la esfera de la psique de nuestro biografiado, sorprende lo escrito por él mismo al momento de rememorar la experiencia del autor que espera su primer libro, ya que no fue el Uslar maduro un hombre entregado a las emociones:

> Fueron días de encendida espera y anuncio. Cada galera, cada pliego impreso, el doblaje y la costura de las capillas y, por fin, los primeros ejemplares. Aquella indecible emoción de tener en la mano aquel libro, igual a todos los libros, pero que era mi libro. Para hojearlo, para abrir al capricho las páginas y leer fragmentos de texto, para acariciar el papel y respirar el aroma de cola y tinta (Uslar Pietri, 1982: 118).

Con motivo de los cincuenta años de la publicación de su ópera prima, en 1978, nuestro autor escribe un ensayo, «Mi primer libro», en el que rememora aquellos días iniciales e, incluso, describe la fiesta que sucedió al advenimiento del título, rociada más con cerveza que con whisky, en medio de la algarabía de los amigos, en la propia imprenta de Guruceaga (Tipografía Vargas), espacio que en la Caracas de entonces fue centro de reunión, ateneo, ágora, alentado por la bonhomía del editor. Así terminó el año de 1928, y en el que recién comenzaba, el de 1929, el joven Uslar pasaría a otra condición. Obtendría el título de doctor en Ciencias Políticas, una vez concluida la escolaridad, y presentada la tesis sobre *El principio de la no imposición de la nacionalidad y la nacionalidad de origen*. El acto de graduación tiene lugar el 22 de julio de 1929 y, de inmediato, el graduado se embarca con rumbo a Europa. Ha sido designado por el gobierno dictatorial del general Gómez como agregado civil de la Legación de Venezuela en Francia y representante *ad honorem* ante la Sociedad de las Naciones, en Ginebra. Sobre los intríngulis de su nombramiento nada se sabe, pero es evidente que los vínculos entre Uslar y los hijos de Gómez han debido contribuir con la designación. Por lo demás, no se trataba de un cargo de importancia o de un cargo para el que el abogado y novel escritor no estuviese preparado. No era un absoluto desconocido para el que el general Gómez hubiese reservado un cargo de naturaleza familiar.

El viaje en barco ha sido referido por Uslar. El navío zarpó del puerto de La Guaira en julio. El recién graduado no esperó que la Corte Suprema del Distrito Federal le expidiera el título de abogado, cosa que hizo el 6 de agosto, cuando ya París le abría los brazos al suramericano que nunca antes había salido de Venezuela. Relata Uslar que el barco gastaba quince días en llegar al puerto de Le Havre, en Francia. Primero tocaba en Carúpano, luego en Trinidad, Barbados, Martinica, donde cargaba carbón y la nave se poblaba de polvo; luego Guadalupe, y después se enfilaba hacia las costas de Francia. Toda aquella epopeya en medio de los incesantes movimientos del barco, que se acompañaban por una orquestica con la que el pasaje «echaba un pie» en las noches, mientras durante el día distraía las horas leyendo sobre cubierta.

La visión del mundo de aquel muchacho provinciano, que había crecido entre Caracas y los valles de Aragua, cambiaría para siempre. La ciudad de París, entre las dos guerras, era un hervidero de ideas y posturas artísticas. No exagero si afirmo que Uslar, sin la experiencia parisina de su juventud, habría sido otra persona.

París era una fiesta (1929-1934)

El motivo del viaje de Uslar Pietri a París no requiere mayor dilucidación. Buscó la oportunidad, y se le presentó, de vivir en la capital de Francia que, además, era el centro de la vida artística e intelectual del mundo occidental. Para un joven escritor, soltero, no había mejor destino que aquel para continuar con su tarea de escritura, con sus lecturas y con el universo de tertulias al que se integraría: esa vía alterna de formación intelectual, en diálogo con sus pares.

La vida parisina le ofreció, por lo menos, cuatro espacios de realización. El cargo con el que llega a París lo pone en contacto de inmediato con el ministro plenipotenciario de Venezuela en Francia: César Zumeta, un reconocido escritor de formación positivista, quien para entonces contaba con una larga experiencia diplomática en Europa, y que le propone desempeñarse como su secretario, tarea que Uslar adelanta durante los dos años siguientes en que Zumeta estuvo al frente de la delegación. Zumeta dictaba y el joven copiaba, pero la operación iba precedida y sucedida por dilatadas conversaciones en las que el ministro plenipotenciario transmitía al joven sus impresiones venezolanas, sus lecturas de la realidad europea, de modo que la digna labor del secretario se hacía acompañar con la del diálogo pedagógico en las oficinas de la delegación venezolana en la Rue Beethoven. Zumeta abandona el cargo en 1931 y lo sucede un viejo amigo de los Uslar Pietri: Laureano Vallenilla Lanz, aquel señor que le regaló al niño Arturo su primera bicicleta, en una tarde de visita en la casa paterna de Maracay. La relación con Vallenilla Lanz ya no fue la del ministro-secretario, sino la del funcionario y su jefe de misión. Después de dos años, las tareas propiamente diplomáticas ya eran desempeñadas por el joven con destreza y pertinencia. Cuando Uslar regrese a Caracas, en 1934, Vallenilla seguirá al frente de sus labores diplomáticas en Francia.

Dentro del mismo ámbito de la diplomacia, Uslar se trasladaba todos los otoños a Ginebra e integraba la delegación venezolana que asistía a las reuniones de la Sociedad de las Naciones. Compartió entonces tanto con Zumeta como con Diógenes Escalante, pero también con un hombre más joven que ambos: Caracciolo Parra Pérez. Alguna vez declaró que la experiencia de las reuniones ginebrinas había sido, desde el punto de vista de la experiencia diplomática y de formación política, la más interesante de su primera estadía europea. También, en 1932, es nombrado delegado por Venezuela ante la XVI Conferencia Internacional del Trabajo, lo que le dio otra visión de los temas laborales, siempre vinculados con la economía, que fue tema que se le presentó en París y ya no lo abandonó nunca.

De la experiencia ginebrina le quedaba el saldo de haber visto disertar a hombres de talla mundial en la escena política de entonces: Aristide Briand, Gustav Stresemann, Arthur Henderson, Julius Curtius, Dino Grandi, entre otros, así como la oportunidad de haber asistido a una suerte de observatorio de la realidad política europea antes de la consolidación del nazismo. Aquel laboratorio de políticas públicas fue enormemente formativo para Uslar quien, obviamente, les «sacaba el jugo» a aquellas reuniones en su sentido intelectual, de comprensión del mundo de entonces y, sobre todo, de conocimiento de las redes internacionales que se venían creando en la *realpolitik* de la Europa de entreguerras.

Por otra parte, el espacio diplomático le deparaba una existencia decorosa, sin lujos, pero sin grandes apremios económicos, lo que lo diferenciaba de sus pares en cuanto a la búsqueda incesante de recursos para sobrevivir por medio de la escritura. Quizás por ello, durante estos años en París, las colaboraciones en diarios y revistas venezolanas no hayan sido abundantes, sino tomadas por un *tempo* más determinado por sus propios intereses intelectuales que por la necesidad.

Un segundo espacio de realización que le brindó la experiencia europea fue el de los viajes. Recordemos que para el momento en el que zarpa el buque de La Guaira, el joven de 23 años jamás había salido de Venezuela. A principios de 1930 viaja a Italia; regresa a este país en agosto. En compañía de su primo hermano, Alfredo Boulton, visita Venecia. A principios de 1931 viaja a Marruecos. Visita Tánger, Rabat, Fez, Mequinez, Moulay Idrís, Marrakech y Casablanca. En febrero hace una visita rápida a España (Madrid y Toledo) en busca de editor para *Las lanzas coloradas*; en julio se desplaza a Bélgica (Bruselas, Brujas y Gent); en octubre regresa a Roma y luego visita Londres por primera vez. En 1932 viaja con Miguel Ángel Asturias a Egipto. Visitan Alejandría, El Cairo, Lúxor, Karnak, y luego se movilizan hacia Jerusalén, Damasco y Beirut. Como puede comprobarse, los itinerarios no son baladíes, sobre todo por las incursiones en el norte de África y el Medio Oriente, además de la vida en Europa, evidentemente.

No obstante lo visitado y las notas tomadas para futuras escrituras, no será de inmediato que Uslar comience a publicar sus crónicas de viajes, piezas que en el conjunto de su obra serán de significativa importancia. Publica apenas dos crónicas sobre sitios visitados una vez que regresa a Venezuela en 1934 (Toledo y Brujas). Será después cuando irá formalizando un conjunto de importancia, por más que la redacción de los textos haya tenido lugar en estos años. La veta de cronista de viajes o de observador que ensaya a partir de la experiencia viajera se inicia en esta primera estadía parisina.

Un tercer espacio de singular importancia es el de un sucedáneo de la educación formal: la frecuentación de las tertulias literarias parisinas. Se repara poco en lo sustancial de este tipo de educación en diálogo con los pares, pero es fundamental. De aquellos primeros encuentros surge la amistad de tres jóvenes hispanoamericanos en similares condiciones y con sueños análogos: el guatemalteco Miguel Ángel Asturias, el cubano Alejo Carpentier y el venezolano Arturo Uslar Pietri. Sobre esta amistad se ha detenido la crítica especializada con particular atención. El primero de los tres en llegar a París fue Asturias, quien se instala en la capital de Francia en 1924, mientras Carpentier llega en 1928 y Uslar, como vimos, en 1929. De modo que el baquiano en el laberinto de la intelectualidad parisina será Asturias, que adelantaba a los otros dos en cuatro y cinco años de experiencia. Conocía el mapa con pertinencia. Sabía que en La Coupole se reunían unos, al tiempo que en La Consigne, en Le Dôme o en La Rotonde otros, mientras entre los tres fue creciendo una comunidad de intereses vinculada con la realidad de sus países de origen, motivo central de sus desvelos y sus proyectos futuros. Los tres estaban allí con la conciencia del regreso; no buscaban hacerse franceses o quedarse para siempre en Europa. Con el paso del tiempo, las posiciones coincidentes fueron las de Asturias y Uslar, mientras Carpentier fue tomando el camino del socialismo. Sin duda, la literatura los llamaba como un imán portentoso, pero la política también.

Uslar se integró a la tertulia de Ramón Gómez de la Serna en *La Consigne*. Allí compartió con Jean Cassou, Massimo Bontempelli, Joan Miró, Pitigrilli (seudónimo de Dino Segre, Jacques Maritain y Adolphe de Falgairolle, pero será a través de

Max Daireux que su amistad con Cassou nacerá y se robustecerá, al punto que Cassou será el traductor al francés de *Las lanzas coloradas*. Conoció también a Curzio Malaparte, André Breton, Salvador Dalí, Luis Buñuel, Max Jiménez, Luis Cardoza y Aragón y a Rafael Alberti, con quien entabló amistad y la sostuvo durante muchos años. Alguna vez coincidió con Paul Valéry, pero –de los poetas franceses– con quien tuvo mayor vínculo fue con Robert Desnos, ya para entonces muy cercano a Alejo Carpentier. Vicente Huidobro y Alfonso Reyes también integraron el grupo de sus amigos parisinos, así como los venezolanos allá residentes: Teresa de la Parra y Francisco Narváez, quien a lo largo de toda su vida fue una presencia afectiva sustancial para Uslar. De hecho, buena parte de la frecuentación de los museos franceses la adelanta en compañía del escultor. Las artes visuales no le fueron ajenas y algunas veces incursionó en comentarios sobre pintura, sin que en ello pretendiera reclamar para sí la autoridad de un crítico de arte. Muchas veces, también, fueron las artes visuales ámbito de relación entre unos universos y otros, en aquellos recorridos ensayísticos o televisivos que Uslar haría con singular elocuencia y maestría. El gusto por esta manifestación artística fue alimentándose y modelándose en París. En 1897 la Fundación Eugenio Mendoza publicó su libro *Giotto y compañía*, en el que se recogen sus comentarios sobre artes visuales. La obra fue prologada por Alfredo Boulton, quien junto a Narváez sirvió de compañero privilegiado en la incursión plástica uslariana.

A la par de esta suerte de educación no formal que el joven escritor va recibiendo, una constelación de lecturas lo ocupa. No creo exagerar si afirmo que estos años fueron los únicos en los cuales sus lecturas estuvieron determinadas por el imán de los autores escogidos y no por un proyecto intelectual que requiriera la lectura de determinados textos. El propio Uslar fue dando la lista a lo largo de las entrevistas que concedió y en cartas dirigidas a

Josefina Vallenilla Lanz enviadas entre septiembre y diciembre de 1929: Valéry, Breton, Rimbaud, Rabelais, Villon, Gide, Éluard, Michaux, Céline, Giono, Malraux, entre los franceses, y James Joyce, entre los de habla inglesa, así como leyó a Keyserling, a Massis, y a un judío al que valoró especialmente: Spire. Como es obvio, la cultura francesa fue haciéndose suya, y será evidente ese dominio a lo largo de su vida intelectual futura. La adquisición de una segunda lengua representó la posibilidad de sumergirse en ella. Su formación de lector en Venezuela estuvo circunscrita a autores de habla hispana o a traducciones de textos de otras lenguas al español. Quizás no se haya reparado lo suficiente en que la formación lectora del joven Uslar sea de raigambre francesa y española, aunque la historia de Venezuela fue un polo de atracción de tal magnitud en su psique que no cabe duda de que se adentró en la literatura venezolana, lo que, con mucha frecuencia, sustituía la falta de una historiografía profesional.

El cuarto y último espacio uslariano en París es el de la creación literaria. Sabemos que para finales de 1929 el proyecto de escribir una novela toma cuerpo en su cartera de sueños; sabemos que ha escrito algunos relatos, y todo ello lo refiere a Josefina Vallenilla Lanz en carta fechada en enero de 1930. Allí llama a su novela en proyecto con su título definitivo: *Las lanzas coloradas.* Casi un año después, en diciembre de 1930, vuelve a escribirle a su amiga, diciéndole:

> La novela me va a volver loco. Es un trabajo aplastante. Te escribo en una mesa inundada de papeles mecanografiados desde donde me gritan sus mil voces mis personajes. Te juro que a fuerza de quererlos atrapar se me escapan. Además se me ha atravesado un asunto de la Sociedad de las Naciones que me ha obligado a relegar la literatura por varios días. Creo que no me será posible irme a España hasta pasado el 14. El día que «Las lanzas coloradas» estén impresas sentiré un verdadero alivio. Puedes creerme que se me ha hecho insoportable.

Por otra parte, es cierto que a la par de trabajar en la investigación para la novela, nuestro autor soñaba con hacer una película sobre Bolívar; de hecho, se lo propone en carta del 24 de junio de 1930 a su amigo caraqueño Rafael Rivero Oramas:

> Yo no sé si tú continúas haciendo cinematógrafo, pero creo que sí porque lo tomaste con mucho entusiasmo. Es el caso que se me ha ocurrido que podrías hacer algo cinematográfico bastante bien para el Centenario del Libertador. No una película con escenarios y argumento, como no la podrías hacer por falta de recursos, y que por otra parte no tendría objeto porque lo que hay que lograr no es un episodio de Bolívar visto en la pantalla, sino al contrario una interpretación cinematográfica del Libertador. Interpretación cinematográfica es decir visión fotogénica, es decir: torsos y árboles, potros encabritados, y una vaga nébula de mundo construyéndose. O para hablar en un término en que se me comprenda mejor: un *poema fotográfico* al Libertador.

La carta fue escrita cuando la novela no había sido terminada, según consta en la carta de diciembre de 1930 a Josefina Vallenilla. Quizás por ello el propio Uslar dio pie a que se hiciera ambiguo el motivo que originó la novela, ya que él mismo en entrevista sostenida conmigo, meses antes de morir, afirmó:

> Yo siempre he sido muy venezolano, y me preocupaba la llegada de 1930, que era el año del Centenario de la muerte de Bolívar, y me preocupaba qué íbamos a hacer los jóvenes venezolanos con ese centenario. Entonces le escribí a Rafael Rivero, que se ocupaba de cine, a ver si hacíamos una película. En aquellos días yo había visto una película que me había impresionado mucho, de un autor ruso, que se llamaba *Tempestad en Asia*, y entonces pensé que podríamos hacer algo parecido, una película sin protagonistas, como una rememoración o como el descubrimiento de nuestra civilización. Pero aquellos sueños no terminaron en nada y, bueno, el guión que era *Las lanzas coloradas* se convirtió en una novela (Arráiz Lucca, 2001: 12).

Todo indica que Uslar trabajaba en una investigación histórica que conducía a la escritura de un texto de creación, novelístico o cinematográfico, y que el género terminó de definirse ante la respuesta de Rivero Oramas, que no sabemos si fue explícita o si fue suficiente con su silencio. En todo caso, el sueño cinematográfico culminó y el proyecto novelístico tomó forma por completo. Por otra parte, las cartas a Josefina Vallenilla aclaran la fecha de escritura de la novela: no la terminó en la primavera parisina de 1930, como muchas veces se ha dicho, ya que en diciembre del mismo año le dice a su amiga que la novela «lo está volviendo loco», con lo que la fecha de culminación ha debido ser en enero de 1931, y el período de gestación mucho más largo que tres meses primaverales. La escribió a lo largo de 1930, y pensaba en ella desde que llegó a París en 1929; así lo certifican las cartas a Vallenilla que hemos mencionado.

En enero de 1931, con la novela recién revisada y corregida, viaja a Madrid en busca de editor. El mismo Uslar nos da la clave de sus peripecias de autor desconocido en España en un ensayo que recoge en su último libro publicado: *Del cerro de plata a los caminos extraviados* (1994). El texto se titula «Mi más remoto Madrid» y en él hace referencia a Pepín Díaz Fernández, «que ya había prestado auxilio, en trance parecido, a Asturias». De modo que quien le presenta a los editores del sello Zeus es él, y serán ellos los que firmen contrato con Uslar y le den un adelanto de derechos de autor, como él mismo refiere en el texto. Pepín Díaz Fernández trabajaba en la redacción de *Crisol* y, para abrirle las puertas del Madrid literario, lo citó en un café a las dos de la madrugada, cosa que para Uslar era inverosímil en París.

La novela *Las lanzas coloradas* sale de la imprenta en Madrid en abril de 1931 e, inmediatamente, recibió el favor de la crítica. Un jurado la seleccionó como El Libro del Mes el mismo mes de su publicación. Ejemplares de la obra viajan hacia América y su autor espera ansioso los primeros comentarios. La revista *Zigzag*, en Santiago de Chile, publica la novela íntegra en noviembre en uno de sus números, y luego la edita como libro en 1940. En 1932 se publica la traducción al alemán de G.H. Neuendorff y en 1933 la traducción al francés de Jean Cassou. Se traduce al inglés muchos años después, en 1963, y luego al checo, también en 1963; al italiano en 1972; al rumano en 1974; al portugués en 1977, y al serbio en 1986. Por primera vez se publica en Venezuela en 1946 en la Biblioteca Popular Venezolana del Ministerio de Educación. Este hecho no deja de ser curioso, ya que Uslar, entre 1934 y 1945, estuvo cercano a las fuentes del poder o fue él mismo fuente de poder y, sin embargo, no se hizo publicar el libro en su país. Ocurrió, curiosamente, en 1946, cuando el gobierno de turno había desalojado por las armas a aquel del cual él había formado parte sustancial. Ya después de aquella primera edición venezolana, las ediciones nacionales de la novela han sido muchas, así como las españolas o de editoriales hispanoamericanas.

No cabe la menor duda acerca de la favorable recepción de la novela; así lo certifican las traducciones que de inmediato se ponen en marcha. Sin embargo, al no más salir el libro, una cierta ansiedad dominó al joven escritor. Tenía veinticinco años y se había entregado en «cuerpo y alma» a la escritura de la obra y, comprensiblemente, esperaba una reacción de la crítica de su país, cualquiera que fuese. Ello consta en carta que le dirige a Alfredo Boulton el 4 de junio de 1931; en ella afirma:

> Yo no creía que alrededor de «Las lanzas coloradas» se hiciese la conspiración de silencio. Todavía no lo creo. Aun cuando han tenido tres semanas para comentar y sólo han hecho alusiones de mera cortesía llenas de adjetivación banal. Todavía espero, espero en Pedro Sotillo, en Paz-Castillo, en Leo.

Si la novela salió en Madrid en abril y fue enviada de inmediato a Caracas, pues no tiene más de tres semanas en manos de los lectores, lo que el joven autor considera suficiente tiempo para pronunciarse, y por ello espera. Pero lo más importante de la carta no es su reclamo, sino lo que Uslar considera haber alcanzado con su obra. Entonces, dice:

> Cuando en un libro, con el tono certero y conmovido con que está hecho el mío, se ha desnudado el alma toda de un pueblo, los hombres que se creen antenas de esa alma no pueden guardar silencio. De Venezuela, si es que vive, ha de llegarme la respuesta de lo que a Venezuela he dicho.
> «Las lanzas coloradas» son un grito de amor doloroso. Amor total y vehemente por aquella tierra de que está hecho mi cuerpo, por aquel mundo que puebla mi espíritu, por aquellas cuitas que desgarran mi corazón. Que yo sepa no se ha hecho en Venezuela nada semejante, ni en la trascendencia de la evocación, ni en la sinceridad del sentimiento, ni en el dolor sin retórica de la descripción de las almas.
> Obra de comprensión infinita. Porque amo he comprendido. Porque ansiosamente adoro y sufro he podido ver y decir toda la divina simplicidad. Porque estoy transido de angustia he podido hacer mío todo aquel mundo. Mío para siempre. «Las lanzas coloradas» son mi título de propiedad.

Como el lector puede apreciar, el tono de la carta es extraño para el arquetipo de ecuanimidad que fue formándose alrededor de la personalidad adulta de Uslar. Recordemos que un joven de veinticinco años escribe, y que ese joven no ha sido inmune a los efluvios del Romanticismo, y puede verse a sí mismo como una suerte de héroe literario que desempeña una labor titánica. Por otra parte, no son pocas las tareas que el joven autor ha desempeñado exitosamente. Es cierto que en Venezuela para ese momento nadie ha escrito una novela como la suya, con el tratamiento que le da a ese universo temático, de modo que el aire de satisfacción que inunda la carta es justificado con base en la realidad, y el reclamo en cierto sentido también, aunque era muy temprano para formularlo, cosa que queda demostrada después en su país, cuando la novela, pocos años después, comienza a ser considerada un clásico de la literatura nacional.

Con *Las lanzas coloradas* nuestro autor inicia el camino de la llamada «novela histórica», faceta que desarrolla a lo largo de siete novelas donde aborda asuntos, episodios, etapas o personajes de la historia nacional, salvo en su última novela, *La visita en el tiempo* (1990), en la que trabaja la figura histórica española de Juan de Austria. A *Las lanzas coloradas* (1931) la sucede la novela sobre la peripecia del Tirano Aguirre: *El camino de El Dorado* (1947), y luego dos novelas de una trilogía proyectada que no concluyó: *Un retrato en la geografía* (1962) y *Estación de máscaras* (1964). Después de una pausa, publica *Oficio de difuntos* (1976), donde aborda la figura histórica del general Gómez; posteriormente trabaja a Simón Rodríguez en *La isla de Robinson* (1981). Sus aportes en este campo, que la crítica ha denominado como tal, son sustanciosos. Incluso Uslar reflexionó sobre este aspecto en un ensayo recogido en uno de sus mejores libros de ensayos: *Fantasmas de dos mundos* (1979), y lo hizo enfrentándose al calificativo de «históricas» para sus novelas. Concluye afirmando que toda novela, en la medida en que trabaja un tiempo y un espacio y busca hacerlo presente, es histórica. En el fondo, Uslar buscaba zafarse del encasillamiento al que la crítica quería confinar su obra novelística, y por ello reacciona poniendo en duda el concepto de «novela histórica». Luego, a finales del año 2000, en conversación conmigo, se replantea el asunto desde una perspectiva de una humildad estremecedora:

> En general, las novelas mías no son novelas. En realidad, son reconstrucciones históricas, así es *El camino de El Dorado* y *Las lanzas coloradas* (Arráiz Lucca, 2001: 46).

No es cierto que sus novelas no sean novelas, como Uslar afirma; lo que ocurre es que son ficciones basadas en algunos hechos o personajes históricos. Uslar no estaba tejiendo un texto historiográfico sino literario, basado en fuentes de la historia nacional o española, en el caso que ya citamos.

En cuanto a la obra como tal, releída a la luz de nuestros tiempos, continúa siendo una novela sorprendente. La habilidad plástica del autor para crear ambientes y ponerlos en movimiento sigue siendo un valor notable. Lo mismo ocurre con algo que ya asomaba en sus primeros cuentos y que el autor mantuvo a lo largo de toda su obra narrativa: la escritura poética, con vuelos muy altos en su poder lírico, con construcciones verbales de gran lujo y belleza, fundadas en la exactitud. Y, ciertamente, aquello que el joven autor se propuso –tocar el alma de la venezolanidad en su trance independentista– está allí, se logra, se vive. La influencia de la estructura narrativa cinematográfica se asoma, al igual que un lenguaje plástico cercano a las artes visuales. No en balde el joven Uslar entró en contacto apasionado con el arte de las salas oscuras, así como frecuentó los museos de París. *Las lanzas coloradas* es la respuesta a una pasión nacional, pero se comprende mejor si se recuerda que fue escrita en París en 1930, cuando las vanguardias artísticas bullían y la modernidad atravesaba una zona de esperanza, por más que ya Hitler afilara sus colmillos. Es una novela profundamente venezolana, pero escrita por un venezolano que está en el corazón de los movimientos artísticos y que la escribe «a punto de volverse loco», navegando entre papeles, con una fe en sus capacidades que luego la vida le demostró que no era una fe baldía.

Con este cuarto espacio de realización personal, el de la creación literaria, se cierra su vida parisina. Un mañana de enero de 1934 llegó el oficio del gobierno venezolano señalando que la misión de Uslar Pietri en Francia había concluido y que debía regresar a Caracas. Se embarca en el buque *Colombie*, ya mejor dotado que el que lo llevó a Le Havre cuatro años y medio antes, y llega al puerto de La Guaira el 6 de febrero de 1934. Su vida había cambiado para siempre. La experiencia europea, los viajes, la vida intelectual parisina, las lecturas, la adquisición de una lengua, la confirmación de sus dotes literarias son algunos de los elementos que hacen del joven que zarpó en 1929 uno muy distinto al que regresa a comienzos de 1934. Sin embargo, si el proyecto de su vida es evidentemente literario, ya veremos cómo la realidad dispone otra cosa. El poder político tocará a su puerta.

Vuelta a la patria (1934-1939)

Aunque el contraste entre la vida parisina y la venezolana ha debido sacudir a Uslar en los primeros meses de su regreso, la verdad es que su inmersión en el mundo nacional fue consistente y persistente. Es nombrado presidente de la Corte Suprema de Justicia del estado Aragua; por ello se muda a Maracay a casa de sus padres, pero está al frente de esta responsabilidad durante menos de un año. En enero de 1935 renuncia. Él sabía que aquel trabajo sería transitorio y que las labores judiciales no constituían su vocación. Transcurre el año con viajes frecuentes a Caracas; reestablece el vínculo con muchos de sus amigos. El 4 de agosto, el periodista Luis Carlos Fajardo (seudónimo de Carlos Eduardo Frías) publica en la revista *Elite* una entrevista con el escritor, recién llegado de París; en ella revela sus proyectos literarios:

> Ahora trabajo en preparar y terminar muchas cosas distintas: una novela de infancia, *El carretón de las ánimas;* una biografía de Don Francisco de Miranda; unos apuntes de viaje, *Brújula perdida,* y, a ratos perdidos, me descargo de excedentes verbales escribiendo poemas cerebrales que no inflijo a nadie. Tal vez, más adelante publique un libro de cuentos que no se parecerá a *Barrabás*, y una colección de ensayos para plantar mis preocupaciones (Fajardo, 1981: 40).

Curiosamente, ninguno de los proyectos que menciona primero los llevó a cabo, mientras los dos últimos señalados sí: el libro de cuentos (*Red*) y la colección de ensayos (*Las nubes*), así como también las crónicas de viajes, las cuales integraron volúmenes con título distinto al previsto inicialmente. Además, algunos de estos poemas formaron parte de su primer poemario, *Manoa*, editado muchísimos años después, en 1972. Nada que extrañar: suelen ser más los proyectos literarios que un autor abriga que los que, finalmente, materializa.

Todo indica que, una vez que Uslar renuncia a su cargo judicial en Aragua, sobrevive económicamente con sus ahorros y vive en casa de sus padres en Maracay por unos pocos meses, antes de mudarse definitivamente a Caracas. El 14 de enero de 1935 recibe una nueva confirmación de sus habilidades literarias: gana el concurso de cuentos convocado por la revista *Elite* con el relato «La lluvia», uno de los cuentos más celebrados en el conjunto de su obra, futuro integrante del manojo de textos narrativos que prepara para su publicación. El jurado que falló el premio estaba integrado por Rafael Angarita Arvelo, Fernando Paz Castillo y Carlos Eduardo Frías, y quedaron como finalistas relatos de Ramón Díaz Sánchez y de Arturo Croce.

En marzo del año que corre sale a la luz pública el primer número de una nueva aventura literaria: la revista *El ingenioso Hidalgo*, órgano que fundan Pedro Sotillo, Julián Padrón, Bruno Plá (seudónimo de Alfredo Boulton) y Arturo Uslar Pietri. La revista, dedicada a temas artísticos y culturales, sale en tres oportunidades, y luego naufraga en el mar de sus dificultades económicas. En los tres números pueden leerse trabajos de Uslar.

El 17 de diciembre de este año tendrá lugar la muerte de Juan Vicente Gómez, acontecimiento que el amigo de la familia contempla de cerca; su cercanía con los hijos de Gómez hacía natural su presencia en aquellos momentos finales del padre:

> Estaba allí cuando él murió, en el alto de la casa, como a un cuarto para las doce. Al minuto bajó Santos Matute Gómez y llamó al general López Contreras y le dijo: «Acaba de morir el Benemérito General Juan Vicente Gómez». Trasladaron el cadáver para Maracay en la

madrugada, en un furgón, por la carretera de Las Delicias (Arráiz Lucca, 2001: 14).

A los diez días de la muerte de Gómez comienza la vida de articulista de Uslar. Publica, sin firma, el editorial de *El Universal* del 27 de diciembre de 1935. El texto se titula «Conocimiento de nuestra realidad» y en él llama a la paz y la unidad del pueblo venezolano para la construcción de un futuro promisorio. En enero se integra a la redacción del diario recién creado *Ahora* y redacta la mitad de sus editoriales entre este mes y julio de 1936. Los textos no llevan su firma. Entre ellos figura el editorial más célebre de la historia del periodismo nacional; me refiero al del 14 de julio de 1936, en el que se postula lo que se consolidó como una consigna venezolana: «Sembrar el petróleo».

> La única política económica sabia y salvadora que debemos practicar, es la de transformar la renta minera en crédito agrícola, estimular la agricultura científica y moderna, importar sementales y pastos, repoblar los bosques, construir todas las represas y canalizaciones necesarias para regularizar la irrigación y el defectuoso régimen de las aguas, mecanizar e industrializar el campo, crear cooperativas para ciertos cultivos y pequeños propietarios para otros.
> Esa sería la verdadera acción de construcción nacional, el verdadero aprovechamiento de la riqueza patria y tal debe ser el empeño de todos los venezolanos conscientes.
> Si hubiéramos de proponer una divisa para nuestra política económica lanzaríamos la siguiente, que nos parece resumir dramáticamente esa necesidad de invertir la riqueza producida por el sistema destructivo de la mina, en crear riqueza agrícola reproductiva y progresiva: sembrar el petróleo.

En el contexto nacional, como es sabido, en el forcejeo por el poder entre los herederos de Gómez y el general Eleazar López Contreras, para el momento de la muerte del dictador, el ministro de Guerra y Marina contó con el apoyo de prácticamente la única institución del país: el Ejército Nacional, el mismo que el propio general López Contreras había contribuido decididamente a profesionalizar a partir de 1911.

Para el momento del célebre editorial, ya habían tenido lugar dos hechos fundamentales: la revuelta del 14 de febrero y la presentación, por parte del gobierno, del primer plan que gobierno alguno hasta entonces le presentara al país, el llamado Plan de Febrero. Era evidente que un clima de apertura y modernización, así como de civilización del poder, estaba siendo adelantado por el gobierno. En aquel ambiente en el que se levantaban las voces con libertad, las de Uslar y sus compañeros de generación comenzaban a ser escuchadas. Ya señalamos que durante enero y julio de 1936 escribió muchos de los editoriales de *Ahora*, y el tema que tocaba era forzosamente político, siempre asistido por una precaución acompañada de perplejidad por los hechos que estaban sucediéndose. La Venezuela del primer semestre de 1936 es de grandes cambios, bien comandados por López Contreras o bien asumidos por su gobierno como consecuencia de la presión política y, por primera vez en muchos años, popular.

También antes del editorial hito, Uslar integra un grupo creado por Mariano Picón Salas y Alberto Adriani: ORVE (Organización Revolucionaria de Venezuela), constituido en marzo. Se ha dicho con frecuencia que el estratega detrás del grupo era Rómulo Betancourt. Cierto o no, Betancourt integraba la organización y su liderazgo fue haciéndose notar en el conjunto; quizás esta fue una de las razones por las que Uslar no se animó a continuar en el grupo. De hecho, ORVE desaparece pronto y Betancourt y los suyos fundan el PDN (Partido Democrático Nacional), que va a ser el prólogo de la futura Acción Democrática. Las diferencias entre Uslar y Betancourt no eran personales, sino filosóficas, como la vida en común permitió que se demostrara con creces en el futuro.

Alberto Adriani, mientras fundaba ORVE con Picón Salas en marzo, le aceptaba a López Contreras el Ministerio de Agricultura y Cría, lo que no encerraba ninguna contradicción, ya que ORVE se presentaba ante la opinión como un grupo de jóvenes que buscaban la modernización del país y que no querían regresar al pasado gomecista. Luego, en abril, Adriani es designado ministro de Hacienda, y es desde esa posición desde donde invita a Uslar a formar parte de su equipo. El editorialista de *Ahora* abandona la redacción del periódico y acepta el cargo de jefe de la Sección de Economía de la Oficina de Economía y Finanzas del Ministerio de Hacienda, y comienza a trabajar al día siguiente de irse del periódico y de publicar su mítico editorial. Inicia, entonces, una carrera en la administración pública que culminará el 18 de octubre de 1945, nueve años después.

Adriani muere en agosto y Uslar no se entiende de igual manera con su sucesor en el cargo, de modo que le acepta al canciller Esteban Gil Borges una nueva responsabilidad en el Ministerio de Relaciones Exteriores. Sin embargo, en los tres meses que estuvo al frente de la Sección de Economía en el Ministerio de Hacienda funda la revista *Hacienda*, desde la que se intentaba contribuir con la modernización de las finanzas públicas, de modo que tuvo tiempo en aquellos meses de incidir en algo en el devenir del organismo. En la Cancillería es nombrado director de Información y, más adelante, de Política Económica. Hacia finales de 1936 los escritores en asamblea lo eligen presidente de la Asociación de Escritores de Venezuela.

Hacia mediados de año sale de la imprenta su segundo libro de relatos: *Red*. Este conjunto fue previsto por su autor, como su nombre lo indica, como un tejido de vasos comunicantes entre los cuentos. No siempre ha sido leído el conjunto atendiendo a esa intención, pero ello no le resta nada de su eficacia narrativa. En verdad, si *Barrabás y otros relatos* significó mucho para la narrativa venezolana de 1928, *Red*, de 1936, constituye otra vuelta de tuerca en el proyecto narrativo de Uslar; así lo señala Salvador Garmendia en el prólogo que calzó al libro antológico de nuestro autor, publicado en Barcelona de España en 1973: *Moscas, árboles y hombres*:

> El género aparece allí más claramente delineado. Los restos de la retórica romántica o de la orfebrería modernista son desechados en bloque, para ser sustituidos por todo un conjunto de signos personales en cuanto al manejo del lenguaje y los procedimientos narrativos. Pero sobre todo, en estos nuevos cuentos, Uslar se sitúa en un plano de observación directa y viva de la realidad que, al aparecer por primera vez en la literatura de un país, resulta por sí mismo sorprendente y desencubridor (Uslar Pietri, 1973: 9).

La definición de una voz, ya desprendida de sus tributos iniciales, es señalada por Garmendia. Por su parte, Andrés Mariño Palacios consideró a *Red* la «obra maestra» de Uslar, mientras más recientemente Víctor Bravo, en el prólogo a la antología *Cuarenta cuentos* de Uslar Pietri, afirma que *Red* integra un conjunto de textos fundamentales de la narrativa latinoamericana contemporánea. Señala a *Ficciones* (1944) de Borges, *Nadie encendía las lámparas* (1947) de Felisberto Hernández y *El llano en llamas* (1953) de Rulfo, en el conjunto.

A juzgar por los registros hemerográficos de los años posteriores a 1936, Uslar no continuó escribiendo relatos con la misma asiduidad en lo inmediato. Su tercer libro de cuentos será publicado en 1949, trece años después de *Red*, pero ello no ocurre solamente en el campo del relato, sino en el de la novela. Su segunda novela será publicada en 1947, dieciséis años después de la primera. Si pulsamos el registro bibliográfico, hallaremos que entre 1936 y 1945 no publica un solo libro y, eso sí, muchos artículos abordando temas políticos, económicos y culturales, además de que comienza a dar conferencias y a perfilarse como el notable orador que llegó a ser. En el capítulo siguiente hallaremos respuesta a este hiato bibliográfico. Volvamos a 1937.

A sus labores en la Cancillería suma la tarea pedagógica universitaria, al integrarse al equipo de profesores de la Facultad de

Derecho de la Universidad Central de Venezuela. No existían estudios de Economía en Venezuela, materia que a Uslar se le reveló fundamental en Francia y que se esmeró por comprender. Por ello se inició en la docencia universitaria impartiendo la cátedra de Economía Política, y de los apuntes que sus alumnos tomaban en clase, ante la inexistencia de bibliografía moderna sobre la materia, el profesor se vio en la necesidad de limpiar las notas recogidas y publicarlas, mimeografiadas primero y luego en un libro que fue texto indispensable. Me refiero a *Sumario de economía venezolana para alivio de estudiantes*, publicado por el Centro de Estudiantes de Derecho de la Universidad Central de Venezuela en 1945.

En agosto de 1937 se integra al equipo fundador de un nuevo partido político, muy cercano al gobierno, el PAN (Partido Agrario Nacional). En él compartirá con Rodolfo Rojas y Amenodoro Rangel Lamus, mientras continúa al frente de la Asociación de Escritores de Venezuela. Al año siguiente es reelecto en estas funciones gremiales, mientras la necesidad de crear unos estudios formales de economía en Venezuela lo llama a la tarea. A ella se dedica junto con José Joaquín González Gorrondona, Tito Gutiérrez Alfaro y José Antonio Hernández Ron, y crean la Cátedra Libre de Ciencias Económicas y Sociales, que será la semilla de la Facultad de Ciencias Económicas y Sociales, posteriormente creada en la Universidad Central de Venezuela, con base en la Ley de Educación Nacional del 15 de julio de 1940, que le confirió a la Escuela rango de Facultad Universitaria y donde ejerció como decano durante diez años el profesor González Gorrondona. La cátedra se instala el 28 de octubre de 1938 con palabras del profesor Uslar Pietri:

> En un pueblo desprovisto del sentido agresivo y creador del capitalismo, la vida económica abandonada al empirismo y a su propia suerte, degeneraba en un remanso, en lugar de ser el primer instrumento del progreso y de la transformación nacional. Nos decíamos fieles a un liberalismo teórico, sin pensar en las consecuencias sociales, políticas y culturales que la condenación al papel de productores de materias

primas debía ocasionar a la nación. Nos seguíamos creyendo liberales, mientras el Estado, antes del petróleo, mantenía por medio de barreras artificiales las escasas y exangües industrias y después del petróleo, por medio de la distribución de aquella renta, y de la fijación del tipo de cambio, venía a intervenir, sin proponérselo, todos los aspectos de nuestra economía (Uslar Pietri, 1945: 242).

Como se comprenderá fácilmente, una vez leído este párrafo –que fue escrito en 1945– no queda otro gesto que «quitarse el sombrero» y lamentar su vigencia. Este tipo de observaciones, provenientes de una inteligencia particular, fueron las que, piedra sobre piedra, construyeron el enorme prestigio intelectual que Uslar alcanzó a tener, de manera indiscutida, en la Venezuela de la segunda mitad del siglo XX.

A lo largo de 1938 se afana en su actividad de conferencista, y lo hace particularmente en la casa del PAN. Siete conferencias seguidas, entre febrero y marzo, intituladas «Un ensayo de interpretación económica y social de la historia de Venezuela», dan cuenta del sesgo por el que el investigador intenta comprender la realidad nacional. También viaja a San Cristóbal y dicta una conferencia en el mítico Salón de Lectura del Ateneo de San Cristóbal; allí diserta sobre «Regionalismo e integración nacional».

Desde su trabajo en la Cancillería, donde ha sido ascendido a director de Política Económica, promueve la negociación del primer Tratado Comercial con los Estados Unidos, Alemania e Italia, y en ese tratado se logra el abandono de la cláusula de «la nación más favorecida», que no favorecía precisamente a Venezuela, y se adopta el sistema de *modus vivendi*. La firma del tratado formaba parte del diseño de una política económica exterior más moderna para el país, y de esos esfuerzos participaba el joven funcionario de la Cancillería. Estuvo al frente de la Comisión Negociadora Venezolana del Tratado con Ramón Eduardo Tello Berrizbeitia.

El gobierno de López Contreras, seguramente atendiendo a las tesis de Alberto Adriani, colocó el acento en el tema de la inmigración. Fue por ello que en 1936 se promulgó la Ley de Inmigración y Colonización, y al año siguiente se creó el Instituto Técnico de Inmigración y Colonización. Al presidente López Contreras, que observaba con interés el desempeño del joven Uslar en la Cancillería, seguramente le pareció un desafío interesante para el funcionario la dirección de este instituto. Uslar asume ese encargo en febrero de 1939 y lo entrega en julio del mismo año. Durante esos seis meses le toca recibir a inmigrantes vascos y judíos, motivo por el cual algunos se adelantaron a tildarlo de procomunista, en particular por el tema vasco.

El destino que López Contreras tenía previsto para el joven de treinta y tres años es el de ministro de Educación. Así lo nombra el 19 de julio de 1939, pero esta etapa de su vida la examinaremos en el próximo capítulo. En este, adelantémonos tres meses y detengámonos en el matrimonio de Arturo Uslar Pietri e Isabel Braun Kerdel.

Se habían conocido cuando Uslar tenía veintiún años e Isabel era una niña de trece, de modo que en ese entonces no se fijaron el uno en el otro. En 1936 se volvieron a ver, esta vez en las reuniones que organizaba el escultor Francisco Narváez en su taller de Catia, y comenzaron a frecuentarse. Así nació el amor entre ellos. Después de dos años de noviazgo se casaron en octubre de 1939 y estuvieron juntos hasta el momento de la muerte de Isabel, el 19 de diciembre de 1996. Convivieron durante cincuenta y siete años, en los que procrearon dos hijos: Arturo (1940-1991) y Federico (1944-2007), y vivieron en la mayor armonía. Así la recordaba Uslar, pocos meses antes de morir, en diciembre de 2000:

> Mientras más recuerdo a Isabel más ternura siento por ella, una mujer excepcional, no tenía un pelo de egoísmo, era el ser más desprendido, más abnegado, más leal que podría haber. A mí me hizo mucho bien, me ayudó mucho su presencia, su ayuda. Era una mujer discreta, educada. Conmigo fue excepcional (Arráiz Lucca, 2001: 42).

En un aniversario de bodas, emergió la voz poética de Uslar y le cantó a la vida conyugal en el poema «Aniversario». Entonces, el dibujo de la compañera fue exacto:

> Pasas sin ruido los paisajes
> y las estancias de mi alma,
> hablas si callas, si te alejas quedas,
> en el fondo de la memoria
> un eco de tu voz renace
> a cada instante
> para nombrar lo tierno y lo seguro.
> Permaneces allí,
> donde nada perturbas,
> donde todo completas
> con tan preciso tino de lugar y de hora.
> (Uslar Pietri, 1986: 83)

Los hilos del poder (1939-1945)

Estando al frente del Instituto Técnico de Inmigración y Colonización, es «sondeado» por Diógenes Escalante, por órdenes del presidente López Contreras, sobre su posible designación como ministro de Educación. Acepta la proposición y es nombrado ministro; tiene treinta y tres años y sucede en el cargo al eminente médico Enrique Tejera Guevara, quien había renunciado ante el rechazo del proyecto de Ley de Educación, por parte del Congreso Nacional. Para el momento han pasado cinco ministros por el despacho desde que López Contreras es presidente. Dos actitudes temerarias se encuentran: la del presidente que nombra a un joven, y la del joven que acepta el reto.

Lo primero que hace el ministro Uslar es emprender un viaje por toda la geografía nacional con el objeto de conocer de primera mano la situación de la educación en el país. Luego encara el proyecto más urgente: integrar la comisión que revisaría el proyecto de Ley de Educación que, como dijimos, ya había sido rechazado, y ordenada su revisión, por parte del Congreso Nacional, para luego colocarse al frente del proyecto y hacer que se aprobara en el Poder Legislativo. La tarea no fue en vano. Después de introducirse las modificaciones necesarias y de haber escuchado a los expertos en la materia, así como pulsado los debates que tuvieron lugar en las cámaras legislativas sobre el cuerpo de la ley, Uslar introduce el proyecto el 29 de abril y la nueva Ley de Educación fue promulgada en julio. Entró en vigencia en septiembre de 1940. Para el presidente López Contreras representó un logro, ya para entonces largamente esperado, y para Uslar un hecho sumamente significativo para su portafolio de realizaciones públicas.

El fervor por los asuntos educativos era propio del espíritu uslariano; ya escribía sobre estos tópicos desde que se desempeñó como editorialista en *Ahora*, y constituiría uno de los ejes temáticos de la prédica nacional del escritor. La importancia histórica de la Ley de Educación no presenta mayores dudas. En la exposición de motivos y en el articulado se recogía un pensamiento pedagógico que remotamente se inspiraba en el espíritu renovador de un personaje que interesó siempre a Uslar: Simón Rodríguez. Pero ninguna de las ideas utópicas, obviamente irrealizables, del educador caraqueño, respiraban en la ley. Por lo contrario, la sensatez primaba en el articulado. Este atendía a una realidad que en la Venezuela de hoy es radicalmente distinta. La población nacional entonces era de cerca del 70% rural y cerca del 30% urbana, de modo que la ley atendía a ello, buscando singularizar la enseñanza de acuerdo con el entorno y las tareas que este demandaba, y estaba concebida para un país en el que las luchas entre la civilización y la barbarie no eran figuras literarias. El propio ministro, al presentar la Memoria y Cuenta de su despacho ante el Congreso Nacional en 1941, explicaba el sentido del proyecto educativo que adelantaba:

Formar hasta donde es posible los hombres que Venezuela está necesitando. Hombres de recia disciplina moral y social contra la anarquía y la indolencia que por tantos años nos han destruido, hombres de capacidad técnica para el trabajo y la producción, contra el empirismo, la improvisación y el escaso rendimiento; hombres con un claro sentido de sus deberes para con la patria, para con los demás venezolanos y para consigo mismos; hombres, en una palabra, capaces de sacar adelante la empresa de crear una gran nación en el maravilloso marco geográfico de Venezuela.

Si en cargos anteriores Uslar había tenido la oportunidad de hacer aportes modestos por la naturaleza de sus funciones, ahora la coyuntura era central: todo el afán modernizador que lo alentaba encontraba cauce en el tema-eje de la venezolanidad de entonces y de hoy: la educación. Y si bien es cierto que durante su gestión la matrícula creció significativamente, y que la construcción de nuevos planteles para la escuela primaria fue consistente, no es menos cierto que su mayor preocupación estribaba en alcanzar alta calidad educativa en medio del reto de una demanda cada vez mayor de ingreso a la escolaridad. El énfasis estuvo puesto en la escuela primaria, aunque el bachillerato fue atendido especialmente y fue objeto de una reforma valiosa durante su administración. Se dividió en dos etapas: los primeros cuatro años eran de formación general y los segundos dos, específica, organizada en tres áreas: Filosofía y Letras, Ciencias Físicas y Matemáticas y Ciencias Biológicas.

Tiempo después de promulgada la ley y puesta en marcha, los problemas educativos venezolanos estaban lejos de resolverse, naturalmente, pero la ley había puesto al día al país con los pasos que la modernidad había adelantado y que durante la larga noche gomecista en materia educativa no habían podido darse. Este fue, por lo demás, el tono y la naturaleza del aporte histórico del gobierno de López Contreras: un intento de civilización (en ambos sentidos, el civil y el de progreso) y de modernización del país.

Pero las modificaciones en el marco donde tenía lugar el proceso educativo venezolano no solo se dieron en la ley. El ministro Uslar se valió de otros instrumentos jurídicos para introducir cambios sustanciales. Fue el caso de la comunicación n.° 1975 del 15 de septiembre de 1939, dirigida al presidente del Consejo de Instrucción sobre la enseñanza de la Historia de Venezuela en la escuela secundaria. Ordena que se estudie de manera autónoma y no subsumida dentro de la Historia Universal, como se impartía entonces, dedicándosele las horas semanales necesarias. Por otra parte, la Escuela Técnica Industrial de Caracas fue objeto de una reforma que buscaba potenciarla, atendiendo a la necesidad de formar los técnicos que el naciente proceso industrial demandaba.

La vocación cultural del joven ministro lo llevó a crear la Biblioteca Venezolana de Cultura, en donde se publicaron sendas antologías del cuento y la poesía nacionales. La del cuento, organizada por Uslar, conjuntamente con Julián Padrón, y prologada por el primero: *Antología del cuento moderno venezolano*; y la segunda, seleccionada por Otto D'Sola, prologada por Mariano Picón Salas y titulada *Antología de la moderna poesía venezolana*. Ambas, huelga decirlo, piezas fundamentales para el estudio de nuestra lírica y nuestra cuentística.

Dos años después de concluida su gestión ministerial, Augusto Mijares afirmaba acerca de ella: «Sin duda, una de las más fecundas que se han visto en el Ministerio de Educación Nacional». Y realmente no exageraba Mijares, ya que hubiese bastado para afirmarlo el logro de la Ley de Educación, pero hubo otros aportes, que ya hemos consignado. Se trataba, por lo demás, de la única experiencia de gerencia académica que el escritor tendría en su vida, ya que su obra pedagógica se materializaría, en su mayoría, frente a la audiencia del aula o a la del televisor.

El desempeño de Uslar al frente del Ministerio de Educación contribuyó con el fortalecimiento de su prestigio como hombre de Estado, de tal modo que al producirse el cambio de gobierno y asumir la Presidencia de la República el general Isaías Medina Angarita, es nombrado secretario de la Presidencia de la República. Uslar y Medina habían trabado amistad en el gabinete ejecutivo de López Contreras, en sus condiciones de ministros, el segundo de Guerra y Marina, virtualmente escogido por López Contreras como su sucesor, como ya se había hecho tradición desde que el general Gómez había hecho lo mismo con López.

El 28 de abril, en elecciones de segundo grado, el Congreso Nacional escoge a Medina Angarita como presidente de la República para el período 1941-1946. Recordemos que, en un hecho sin precedentes en la historia republicana, López Contreras estimuló una reforma a la Constitución de 1936 que reducía el período presidencial de siete a cinco años y prohibía la reelección inmediata, de modo que, habiendo comenzado su gobierno en 1936, debía entregarlo a persona distinta en 1941, cosa que ocurrió tal como estaba previsto, por más que muchos pensaran que López haría como Gómez, quien, llegado el momento del cambio, reformaría la Constitución y seguiría en el mando. No fue así: lo entregó al también tachirense y militar Medina Angarita, por más que en un momento pensó en pasarle el testigo a un tachirense civil, el doctor Diógenes Escalante, pero un sector significativo del Ejército Nacional se opuso e hizo saber que quería que fuera uno de ellos y, naturalmente, del terruño.

En mayo de 1941 el ministro de Educación de López Contreras pasa a ser secretario de la Presidencia de la República de Medina Angarita. El cambio no es menor. Está siendo invitado a participar políticamente en la conformación de un gobierno que se propone profundizar los cambios iniciados por el anterior, dar otra vuelta de tuerca. La posición a la que se le destina supone una interrelación con el país más variopinta que la del despacho de Educación, y quien lo nombra debe prever que la estatura intelectual de Uslar, ya demostrada, lo colocaría en el lugar del asesor casi de inmediato: un hombre inteligente no tiene a otro cerca para ignorarlo. Por otra parte, la señal que enviaba Medina era inequívoca: el hombre más cercano a la Presidencia no era tachirense, giro extraño para sus paisanos y una señal de amplitud para el resto del país.

La voz de Uslar, así como la exactitud de sus ejecutorias, fue ganando espacio en la mesa donde se tomaban las decisiones; de allí que para muchos fue durante el gobierno de Medina el segundo de a bordo; «la eminencia gris» lo llamaban otros y no faltaron muchos que le atribuyeran intrigas de palacio en las relaciones entre López Contreras y Medina Angarita, relaciones que se agriaron notablemente hasta llegar a la ruptura de la amistad. Esto Uslar lo desmintió siempre, y más bien lo anotó en su cuaderno de dificultades como una de las mayores, ya que se había desempeñado en el gobierno de López y le profesaba al general un claro afecto. En todo caso, el secretario de la Presidencia desempeñará el cargo durante dos años, hasta mayo de 1943.

En este período ocurrieron muchas cosas en Venezuela que merecen ser consignadas, hechos en los que sería imposible no ver la influencia de Uslar, siempre de acuerdo con Medina. Al no más comenzar el gobierno se toma la decisión de modificar la legislación petrolera, buscando mejorar la situación de Venezuela frente a las concesionarias británicas y norteamericanas. Este trabajo desemboca en la promulgación de la Ley de Hidrocarburos el 13 de marzo de 1943. Esta ley, que supuso buscar la comprensión de los norteamericanos por una ley que perjudicaba sus intereses, trajo un cambio de consecuencias a largo plazo: le fijaba una fecha, 1983, a las concesiones petroleras, circunstancia que fue haciéndole el camino a la estatización del petróleo. Nada más y nada menos. Además, pechó de manera más favorable para Venezuela la actividad petrolera desarrollada por las concesionarias. Y de la comisión redactora, del espíritu y del articulado de la ley formó parte Uslar, junto con el entonces ministro de Fomento, Eugenio Mendoza Goiticoa, y otras personalidades del gobierno o cercanas a él. Esta sola ley significó un paso importante de la nación venezolana en el control de la actividad central de su vida económica y hubiese bastado para señalar positivamente al gobierno de Medina, pero los hechos no terminaron allí.

También formó parte Uslar de los que alentaron una Ley de Impuesto sobre la Renta, que supuso una mayor posibilidad de recaudación por parte del Estado (hasta entonces básicamente a través del impuesto aduanal), así como una relación nueva y directa entre los contribuyentes y el fisco nacional. Al igual que la ley anterior, los trabajos comenzaron en 1941 y la ley se promulgó en 1943. También en estos años se toman dos decisiones pivotales para la vida urbana caraqueña: la construcción de la urbanización El Silencio y la expropiación de la hacienda Ibarra para destinar los terrenos a ser la sede de la futura Ciudad Universitaria. Ambos proyectos en manos del arquitecto Carlos Raúl Villanueva.

Antes de las realizaciones legales, que trajeron cambios notables, el gobierno de Medina tomó una decisión en 1941 que claramente señalaba el camino de la construcción de una sociedad democrática, ya que no puede entenderse de otra manera la legalización de los partidos políticos, ya sin la objeción que el gobierno de López Contreras les blandía a los partidos «comunistas». Así fue como el PDN, liderado por Rómulo Betancourt, se convirtió en Acción Democrática y se presentó en el Nuevo Circo de Caracas el 13 de septiembre de 1941, con discurso de su presidente: Rómulo Gallegos. La legalización de los partidos apuntaba, en sana lógica, a que al vencimiento del período presidencial estas instituciones participaran en elecciones universales, directas y secretas para escoger al presidente de la República, pero ya veremos cómo este proyecto no pudo materializarse. Y así como AD emerge como fuerza política legalizada, el gobierno crea su propio partido político, ya no las Cívicas Bolivarianas de López Contreras, sino un partido que se quiere dentro del espíritu de modernidad que se pregonaba. El Partido Democrático Venezolano (PDV) lanza su manifiesto el 18 de septiembre de 1943, después del proceso de constitución, de redacción de estatutos y de agrupación de sus dirigentes. Entre sus fundadores y líderes principales está Uslar, que se venía granjeando una percepción favorable alrededor de su persona desde la Secretaría de la Presidencia, haciendo el trabajo de acercar al gobierno a muchos integrantes de la generación del 28, en edades decisivas, que no seguían las directrices de Betancourt, entre ellos los integrantes del PCV y de otras izquierdas. Dos factores se unieron para que estos sectores se prodigaran sonrisas: la personalidad abierta y simpática del presidente Medina y el trabajo de Uslar desde la Secretaría, que con su ya sólido prestigio intelectual trabajaba por la instauración de un régimen democrático, y llegó, como veremos, hasta donde le fue posible.

En este ambiente de avance para las libertades públicas, en septiembre de 1941 se funda el periódico *Últimas Noticias*, con Pedro Beroes como director, y dos años después, el 3 de agosto de 1943, sale por primera vez *El Nacional*, fundado por Henrique Otero Vizcarrondo y su hijo Miguel Otero Silva, con Antonio Arráiz como director-fundador. Conviene recordar que el clima de apertura supuso un acercamiento entre el gobierno de Medina y el Partido Comunista Venezolano (PCV), aunque de ninguna manera puede considerarse que Medina fuera un hombre de izquierda, pero sí creía, a diferencia de López Contreras, que los comunistas podían desarrollar sus tareas proselitistas libremente dentro de un marco legal, y en ello ha debido influir mucho la voz consejera de Uslar quien, sin jamás haber sido un hombre de izquierda, sí fue siempre un respetuoso de las ideas del adversario y de la libre expresión de las mismas. Esto lo señalo en este momento porque Otero Silva siempre fue un hombre de izquierda, cercano al PCV, y la línea de su periódico, aunque apegada a la ética de imparcialidad periodística de entonces, alentaba posturas de izquierda, sobre todo en el área de opinión. Sin embargo, había un equilibrio, ya que Arráiz no era izquierdista sino radicalmente demócrata, lo que creó un sistema de contrapesos favorable a la credibilidad y seriedad del periódico. En suma: *El Nacional* no nació para adversar al gobierno; tampoco para aplaudirlo.

En mayo de 1943 Uslar es nombrado ministro de Hacienda y estará al frente de este despacho, donde ya había trabajado en 1936, como vimos antes, hasta enero de 1944, cuando es designado de nuevo secretario de la Presidencia de la República. El paso breve por Hacienda supuso una vuelta momentánea a la labor docente en la Universidad Central de Venezuela. Pensó que convenía volver a las aulas a enseñar la materia, Economía Política, que ahora desempeñaba directamente desde el ministerio, pero no duró mucho la vuelta, ya que apenas seis meses después es llamado de nuevo a su posición en la Secretaría de la Presidencia, y salir del Palacio de Miraflores a impartir clases en medio de las tareas del poder era una misión imposible.

En 1944 la participación de Uslar en la conformación ideológica del PDV fue decisiva. De hecho, dictó una serie de conferencias que el partido organizó hacia los meses finales del año, donde ofreció sus puntos de vista sobre asuntos cruciales para el desarrollo de la economía y el papel del Estado en esta tarea. En particular, su conferencia intitulada «La libertad económica y la intervención del Estado», dictada el 5 de septiembre de 1944, es una pieza angular de su pensamiento en esta materia y de lo que fue el programa económico de la administración de Medina Angarita que, como veremos, en sus líneas iniciales se extendió hasta 1989 en Venezuela.

Después de hacer el elogio de Adam Smith, el conferencista refiere cómo el mundo marcha hacia el intervencionismo de Estado en materia económica, y nos recuerda que estamos en 1944, cuando la guerra mundial tiene lugar. Incluso, ofrece razones por las que el liberalismo económico ha fracasado y se ha hecho necesaria la intervención del Estado en los asuntos económicos que, dejados a «la mano de Dios», han traído ingentes injusticias. Luego, al referirse al caso venezolano, establece dos etapas en nuestra economía: una que va de 1830 a 1921, signada por el liberalismo económico, y una segunda que comienza en 1921, con la irrupción del petróleo, en la que el intervencionismo de Estado es una necesidad, un imperativo categórico. A partir de esta argumentación, afirma que en Venezuela no hay sino dos caminos:

> ... o dejar que la acción de la transformación económica operada por el petróleo juegue libremente, y esto se transforme en ese gigantesco Caripito, en un inmenso Curazao; o que se haga punto de interés nacional que el gobierno intervenga enérgicamente, canalice ese flujo de riqueza, lo dirija y lo obligue a invertirse en forma reproductiva y permanente, a fin de ir creando una actividad económica que garantice que, el día en que desaparezca el petróleo, Venezuela será una nación normal, que podrá seguir viviendo (Uslar Pietri, 1945: 283).

Antes ha hecho el recuento de cómo la economía petrolera, que tiende a fortalecer la moneda nacional, hace del país una nación importadora, prácticamente imposibilitada de exportar sus productos (la enfermedad holandesa, aunque no la alude expresamente); de allí la mención a Curazao y, en sentido análogo, a Caripito, región donde el petróleo causó cambios radicales en su economía y estructura social. Luego, explica cuáles han sido las medidas que el gobierno de Medina ha tomado en atención al análisis que él ha hecho, con lo que queda demostrado que el intervencionismo de Estado en materia económica comienza durante este gobierno, siempre fiel a la consigna de «sembrar el petróleo»:

> Estas medidas han sido: la protección arancelaria, que ha continuado el sistema de contingentes de importación; el capitalismo de Estado, que es muy importante en Venezuela, y por el cual la nación, en función promotora de industrias y en función de gran banquero, como irónicamente se ha querido decir por allí, ha estado aportando dinero

barato para que se funden industrias, para que se emprendan labores agrícolas, para que algo de la riqueza petrolera quede y arraigue en tierra venezolana; las primas de exportación, el dólar-fruto, el sistema que ha establecido el control del cambio y que permite que Venezuela siga exportando café y cacao... y por último, la legislación obrera, el seguro social, la jornada de ocho horas, y la protección del capital humano de la República (Uslar Pietri, 1945: 284).

Como puede catarse fácilmente, en pocas palabras, el secretario de la Presidencia ha explicado en qué ha consistido la política económica del gobierno que representa y cómo se busca hacer buena su consigna de 1936. Esta política, ciertamente, no fue la misma que implementó López Contreras, mucho más inclinado al liberalismo económico que al intervencionismo de Estado, con lo que una diferencia más se acentuaba entre ambos mandatarios. Puede decirse que el intervencionismo de Estado en materia económica comienza programáticamente con la administración Medina Angarita, y esa fue la política pública central de Venezuela hasta 1989, cuando el segundo gobierno de Carlos Andrés Pérez se vio en la urgencia de implementar un cambio radical, desmontando todo este esquema inicialmente diseñado por la administración Medina, y que después encontró, en la llamada economía cepalista (Comisión Económica para América Latina), un sustento todavía más elaborado teóricamente. Además, el gobierno de la Junta Revolucionaria de Gobierno presidido por Rómulo Betancourt, en 1946, creó un organismo para profundizar el proyecto: la Corporación Venezolana de Fomento (CVF), ente financista de la industrialización. Cuando el economista Raúl Prebisch, para la Cepal, le dio forma a esta política económica, comenzó a llamársele «industrialización sustitutiva de importaciones» (ISI) hacia finales de la década y comienzos de la siguiente, pero su semilla estuvo antes.

La polémica política arrecia en 1944 y Uslar se ve envuelto en ella, respondiéndole a Rómulo Betancourt en algunos casos, participando activamente en la constitución del PDV y terciando en los ataques que la oposición le dirigía a su persona, ya que al hacerlo se le señalaba como «eminencia gris» del gobierno, con lo que, de paso, se perjudicaba al propio presidente Medina. Si a partir de 1942 la polémica pública comienza con sus primeros intercambios, ya para 1944 el fuego cruzado entre dos figuras de peso (Uslar Pietri y Betancourt) era persistente.

También en 1944 estaba en marcha una reforma de la Constitución de 1936 que vendría a darse con la promulgación de la misma el 5 de mayo de 1945 por parte del presidente Medina. El tema de fondo que avivaba el fuego de la polémica estribaba en si la reforma permitiría la elección directa y universal del presidente de la República o si persistiría el régimen indirecto, de elección de tercer grado, para el jefe de Estado, así como la elección de segundo y tercer grado para diputados y senadores. La reforma dejó el sistema electoral inalterado, con lo que, al hacerlo, se ignoraba que sería la base de la argumentación que se esgrimiría para el golpe de Estado del 18 de octubre de 1945 por parte de Acción Democrática.

Se cuenta con intervenciones de Uslar en las asambleas del PDV, donde se manifiesta una abierta inclinación hacia la instauración de un sistema de elección directa; así lo cita Astrid Avendaño en su excelente estudio *Arturo Uslar Pietri, entre la pasión y la acción*, cuando le da la palabra:

> No hay sino un criterio para juzgar si estamos en presencia de una democracia o de una falsificación más o menos afortunada de ella y este criterio es simplemente si el pueblo elige su Representación directamente o si lo hace por intermedio de dos, tres o cuatro grados (Avendaño, 1996: 279).

No obstante lo dicho, la verdad es que para Uslar el tema era espinoso, ya que el gobierno del que formaba parte sustancial no podía pensar así, por lo que no era fácil llevar a la práctica sus convicciones. De hecho, en explicaciones de los hechos que condujeron al 18 de octubre, en varias oportunidades Uslar se refirió a la teoría gradualista que se proponía el medinismo en relación con el tema electoral, pero debo señalar que estas explicaciones las dio Uslar en el fragor de su campaña electoral de 1963, o justo antes de que ella comenzara, con lo que sus palabras involucraban consecuencias políticas inmediatas. Quizás las más cercanas a la cruda verdad de los hechos las dio al final de su vida, ya despidiéndose, cuando –ante mi insistencia– señaló, sobre este tema de la elección directa y la sucesión presidencial:

> AUP: Era muy difícil que me escogiera a mí: yo no soy tachirense, y la tradición de militares tachirenses se imponía; hubiera sido un atrevimiento, una osadía contra los instrumentos del poder. Un día me dijo: «Vamos a hablar, Arturo, vamos a hablar de la sucesión de la presidencia. Tú deberías ser el presidente de Venezuela, tienes todas las condiciones para serlo, pero desgraciadamente en las circunstancias actuales yo soy el heredero de Cipriano Castro, a pesar de que mi padre murió peleando contra él, y no sería posible que yo rompiera esa tradición. Vamos a ver en quién pensamos». Entonces, de esa conversación surgió la candidatura de Escalante.
> RAL: ¿Usted se la sugirió?
> AUP: No, yo no se la sugerí, pero él la asomó y entonces lo llamamos a Washington y vino y pasó una de las cosas más trágicas que yo he presenciado en mi vida: ese proceso de pérdida de la personalidad de Escalante (Arráiz Lucca, 2001: 18-19).

Como se infiere claramente de lo dicho, si esta conversación tuvo lugar antes de la reforma constitucional, pues es evidente que Medina no contemplaba otra elección diferente a la de segundo y tercer grado; y si tuvo lugar después, igualmente revela que, al seguir la tradición castrista, Medina no consideraba posible otro sistema distinto de sucesión presidencial que el ratificado por la reforma constitucional de 1945. Por más que Uslar considerara que una democracia, para serlo de verdad, tenía que «elegir directamente a sus representantes», la tradición militarista tachirense, según Medina, prescribía otra cosa.

Por su parte, Betancourt declaró que, siendo esa la reforma constitucional, que impedía la elección directa, se imponía una candidatura de consenso del PDV, ya que era un hecho que el presidente de la República sería el que ese partido escogiera. Por ello, una vez ungido Escalante, viajan Betancourt y Leoni a conversar con el embajador de Venezuela en Washington y llegan a un acuerdo; al menos así lo señala Betancourt en su libro *Venezuela, política y petróleo*:

> En una caliginosa tarde de verano washingtoniano, sentados sobre las maletas sin abrir en el *lobby* del hotel Statler, le pintamos con dramáticos colores la situación de Venezuela. Con franqueza le dijimos que si no surgía en los elencos del oficialismo un presidenciable dispuesto a impulsar una reforma de la Constitución pautando el sistema de sufragio directo, universal y secreto para la elección de los personeros del poder público, resultaba inevitable el estallido de una insurrección cívico-militar. Escalante, antes de anunciarnos su asentimiento y el compromiso que adquiría de propiciar una reforma democratizadora de la carta Política y una tónica de honradez en la Administración, nos miró en silencio, por largos minutos, 10, 20, tal vez. Era la suya una impresionante mirada de hombre con el sistema nervioso ya quebrado, por causa que no pudimos conocer cabalmente sino dos meses después, cuando debió retirarse de la liza política, víctima de un colapso cerebral (Betancourt, 2001: 199).

De modo que había un acuerdo en torno a Escalante entre la principal fuerza opositora y el gobierno, mientras los partidarios del general López Contreras y él mismo no pensaban igual y trabajaban por su candidatura, con ínfimas posibilidades dado el sistema electoral escogido, lo que no hacía sino avivar el fuego del enfrentamiento entre López y Medina, que ya venía cocinándose desde hacía varios años. Esta situación contribuyó enormemente a que los ataques de los lopecistas contra Medina fuesen haciéndole rasguños al prestigio del presidente, así como a crear una situación de inestabilidad en el Ejército que no huelga recordar que era creación más de López que de Medina, evidentemente.

Medina avanzaba hacia el 18 de octubre sin saberlo: tenía un Ejército más dividido de lo que imaginaba, dada la situación de tirantez con López Contreras; había escogido a un tachirense civil como su sucesor, que contaba con el apoyo de AD sobre la base de un pacto que él no había propiciado y que había desactivado una conspiración militar de oficiales de mediana gradación que Medina, obviamente, desconocía. Y fue entonces cuando ocurrió lo impensable: Escalante se sumió en la demencia. Se activó de nuevo la conspiración militar y sus integrantes llamaron a AD a formar parte de ella; Medina ungió a su ministro de Agricultura, Ángel Biaggini, y el general López y sus seguidores continuaron expresando su inconformidad. De estas tres fuerzas en conflicto, dos se debilitaban una a otra: el lopecismo y el medinismo, y se «colaron por los palos» un par de actores que no se tenían previstos en escena: la alianza circunstancial de Rómulo Betancourt y los suyos, y el oficial Marcos Pérez Jiménez y sus compañeros.

Para la fecha, Uslar venía de abandonar, en julio, la Secretaría de la Presidencia y de haber asumido el Ministerio de Relaciones Interiores en el mismo mes; con ello se buscaba que el hombre de confianza de Medina pudiese accionar desde una atalaya más apropiada con miras a las elecciones en puertas. El proyecto quedó en suspenso. El 18 de octubre de 1945 la vida de Arturo Uslar Pietri cambiaba para siempre. La noche anterior, cuando se fue a conciliar el sueño, no imaginaba el giro que al día siguiente darían las cosas. Medina Angarita sí contaba con alguna información; de hecho, para el momento del golpe, uno de sus cabecillas había sido hecho preso –Marcos Pérez Jiménez–, pero ya era tarde.

Se ha señalado con propiedad que Medina ha podido enfrentar la revuelta, que contaba con fuerzas para ello, pero que prefirió evitar un baño de sangre y entregó. Todo indica que esta versión es cierta. Uslar narró los hechos desde su perspectiva en varias oportunidades y, como suele suceder con sus versiones, cuantas veces refirió los acontecimientos la historia fue siempre la misma; apenas una pizca de dramatismo, unas veces más que otras.

Uslar estaba en su despacho y a las diez de la mañana recibe una llamada del presidente de la República, que le pide se dirija a Miraflores. Entra directamente al despacho presidencial y encuentra a Medina con cara de preocupación; lo acompaña por algunos momentos y el presidente le sugiere regrese a su oficina en el Ministerio. Al mediodía Uslar va a su casa a almorzar; le refiere someramente los hechos a Isabel, su mujer, y recibe una llamada de alarma de Jóvito Villalba, quien le dice que le han comunicado que en el Cuartel San Carlos se oyen gritos y disparos. Al minuto llama Pedro Sotillo buscando confirmación de las especies que corrían por la ciudad. Entre los dos decidieron irse juntos a Miraflores a prestar su colaboración desde el centro neurálgico del poder. Ignoraba el hijo de Arturo y Helena que al salir de su casa no volvería a ella durante los próximos cinco años. El paso del automóvil que los llevaba se hizo imposible; ambos se apearon y avanzaron hacia el palacio. Los interceptó un militar que les pidió que entregaran sus armas; así lo hicieron, fueron apresados y, después de horas de angustia e incertidumbre en Miraflores, fueron trasladados hasta la Escuela Militar de La Planicie.

Los condujeron a una habitación donde ya estaban, desconcertados, el expresidente López Contreras y Mario Briceño Iragorry, presidente del Congreso Nacional. La noche insufló a los presos una ansiedad aún mayor. A la mañana siguiente se les informó que el general Medina había preferido dimitir ante la magnitud de la sublevación. A las once de la mañana entró el presidente derrocado con paso firme y veloz; lo seguía un grupo numeroso de oficiales insurrectos. Entonces, refiere Uslar que el general

Medina sacó fuerzas de su más recóndita reciedumbre de soldado y les habló a los oficiales, sugiriéndoles que restablecieran el orden público y llamaran a hombres ilustrados y patriotas para volver a la normalidad lo más rápido posible. Los oficiales lo escucharon en silencio y se lo llevaron.

El 29 de noviembre de 1945, más de un mes después del golpe del 18 de octubre, Uslar es conducido desde su celda al aeropuerto de Maiquetía. En el mismo avión viajan al destierro López Contreras, Medina Angarita y Diego Nucete Sardi. Se iban contra su voluntad. Uslar, en una oportunidad en la que lo había llamado el ministro de Relaciones Interiores del nuevo gobierno, Valmore Rodríguez, le había dicho que él no quería irse, que quería defenderse en los tribunales, pero Rodríguez le explicó que el nuevo gobierno los quería fuera del país. La defensa a la que alude Uslar se refiere al hecho según el cual el 10 de noviembre se inicia una averiguación penal en su contra, por enriquecimiento ilícito, ante un Jurado de Responsabilidad Civil y Administrativa que fue creado con motivo de las causas que se les seguían a algunos funcionarios de la administración de Medina Angarita, López Contreras y hasta la del general Gómez. El jurado prohíbe la enajenación de sus bienes y prescribe el embargo de los mismos hasta que se dictara sentencia. De estas acusaciones Uslar pide que se le permita defenderse, pero el nuevo poder constituido prefiere que se ausente del territorio nacional.

La Junta Revolucionaria de Gobierno se instala a las diez de la noche del día 19 de octubre en el Palacio de Miraflores a la luz de las lámparas de gasolina –la luz eléctrica estaba cortada como consecuencia de la refriega–. La Junta la preside Rómulo Betancourt y la integran otros tres miembros de AD: Raúl Leoni, Luis Beltrán Prieto Figueroa y Gonzalo Barrios; por los militares, el mayor Carlos Delgado Chalbaud y el capitán Mario Vargas; también la conforma el propiciador de las conversaciones entre los conjurados, el médico Edmundo Fernández. Para el momento de constitución de la Junta, Pérez Jiménez estaba preso en la Escuela Militar y estaba allí, como dijimos, desde el 18, cuando los militares fieles a Medina advirtieron que era uno de los cabecillas. Esto, con una audacia desconocida, lo aprovechó Delgado Chalbaud para estar presente él, y no Pérez Jiménez, en el momento de integración de la Junta; al menos así lo refiere Betancourt cuando historia los hechos en el libro antes mencionado.

Los desterrados llegan en un avión de Pan American a Miami, pero el destino que ha previsto Uslar para sí y su familia es Nueva York. Durante los días que median entre Miami y Nueva York su casa de Caracas es saqueada. Aquel hogar que había sido construido en un terreno comprado el 25 de septiembre de 1941, cuando la familia que comenzaba a formar con Isabel Braun iniciaba su andadura, aquella casa que había diseñado Carlos Raúl Villanueva en la avenida Los Pinos de La Florida, número 49, le fue, además, embargada por sentencia del 14 de marzo de 1946. Después, para dolor de su dueño, le fue entregada por el gobierno a un oficial chileno integrante de la delegación de ese país en Venezuela. En el lugar sagrado donde crecía su biblioteca se instaló la lavandería, según refirió Uslar en muchas oportunidades. Los libros se salvaron porque su entrañable amigo Francisco Narváez pudo llevárselos a su casa, y porque quienes entraron a saco en la residencia no buscaban literatura, sino documentos que pudieran comprometerlo.

En la escalerilla del avión que hacía efectiva la deportación, un representante del Ministerio de Relaciones Interiores les ofreció mil dólares a cada uno, pero ninguno los aceptó. El dinero con que pudo sobrevivir los primeros meses en los Estados Unidos se lo prestó Alfredo Boulton: diez mil dólares.

En Venezuela quedaban nueve años de servicios al Estado, durante seis de los cuales se desempeñó como ministro. El hombre que volaba hacia el norte sumaba treinta y nueve años, una esposa en ascuas, dos hijos –de cinco y un años– que no entendían nada de lo que estaba pasando, y un futuro incierto. Este período de ejercicio del poder lo había alejado de su primera vocación: la literatura. En nueve años había publicado dos libros: *Las visiones del camino* (1945), una obra brevísima que comprendía crónicas de viajes europeos realizados hacía ya varios años, y el citado *Sumario de economía venezolana para alivio de estudiantes* (1945). Había dictado, eso sí, numerosas conferencias afinando sus percepciones económicas y políticas, y había disertado públicamente en muchas oportunidades. Ya entonces hablaba como después los venezolanos nos acostumbramos a escucharlo: con puntos y comas y con un inconfundible tono e inflexión de la voz. Había concluido su primera etapa de vida política. La vocación del escritor estaba por encontrar tiempo y espacio para recuperarse.

En 1996, en un foro ante un grupo de estudiantes en Cedice (Centro de Divulgación del Conocimiento Económico), ante una pregunta sobre el 18 de octubre de 1945 y su influencia en su propia vida, Uslar señaló:

> Si no hubiera habido el 18 de octubre de 1945 lo más seguro es que yo no hubiera hecho mi obra de escritor, o la mayor parte de ella, que es por lo que la gente más o menos me considera y respeta. Hubiera sido un político profesional, me hubiera tragado la política, hubiera figurado en el dudoso catálogo de los presidentes venezolanos, pero no hubiera hecho mi obra de escritor que es, tal vez, lo más importante que yo he hecho en mi vida.
>
> De modo que yo siempre he dicho que yo no fui una víctima del 18 de octubre, sino que el 18 de octubre hizo que me reorientara y me devolviera a lo que fundamentalmente soy. Soy un hombre de pensamiento, soy un hombre de palabra mucho más que un político, y siempre he tenido cierta reluctancia con la idea de ser un político profesional.

Como vemos, cincuenta y un años después de los hechos, y habiendo cumplido los noventa, el agraviado de 1945 se troca en el beneficiario de los acontecimientos. En esta oportunidad, además, el escritor toma partido por su tarea y deja a un lado la actividad política, al menos en su valoración de ambas faenas. Obviamente, un juicio como este, de un hombre con la tarea cumplida, hubiese sido imposible mientras el fragor de la vida estaba en su apogeo. Habla un hombre que ha concluido su trabajo. Habla en 1996. A los noventa años.

El exilio en Nueva York (1945-1950)

El desterrado se traslada de Miami a Nueva York en tren, llega a la estación Central de Manhattan y, según relata Tomás Polanco Alcántara en *Arturo Uslar Pietri-biografía literaria*, lo recibe Manuel Vicente Rodríguez Llamozas, quien ha casado en segundas nupcias con Carolina Uslar Urbaneja, prima hermana de Arturo Uslar Santamaría. Estos parientes alojan al exministro en desgracia en su apartamento en el n.° 755 de Park Avenue, en donde los Uslar Braun vivirán hasta febrero de 1947, fecha en la que se les hizo posible mudarse a un apartamento alquilado en el 390 Riverside Drive, número 5B, sitio en el que habitaron hasta su regreso a Venezuela.

No fue fácil para Uslar superar el golpe del 18 de octubre de 1945, no ya el político sino el personal. Se trataba de un hombre muy joven, cuyos horizontes eran más que promisorios, que incluso muchos llegaron a pensar que podía sustituir a Medina y que, literalmente, de la noche a la mañana, fue hecho preso, despojado de sus responsabilidades, aventado al exilio y, para colmo, confiscados sus bienes al ser acusado de enriquecimiento ilícito. No es menudo el cambio. Un cataclismo sacudió sus bases.

El 14 de marzo de 1946 el Jurado de Responsabilidad Civil y Administrativa dicta sentencia y despoja a Uslar de sus bienes en Venezuela. La noticia es transmitida por su madre a Nueva York, y cae como un balde de agua fría en el hogar Uslar Braun.

El despojado acusa el golpe y le escribe una carta pública a Rómulo Betancourt el 26 de marzo. La misiva es publicada en algunos periódicos de Caracas. El tono es, naturalmente, extraño para el espíritu uslariano:

> Esta carta tiene por objeto consignar mi indignada protesta contra el atropello de que usted pretende hacerme víctima al condenarme por medio de su Jurado de Responsabilidades. La condenación que usted ha pronunciado contra mí no me afecta sino materialmente. Me arrebata usted por la fuerza, ebrio de odio y de rencor gratuitos, el legítimo patrimonio de mis hijos, pero mi conciencia y mi honra quedan incólumes...
> En verdad, ha sido trágica la equivocación de los militares al llamarlo a usted para entregarle el Gobierno. Usted nunca ha podido ser otra cosa que un demagogo, y en el ejercicio del poder continúa siéndolo irremediablemente. Con ese pintoresco fárrago de nociones inconexas, que usted ha acumulado en sus lecturas apresuradas e incompletas, empezó a fabricar esa falsa imagen de hombre cultivado y de muchas aptitudes. Sin embargo, lo que hasta ahora se le ha visto y ha dicho de política, de economía, de historia, es superficial y muchas veces inexacto. Del gran monumento jurídico y social de la ciencia administrativa no conoce usted ni la silueta.
> Con el despliegue permanente de esa quincalla verbal y con la audacia inconsciente del que no sabe lo que hace y nada tiene que perder, ha logrado apoderarse usted del comando efectivo del Gobierno y enrumbarlo, por un camino de errores hacia la satisfacción mezquina de sus oscuras pasiones de hombre tarado de complejos.

Como comprenderá el lector, es cierto que la indignación mueve esta carta, como su mismo autor lo reconoce. Esta es, sin duda, la misiva más dura que Uslar escribió en defensa de sus legítimos intereses y en contra de quien los afectaba. Buena parte de la comunicación se dedica a detallar el origen de los bienes que se le confiscan, y a defenderse de las acusaciones que por el manejo de las partidas discrecionales se le imputan. Abatido, despojado de sus bienes y en el exilio, el exministro consuela a su esposa y le apunta que están por comenzar tiempos muy duros para ellos, pero que todo finalmente se esclarecerá.

Si pulsamos el registro hemerográfico, veremos que publica apenas un artículo en 1946. Sin embargo, se entusiasma con nuevos proyectos literarios que empieza a esbozar, mientras busca un trabajo que le permita mantenerse en Manhattan. Primero consigue redactar guiones para programas de radio educativos, en el Servicio de Información Interamericano, y luego los profesores Federico de Onís y Frank Tannenbaum le abren las puertas de la Universidad de Columbia. En 1946 ingresa como profesor visitante, pero en 1947 mejora su condición al ser designado profesor asistente. Onís dirige el Departamento de Español de la Facultad de Lenguas Romances de la universidad, mientras Tannenbaum integra el equipo del Departamento de Historia e imparte clases de historia latinoamericana. En aquel recinto académico Uslar va retomando su vocación de escritor y de profesor, además de que entabla amistad con escritores del mundo de habla hispana que trabajan en la universidad o pasan por allí a dictar conferencias: Germán Arciniegas, Andrés Iduarte, Francisco García Lorca, Ángel del Río, Eugenio Florit, José Antonio Núñez Portuondo, Luis Alberto Sánchez, Tomás Navarro Tomás, Raúl Roa, Jaime Galíndez, Pedro Salinas, entre otros.

El profesor Uslar dictaba sus clases en español, ya que quienes cursaban la maestría en estudios hispánicos estaban obligados a recibir las clases en la lengua que estudiaban. De un curso sobre Literatura Venezolana fueron emanando los ensayos que componen su libro *Letras y hombres de Venezuela*, publicado por el Fondo de Cultura Económica de México en 1948. De ese libro son memorables sus ensayos sobre Simón Rodríguez, Andrés Bello, Juan Vicente González, Cecilio Acosta, a quien se esmera en ubicarlo en su justa dimensión –sin la sobreestimación que muchos han manifestado por su vida y obra–, Arístides Rojas, Teresa de la Parra y, finalmente, el excepcional ensayo sobre la significación histórica de la obra de Pérez Bonalde. Las clases sobre literatura venezolana, y algunas conferencias sobre personajes históricos nacionales (Bolívar, Vargas) mitigan el «guayabo» del exilio. El trajín diario del profesor gira en torno a las letras del país que ha perdido no sabe por cuánto tiempo. Entre los ensayos del volumen, además, hay uno sobre «El cuento venezolano» en el que se acuña un término, de manera tan natural que en un primer momento pasó casi inadvertido. Dice Uslar en 1948:

> Lo que vino a predominar en el cuento y a marcar su huella de una manera perdurable fue la consideración del hombre como misterio en medio de los datos realistas. Una adivinación poética de la realidad. Lo que a falta de otra palabra podría llamarse un realismo mágico (Uslar Pietri, 1993: 254).

En 1976 Enrique Anderson Imbert publica su libro *El realismo mágico y otros ensayos* y en él apunta que el crítico de artes plásticas alemán Franz Roh lo acuñó por primera vez en 1925, refiriéndose a la pintura. También admite que luego, el propio Roh dejó de usarlo y lo cambió por el de «nueva objetividad» para señalar el mismo fenómeno. Lo cierto es que Uslar ha debido leer la observación de Anderson Imbert y el 20 de febrero de 1985 en *El Nacional* aclara la génesis del concepto. Este ensayo, intitulado «Realismo mágico», es incluido por Uslar en su libro *Godos, insurgentes y visionarios*, publicado en 1986, y luego lo añade en la reedición de *Letras y hombres de Venezuela* de 1995, justo después del ensayo en el que acuña el nombre. Es evidente que quería aclarar el origen del concepto. Allí dice:

> ¿De dónde vino aquel nombre, que iba a correr con buena suerte? Del oscuro caldo del subconsciente. Años antes había yo leído un breve libro de Franz Roh, que trataba de algunas formas del expresionismo en la pintura alemana, que llevaba el título de *Realismo mágico*. Algo inevitable acercó en mí, sin razón aparente y de un modo casi azaroso,

esos dos fenómenos en un nombre común. No fue una designación caprichosa e inadecuada, sino la coincidencia de un hecho cultural con un nombre que parecía creado para él. Cuando lo escribí no me acordaba de Roh (Uslar Pietri, 1995: 261).

Lo cierto es que el primero que utiliza la expresión aplicada al ámbito de la literatura es Uslar. El trasvase subconsciente del universo plástico al literario no le resta importancia al hallazgo. Tampoco Uslar iba por el mundo reclamando la paternidad de la expresión.

El vértigo del trabajo intelectual toma por completo al profesor, y no solo va tejiendo los ensayos que compondrán el libro citado, sino que emprende otra tarea novelística. A lo largo de 1946 y parte del año siguiente escribe su segunda novela: *El camino de El Dorado*, publicada en Buenos Aires en la editorial Losada en 1947. Habían pasado dieciséis años de la publicación de su primera novela y ambas, curiosamente, tienen algo en común: fueron escritas fuera de Venezuela. De nuevo valiéndose de temas históricos, Uslar noveliza a un personaje subyugante de nuestro período colonial, el Tirano Aguirre. Se concentra en la última y dramática etapa de la vida del vasco, entre 1537 y 1561, período en que inicia su epopeya en Perú y que culmina al caer muerto en Barquisimeto, por mano de Diego García de Paredes. De todas las novelas escritas por nuestro biografiado, es esta la que se ciñe más estrictamente a la cronología histórica; quizás ello sea así porque la distancia en el tiempo se lo permitió. También es la que acude menos al fuego de la imaginación, pero en contrapartida ofrece un lenguaje de altísimos lujos verbales y suntuosidad. Por otra parte, seguir la aventura de Aguirre en busca de El Dorado es un tema que desde muy joven tocaba a la puerta de nuestro autor. Indagar en ello era, a su vez, adentrarse en la psique del hispanoamericano de los tiempos de la conquista. Este fervor por penetrar en el laberinto de la historia buscando explicaciones va a mantenerse intacto a lo largo de toda la vida intelectual de Uslar. El tema ya lo había abordado en un relato publicado en 1936, que integraba *Red*, intitulado «El fuego fatuo», en el que aparece el personaje del Tirano Aguirre. El germen de la novela está allí, y la necesidad de entregarse a la empresa novelística esperaba el momento preciso, que solo el tiempo podía darle y que durante diez años se lo había impedido, enfrascado en las tareas de la vida pública. Este antecedente explica que prácticamente de inmediato nuestro autor se entregara a la redacción de su novela: el tema estaba esperándolo desde hacía años, de modo que no hubo un hiato entre la elección del tema –de entre un abanico de posibilidades– y la escritura; el tema estaba allí.

En 1947 publica cinco artículos en *El Nacional* donde aborda el asunto político y las consecuencias del 18 de octubre de 1945, pero va a ser el 10 de junio de 1948 cuando publique la primera entrega de su columna Pizarrón, de la cual escribirá la última el 4 de enero de 1998, cincuenta años después. Las etapas de esta columna fueron las siguientes: una primera en la que escribe artículos con frecuencia semanal o quincenal y abarca de junio de 1948 a julio de 1954; una segunda con artículos de frecuencia irregular entre febrero y abril de 1958; una tercera con artículos de frecuencia semanal entre el 2 de mayo de 1966 y el 4 de enero de 1998. En 1996, el profesor Francisco Barbadillo publica su investigación *Los artículos de Pizarrón* y contabiliza hasta 1994 la suma de 1765 piezas. Pero no es esta, para la fecha, la suma total de sus artículos de opinión; los que publicaba en revistas latinoamericanas no fueron objeto de la contabilización de Barbadillo. De hacerlo, la suma habría sido otra, pero el objeto de la investigación era solo Pizarrón.

Una selección de artículos de estos dos años, 1947 y 1948, compone un libro singular de nuestro autor: *De una a otra Venezuela*, publicado en 1949. La estructura capitular de esta obra ya anuncia sus obsesiones temáticas de los próximos cincuenta y dos años: el petróleo, la venezolanidad, la economía en un contexto ético y la educación, ejes temáticos que compartirá con la literatura. El mismo año de la publicación de este libro de ensayos, entrega a los lectores su tercer libro de relatos: *Treinta hombres y sus sombras,* publicado en Buenos Aires por la editorial Losada. Han pasado trece años de la publicación de *Red* y veintiuno de la de *Barrabás y otros relatos*. Como vemos, el escritor se ha reencontrado con la novela, el ensayo periodístico y el académico, así como con el cuento, además de con el salón de clases, recinto que habría de revitalizarlo. Paradójicamente, en varias oportunidades Uslar recordó estos años en Manhattan como entre los mejores de su vida, por más que el motivo que lo aventara hacia la isla fuese tan amargo.

Sobre *Treinta hombres y sus sombras* la valoración autorizada de su crítico más completo, Domingo Miliani, es la más recomendable. Dice Miliani:

> Con su tercer libro regresa a temas y motivos regionales, cuando los cuentistas se orientaban hacia un cosmopolitismo que el propio autor había sugerido en *Barrabás y otros relatos,* como un medio de liquidar los vicios heredados del costumbrismo y del criollismo; pero ese retorno a la propia realidad lo consigue sobre la base de una nueva dimensión: la tradición oral de los cuentos populares y folklóricos, cuyos temas, técnicas y personajes incorpora para desarrollarlos y recrearlos con recurso expresivos cultos. De esa manera, por segunda vez, traza itinerarios remozadores, elude el lugar común y gana para sí el mérito de volver a ser considerado renovador (Miliani, 1969: 149).

Conviene añadir a lo apuntado por el crítico que la vuelta a los temas de cultura popular venezolana se inscribe en el marco de lo ya señalado: la concentración venezolanista en la que transcurre buena parte de su tarea intelectual en el exilio. «El baile del tambor», «El gallo» y «El venado» son tres de los relatos más celebrados de este volumen. Miliani, a este último, lo pondera como el de mayores logros en cuanto a la técnica narrativa, pero el jurado del Concurso de Cuentos de *El Nacional* en 1949, premia «El baile del tambor». Sobre este relato, por cierto, Uslar le confía una inusual infidencia al crítico Efraín Subero en 1986, cuando este está organizando una antología de sus relatos. Le dice, y así lo recoge Subero en el prólogo:

> Yo estaba en Nueva York y estaba muy escaso de dinero en la época en que fui desterrado. Entonces se me ocurrió mandar un cuento para el concurso de «El Nacional». Escribí un cuento para concurso, un cuento que podía estar de acuerdo con lo que los jurados premian (Uslar Pietri, 1986: 8).

Por su parte, el crítico Oscar Sambrano Urdaneta, en su libro *Letras venezolanas*, considera a *Treinta hombres y sus sombras* el libro de relatos más logrado de Uslar y además señala otro valor presente en él:

> Culmina por ahora, este ciclo evolutivo, con los relatos de *Treinta hombres y sus sombras*, sin duda lo mejor que ha salido de la pluma del Arturo Uslar-Pietri cuentista, en quien se tiene a uno de los autores que más han podido acercarse al espíritu narrativo del pueblo venezolano (Sambrano Urdaneta, 1959: 100).

Ciertamente, Uslar le puso mucha atención al tono y la forma con que el venezolano del pueblo relataba sus historias, se acercó a él y buscó comprender su cadencia y la sustancia de sus mitos y leyendas populares. De hecho, las trabajó insistentemente. A ello se refiere Sambrano cuando alude al «espíritu narrativo del pueblo venezolano», que ciertamente fue pulsado y metabolizado por el cuentista.

La escena política nacional cambia a partir del 24 de noviembre de 1948, cuando una Junta Militar de Gobierno le da un golpe de Estado al gobierno democrático y legítimamente constituido de Rómulo Gallegos. Queda demostrado entonces que el proyecto de Betancourt y los suyos no es el mismo de Carlos Delgado Chalbaud y Marcos Pérez Jiménez y que la sociedad entre estas dos fuerzas el 18 de octubre de 1945 era, evidentemente, circunstancial.

Uslar pide visa de inmediato para regresar a Venezuela, pero le es negada en los primeros meses del nuevo gobierno. Le es concedido el visado en mayo de 1949; entonces vuelve solo al país, por unos cuantos días. Doña Isabel y los hijos permanecen en Nueva York. Desde hace cuatro años el hijo de Arturo y Helena no se reunía con sus padres y ya los progenitores avanzaban hacia la ancianidad. La visita, por otra parte, será decisiva en cuanto al futuro laboral del escritor. Atiende la invitación del secretario de la Junta Militar de Gobierno, Miguel Moreno, y este le ofrece, en nombre del gobierno, la Embajada en los Estados Unidos o en París, donde él quisiera, pero Uslar no tiene entre sus planes permanecer fuera de Venezuela; quiere regresar a reconstruir su vida, a habitar de nuevo su casa de La Florida, que durante los años en que le fue arrebatada fue entregada por el gobierno al agregado militar de la Embajada de Chile en Venezuela. En muchas oportunidades refirió el desterrado que en el lugar de su biblioteca funcionó el espacio de la lavandería. Declina la invitación a formar parte del gobierno, pero entiende que este no tiene ningún inconveniente en que regrese a su país.

En esos días se reúne con su amigo de infancia, Carlos Eduardo Frías, quien le propone que, al regresar, integre la junta directiva de su compañía de publicidad, ARS, en calidad de socio, y que los ayude en las tareas diarias de la empresa. Como es sabido, la empresa de Frías es la pionera de la publicidad en Venezuela, y para entonces ya era la principal que operaba en el país. También los Otero le ofrecen la dirección del Papel Literario de *El Nacional* para el momento de su regreso. Ambas ofertas le abren un panorama a Uslar, de modo que va a regresar a Nueva York a concluir sus compromisos académicos y a escribir un texto que le ronda en la cabeza y se le impone como un imperativo. Antes de regresar definitivamente a Caracas, el 17 de julio de 1950, a su casa de La Florida, esta le ha sido devuelta por voluntad de la Junta Militar de Gobierno, el 23 de diciembre de 1948, cuando les entregan a sus propietarios originales las posesiones que les habían sido confiscadas por la república, previa invalidación de la sentencia confiscatoria.

El lapso de un año entre la aceptación de la oferta de ARS y *El Nacional*, Uslar lo dedica a escribir, a impartir sus clases en la Universidad de Columbia y a tomar un curso sobre las nuevas técnicas publicitarias en la misma universidad donde trabaja. Al no más llegar a Nueva York, el desterrado tomó clases de inglés durante varios meses, de modo que comprender cursos en esa lengua no era tarea imposible y, si bien es cierto que se expresaba en inglés con acento, no es menos cierto que lo leía fluidamente y lo escribía, sin pretensiones literarias, con soltura.

La experiencia estadounidense venía a sumarse a la parisina, lo que contribuyó decididamente en la conformación de la personalidad madura de Uslar. El interés por comprender el mundo norteamericano, y el neoyorquino en particular, fue sumamente consistente en nuestro biografiado. Prueba de ello es uno de los mejores ensayos de toda su obra literaria: «La ciudad de nadie», escrito en Manhattan en 1950, en los meses antes de regresar a Caracas. El ensayo penetra en la psique del neoyorquino de su momento como pocos textos que se hayan escrito sobre la ciudad. Suerte de radiografía de los valores norteamericanos e indagación en la condición solitaria del ciudadano en las megalópolis, el texto es de una lucidez notable. Después de detenerse en los orígenes de la ciudad y tomarle el pulso a los latidos de su conformación –hecha sobre la base de flujos migratorios–, Uslar le hinca el diente a los valores de esta sociedad nueva que se cuece en la isla.

¿A dónde vamos? Al fondo del vagón está sentado el hombre que saca crucigramas en la revista. Cerca de mí, tendido en el asiento, ronca dormido el borracho. Al otro extremo, una mujer vestida de oscuro aprieta a su costado a una niña flaca de anteojos. Lo demás está vacío. O está lleno de algo que no vemos (Uslar Pietri, 1960: 68).

Por razones que no he podido precisar, este ensayo luminoso no es publicado de inmediato por Uslar. Lo da a conocer en 1953, cuando Edime publica sus *Obras selectas*; después lo publica en la editorial Losada en 1960 y luego lo incluye en la edición completa de sus textos de viajes: *El globo de colores*, en 1975. Hay que añadir que, como ocurre con otros de sus textos que procesan la experiencia viajera, este también va mucho más allá de la crónica de viaje y se cocina en el fuego de un ensayo que incluye la observación antropológica, cultural, económica, histórica y política, siempre sostenido por una amenidad en la escritura que nos recuerda que quien escribe es un narrador y un ensayista con un altísimo sentido lírico del relato.

Con este ensayo se cierra la experiencia neoyorquina del intelectual que, gracias al destierro, ha recuperado sus hábitos de escritura, y que en los días que van del 29 de noviembre de 1945 al 17 de julio de 1950 ha acometido y concluido varias obras de significación. Además, se ha acercado a otra lengua y, quizás todavía más importante para su madurez, ha conocido el vértigo de la caída desde la cúspide del poder hasta las amarguras de exilio. El hombre que regresa a Venezuela después de su segunda estadía fuera del país tiene cuarenta y cuatro años, de los cuales ya suman diez los que ha vivido fuera de su patria y, paradójicamente, las dos veces en que ha sido extrañado, la venezolanidad de sus intereses se ha robustecido aún más. Esto, curiosamente, ocurrirá de nuevo cuando Uslar regrese a vivir en París, entre 1975 y 1979, desempeñándose como embajador de Venezuela ante la Unesco. Entonces urdirá dos novelas, su último libro de relatos y un libro de ensayos –*Fantasmas de dos mundos*– extraordinario. Las dos novelas serán de tema venezolano (Juan Vicente Gómez y Simón Rodríguez); el libro de relatos lo será también, y el libro de ensayos, de ámbito hispanoamericano y universal.

Segunda vuelta a la patria (1950-1958)

Los años que están por comenzar para el joven escritor serán de intenso trabajo, no solo en el orden de la escritura, sino en el propiamente referido al sustento de su familia e, incluso, a la formación de un patrimonio. Durante trece años (desde 1950 hasta 1963) integrará Uslar la directiva de ARS. Desde allí impulsará un buen número de campañas publicitarias y contribuirá a diseñar otro buen número de programas de radio y televisión. *El torneo del saber, Héroes de la nacionalidad, La actualidad en marcha* y *El gran teatro de los jueves* serán algunos de los espacios radiales y televisivos en los que participará al momento de diseñar sus contenidos. La televisión en Venezuela comenzó cuando la Televisora Nacional, canal 5, inició sus transmisiones regulares en noviembre de 1952, y apenas un año después empezó a transmitir señal el canal 2, Radio Caracas Televisión, donde salió al aire por primera vez su legendario programa *Valores humanos,* el 25 de noviembre de 1953. Este espacio semanal fue haciendo de Uslar uno de los personajes públicos más conocidos del país. Su rostro, y su inconfundible tono de voz, llamando a los televidentes «mis amigos invisibles», acompañaron a los venezolanos durante décadas. Entonces, el aula restringida a cuatro paredes se trastocó en una audiencia de multitudes a quienes comenzaron a llegar aquellos programas en los que resumía, magistralmente, la vida y la obra de los grandes personajes de la historia universal y nacional.

La conjunción entre sus vínculos con la publicidad y la claridad de sus atributos de expositor hicieron posible el proyecto de tener por aula los salones de las casas de centenares de miles de venezolanos. El primer programa fue transmitido, como ya dije, por Radio Caracas Televisión el 25 de noviembre de 1953 y, en su primera etapa, fue visto semanalmente hasta el 4 de junio de 1959, luego de haberse cumplido doscientas diez transmisiones. La segunda etapa se inicia el 16 de agosto de 1964, ahora sí con el título de *Valores humanos,* y se interrumpe el 13 de agosto de 1967 en RCTV. Se inicia una tercera etapa en Venevisión el 3 de septiembre de 1967 y concluye el 29 de diciembre de 1973. La cuarta etapa se inicia en el canal del Estado, Cadena Venezolana de Televisión, el 5 de marzo de 1974 y concluye el 30 de enero de 1975. El programa se suspende durante cuatro años y unos meses, mientras Uslar se desempeña como embajador de Venezuela ante la Unesco, en París, y se reanuda en Venevisión una quinta etapa el 3 de julio de 1979 hasta mediados de 1982. Entonces coincide con una serie que ha hecho para Venevisión, titulada *Raíces venezolanas,* y otra intitulada *Cuéntame a Venezuela,* que es transmitida por este canal, mientras *Valores humanos* pasa en su quinta etapa a Venezolana de Televisión. En este canal estará hasta 1985, mientras la última etapa se transmitirá en 1986 por RCTV, el canal donde comenzó treinta y tres años antes. Si he organizado la existencia del programa en seis etapas, lo hago por ayudar al lector a seguir un itinerario de más de tres décadas por todos los canales de televisión venezolanos. Estos programas, que Uslar articulaba con puntos y comas, fueron transcritos y corregidos por el autor y publicados a lo largo de los años en varias ediciones, con gran éxito de librería. En el prólogo a la edición de 1963, el propio autor explica el origen de lo que los lectores tienen en sus manos:

> No fueron exposiciones escritas para ser leídas, sino charlas vivas, hilvanadas frente a las cámaras de televisión, para ser directamente oídas por un inmenso público, compuesto por los más diversos sectores sociales y culturales. Lo que en esta recopilación se recoge son las transcripciones taquigráficas, revisadas, de esas disertaciones (Uslar Pietri, 1972: 10).

Uslar tenía perfecta conciencia, y así lo expresó muchas veces, de que era conocido por los venezolanos por este programa, y en menor proporción por la lectura de sus libros. Alguna vez dijo que de cada diez compatriotas que lo conocían, nueve sabían quién era por la televisión. En todo caso, el magisterio que nuestro autor llegó a ejercer en el país contó con este medio de gran influencia; incluso, la suerte de «conciencia nacional» que llegó a ser se debió en buena medida a la familiaridad con que el venezolano aceptaba su presencia.

El 13 de noviembre de 1950 es asesinado el presidente de la República, Carlos Delgado Chalbaud, después de haber sido secuestrado por un comando encabezado por Rafael Simón Urbina. En lo inmediato, la Junta Militar de Gobierno busca un sustituto de Delgado Chalbaud, y cree encontrarlo en la figura del doctor Arnoldo Gabaldón, quien de hecho despacha algunos pocos días desde Miraflores, pero la Junta decide, finalmente, no designarlo. Al parecer, el doctor Gabaldón se tomó en serio su papel y comenzó a girar instrucciones, cosa que a la Junta no le satisfizo, percatándose de que no era este el perfil que estaban buscando; es entonces cuando llaman al embajador de Venezuela en Perú, Germán Suárez Flamerich, quien es designado hasta diciembre de 1952, cuando Marcos Pérez Jiménez, ya sin interpuesta persona, asume el mando de la dictadura, al desconocer los resultados de las elecciones para la conformación de una Asamblea Constituyente, comicios que ganan abrumadoramente Jóvito Villalba y su partido URD.

Para la fecha, Uslar ya había sido nombrado director del Papel Literario de *El Nacional*. Estará al frente de este órgano, central para la literatura venezolana, entre julio de 1950 y enero de 1953, durante dos años y medio. Desde allí hace esfuerzos por darle una visión más universal al órgano que dirige. A su vez, sirve de puente para que nuevas firmas se inicien en la aventura de la escritura. Sin embargo, llegó un momento en que Uslar se sintió rebasado por sus responsabilidades en varios frentes de trabajo y prefirió abandonar la tarea de dirigir el Papel Literario. También en 1950, a su regreso al país, funda la Cátedra de Literatura Venezolana en la Facultad de Filosofía y Letras de la Universidad Central de Venezuela. En octubre, el profesor Uslar vuelve a las aulas de su *alma mater*, pero está al frente de su asignatura hasta 1952, cuando se niega a formar comparsa en las celebraciones de la Semana de la Patria, evento que solía organizar el régimen y al que prácticamente obligaba a asistir a los profesores universitarios, cosa a la que Uslar se niega y no le queda otra alternativa que abandonar sus labores docentes. En 1951, además, se solidariza con sus pares docentes y firma la carta que solicita la restauración de la autonomía universitaria violada por la Junta Militar de Gobierno. Como vemos, su vuelta a la docencia en aulas fue breve. Este mismo año muere su padre, a los ochenta y un años. Fallecía aquel hombre que se había entregado a las causas guerreras de distintos caudillos en el siglo XIX durante veinte años de su vida, aquel hombre modesto que había seguido las órdenes de Joaquín Garrido, de Luciano Mendoza, José Ignacio Pulido, Juan Pietri y Cipriano Castro, y que por fidelidad a este último, al ser sucedido por el golpe de Estado de Juan Vicente Gómez, Uslar Santamaría se refugió en su finca de las afueras de Caracas y dejó de participar en política. Lo pagó caro; hasta allí llegó la Policía a buscarlo y encarcelarlo en respuesta a un rumor que lo afiliaba con los intentos de Román Delgado Chalbaud de derrocar a Gómez, como ya señalamos. Moría aquel hombre que de niño vivía enfrente de la casa del Ilustre Americano en tiempos en que fue aclamado, y creció siendo amigo de los hijos del caudillo. De la relación de Uslar Pietri con su padre, queda el testimonio recogido por Margarita Eskenazi:

> Yo lo quería mucho. Era un hombre que vivía muy ligado a su familia. Conmigo tuvo una actitud que yo hoy en día se la agradezco: cuando tenía que decirme algo me trataba de manera muy especial, recuerdo que cuando quería darme un consejo me decía: «Esto no te lo digo

como padre, te lo digo como amigo. No te conviene por esto y aquello». Ambos nos queríamos mucho. Siempre tuvo una gran confianza en mí y me trataba con mucho afecto y comprensión. Supongo que para él no debió ser fácil porque éramos muy diferentes. Había cosas mías que él no entendía, pero siempre me las respetó. La muerte física de mi padre me dolió mucho (Eskenazi, 1988: 58).

En este año de 1951, además, es electo individuo de número de la Academia Venezolana de la Lengua. A ella se incorporará el 20 de marzo de 1958, con un discurso intitulado «El carácter de la literatura venezolana». Ocupa el sillón F, el que ocupara hasta el momento de su muerte Jacinto Fombona Pachano. Después de detenerse en la obra poética de Fombona, se adentra en el tema, álgido de responder, acerca de si existe una literatura venezolana y, de ser así, cuáles son sus rasgos fundamentales. Repasa los estudios que sobre nuestra literatura se habían publicado hasta entonces, y arriesga con su prudencia característica algunas conclusiones. Es un texto sumamente valioso y, si se quiere, singular dentro del panorama de los discursos de incorporación a la Academia Venezolana de la Lengua, en su mayoría centrados sobre aspectos particulares de la obra de algún autor y menos proclives a visiones de conjunto como esta. Entonces le responderá, recibiéndolo, el académico Ramón Díaz Sánchez, diciendo:

> La actualidad de sus proyecciones es lo que da mayor vigor al trabajo con que el Dr. Uslar Pietri se incorpora hoy a nuestra Academia, y que hace de su mensaje un conmovedor manifiesto de artista. De plácemes debemos sentirnos al recibir a un miembro tan distinguido. Bienvenido sea, pues, el ilustre escritor, el hombre probo, el venezolano moderno y brillante a esta casa que lo esperaba con impaciencia (Varios Autores, 1983: 347).

Su índice bibliográfico se ve enriquecido con la publicación de un libro de ensayos: *Las nubes*, publicado en la Biblioteca Popular Venezolana del Ministerio de Educación. Bajo este título, inspirado en las nubes de Aristófanes («éstas son las celestes Nubes, grandes diosas de los hombres ociosos; que nos dan el pensamiento, la palabra y la inteligencia, el charlatanismo, la locuacidad, la astucia y la comprensión»), se recogen ensayos de diverso aliento: desde los breves artículos publicados en Pizarrón entre 1949 y 1950, hasta algunos más dilatados. El libro señala el nacimiento de un universo temático que no abandonará nuestro autor hasta su último libro de ensayos: la naturaleza de lo hispanoamericano, la sustancia de la que estamos hechos los habitantes de esta zona del mundo. En *Las nubes*, por primera vez, el Uslar ensayista aborda el tema de manera sistemática, dedicándole la primera sección del libro.

Pero si en este título se anuncia un derrotero temático que no lo abandonó jamás, también se siembra la semilla de una fama que lo acompañó toda la vida. Mariano Picón Salas calza su firma en el prólogo y allí afirma:

> Decir que el autor de *Las lanzas coloradas*, de *Red*, de numerosos cuentos, ensayos magníficos, estudios económicos y sociales es quizás el venezolano más inteligente de su generación, no explicaría nada, ya que lo importante es conocer los signos definidores de su inteligencia y estilo... así se señala como la de ningún venezolano de su generación una querella resuelta entre Lógica y Poesía, entre Inteligencia y Sensibilidad... Poesía y Razón aquí se concilian como en algunos dibujos de Picasso... El elemento poético envuelve el dibujo demasiado claro de la inteligencia en su vaguedad de misterio; es la gasa imprecisa o el paisaje lejano con que embruja Leonardo la maestría de su técnica (Uslar Pietri, 1997: 13).

Mayores elogios sobre un autor por parte de otro, compañero generacional, además, son difíciles de hallar. Y con ellos el comienzo de una fama que luego alimentó aún más otro contemporáneo de Uslar, Miguel Otero Silva, al momento de definir a su amigo: «Arturo Uslar Pietri es la inteligencia mejor organizada y mejor amueblada de todo el siglo XX venezolano» (Uslar Pietri, 1996: 39).

Como vemos, pocos venezolanos han concitado a su alrededor el reconocimiento de tirios y troyanos, en este caso dos intelectuales que se ubicaron en universos filosóficos distintos: Picón Salas y Otero Silva, un hombre de centro y otro de izquierda; un liberal y socialdemócrata, y otro, comunista. El primero coloca flores a favor en 1951; el otro rinde su declaración en los años en que Uslar y Otero compartían curules en el Senado de la República, y el segundo avaló la personalidad de su compañero generacional, mas no ideológico, con esta declaración entrecomillada que se hizo común repetir en Venezuela. La bola de nieve comenzaba a descender y a crecer.

En 1952 publica otro libro de ensayos, guiado por el procedimiento que ha nutrido sus libros anteriores: me refiero al de seleccionar, de entre su producción de artículos, ensayos y discursos, un conjunto de afinidades temáticas arbitradas por una coherencia. Así, *Apuntes para retratos* recoge semblanzas sobre las figuras de Bolívar, Simón Rodríguez, Miranda, José Tomás Boves, su abuelo –el general Juan Pietri–, Alberto Adriani, Henri Pittier, Diego Nucete Sardi, su padre –Arturo Uslar Santamaría–, Nijinsky, Churchill, Nehru y, finalmente, Roosevelt. Como vemos, la figura de Simón Rodríguez se repite; ya había sido tratada en *Letras y hombres de Venezuela* y sería abordada de un todo en la novela que luego lo tuvo por protagonista. Del conjunto destacan, por su sentimentalidad, el largo ensayo sobre la vida y obra de Adriani –a quien había conocido de cerca en los tiempos en que este lo invitó a formar parte de la nómina del Ministerio de Hacienda–, y el conmovedor artículo escrito con motivo de la muerte de su padre. En este libro, como en *Letras y hombres de Venezuela*, se hacía patente su interés, y en algunos casos devoción, por la historia y las letras venezolanas, dibujando perfiles que suponían una generosa entrega al estudio de la vida y la obra de estos hombres.

El 12 de enero de 1952, en *El Nacional,* nuestro autor publica un artículo que desata una polémica. «Guaicaipuro» se titula, y recibe la respuesta de Miguel Acosta Saignes y la organización de un foro por parte de la gente que hace la revista *Cruz del Sur* en abril del año en curso. Allí se discute sobre la posición de Uslar, abiertamente polémica, expresada en el artículo de marras:

> Si pudiéramos concebir con la imaginación una victoria duradera y definitiva de los indios sobre los españoles nunca hubiera existido la América Hispana a la que pertenecemos, ni se hubiera creado el complejo cultural que la caracteriza... El país histórico llamado *Venezuela* es ajeno al indio puro, al negro puro y al español puro. Tan extraños a la realidad histórica y cultural de nuestro ser colectivo como sería Guaicaipuro, resultarían también el rey Miguel de Buría y Diego de Losada... El sentimiento hispanoamericano ha tendido siempre a la glorificación del indio. Cosa que ocurre poco con el negro y casi nunca con el español... (Uslar Pietri, 1955: 226).

Evidentemente, su posición, ya anunciada en los ensayos integrantes de *Las nubes,* es otra vuelta de tuerca en su línea argumental, que tiene al mestizaje como el epicentro de la explicación hispanoamericana. Posición que Acosta Saignes, sin negarla del todo, enfrentaba desde otras trincheras ideológicas. La discusión, como era de esperarse, fue civilizada y respetuosa.

El año en que comienza su larga aventura televisiva (1953) será el de la publicación de un nuevo libro de viajes, esta vez no siguiendo el trazado de otras geografías sino el de la nuestra. *Tierra venezolana* se publica con fotografías de Alfredo Boulton y supone un nuevo recorrido general por la geografía nacional, que se sumaba al que ya había efectuado el joven ministro de Educación en 1939. Impresionista, pero no por ello exclusivamente lírico, el texto sigue el curso de la incursión de Teseo en el laberinto. Y si Edime publica este libro de viajes venezolanista, también edita este año sus *Obras selectas,* que representan el primer corte general que pudo hacer nuestro autor. Tiene entonces cuarenta y siete años y, curiosamente, está exactamente en la mitad de su vida: va a morir de noventa y cuatro. Entonces dice en el prólogo a su obra escogida:

> Vista así, mi obra literaria se me aparece como un camino por el que ando desde el primer momento buscando expresar la condición humana que está en mí, en lo que tiene de común con los hombres que comparten mi destino histórico. Eso, y no otra cosa, es lo que me ha movido a escribir y lo que he hecho en la novela, en el cuento, en el ensayo o en el artículo de periódico (Uslar Pietri, 1953: XV).

Las persecuciones por parte del régimen perezjimenista arrecian durante 1953. La Policía política, la Seguridad Nacional, sigue los pasos de los dirigentes del Partido Comunista y de Acción Democrática en la clandestinidad. Está claro que la naturaleza del régimen es militar, y que este acaba de desconocer los resultados de unas elecciones, pero así como el tema de las libertades políticas se ha restringido, el de la marcha de la economía no es adverso. Por lo contrario, este es el año en que se registra el más alto número de inmigrantes europeos a Venezuela, y entonces el ingreso per cápita era de los más altos del mundo. La ecuación: altos ingresos petroleros y poca población hacían del país un destino apetecido. Sin embargo, la prédica petrolera de Uslar no cesaba, buscando alertar sobre el hecho de estar «matando la gallina de los huevos de oro» sin lograr la definitiva siembra del oro negro.

Hacia finales de 1953, el 15 de septiembre, falleció Isaías Medina Angarita. La dictadura militar le había permitido regresar al país desde su exilio neoyorquino en 1952, dada su convalecencia como consecuencia de un accidente cerebro-vascular, de manera de pasar sus últimos días en su país. Uslar hizo el elogio y el análisis de la vida y obra de Medina en varias oportunidades, y recordaba con emoción el día de su entierro. El pueblo espontáneamente llevó en hombros su féretro hasta el cementerio, sin que nadie hubiese organizado la gigantesca manifestación pública. El propio Uslar redactó la frase que yace en su tumba: «Sirvió a su patria con su vida, y después de muerto la sigue sirviendo con su ejemplo». El afecto y el respeto que Uslar sentía por Medina Angarita es muy probable que no lo hubiese sentido por nadie.

Quizás sea el momento de traer el recuerdo de unas imágenes simbólicas que hablaban desde el espacio físico creador de nuestro autor. En su biblioteca, que estaba dominada por su espíritu austero, en la zona en que escribía había una pequeña mesa entre dos sillas que servía de base a dos fotografías: la del momento en que Uslar firma el acta de nombramiento de secretario de la Presidencia de la República en presencia de Medina, y otra con Jorge Luis Borges. Diáfana y elocuente gramática de las dos pasiones vitales de Uslar: la literatura y la política, en el reconocimiento de sus dos más admirados cultores.

En 1954, Uslar es reconocido con el Premio Nacional de Literatura, compartido con su amigo Mariano Picón Salas. Entonces, el premio se otorgaba por la edición de una obra, *Las nubes*, y no como ahora, que se confiere por el trabajo literario de toda una vida. Publica otro libro de crónicas de viajes, *El otoño en Europa*, y una antología de textos nacionales con destino a los estudiantes: *Lecturas para jóvenes venezolanos*. En Madrid, para su alegría, se publica la primera antología de sus cuentos: *Tiempo de contar*. En julio de este año suspende la publicación de su columna periodística, Pizarrón, y va a reanudarla por poco tiempo en 1958. En estos años se concentra en su trabajo en ARS y en la participación en juntas directivas de empresas de sus parientes Boulton Pietri. Me refiero a Avensa y Seguros La Seguridad, así como en otras de empresarios venezolanos distintos a su familia materna: Envases Venezolanos y el Banco Nacional de Descuento, donde su amigo José Joaquín González Gorrondona es principal accionista. Por supuesto, no abandona sus investigaciones literarias; de hecho, en 1955 da a conocer el fruto de una de ellas: *Breve historia de la novela hispanoamericana.* Este libro, por cierto, no es un conjunto de ensayos recogidos y seleccionados de diversas fuentes, sino un estudio breve, el único que Uslar acometió desde esa perspectiva, más cercana al ensayista académico que literario. Por ello constituye una pieza extraña en el conjunto de su obra. La escribió entre 1953 y 1954, respondiendo a una creencia que anidaba en su pensamiento desde hacía ya años: la importancia del género novelístico en Hispanoamérica, su radical significación para la definición de lo propio americano.

El trabajo no solo es valioso en sí mismo, sino por lo que anticipa. Se adelanta en diez años al «*boom* latinoamericano», señalando que la hora de significación universal de la novela hispanoamericana está por comenzar. Tenía razón, y ocurrió tal cual el ensayista lo previó. Sin embargo, este texto no ha sido advertido en su importancia y, más aún, sospecho que ha sido muy poco leído. Uno de sus valores es la habilidad para situar el fenómeno en su contexto histórico, asistido por una visión general de Hispanoamérica que va mucho más allá de la literatura. No solo rastrea los antecedentes de la novela en la poesía épica nuestra, sino que ubica otros antecedentes en la crónica y en las primeras páginas de corte historiográfico, siempre insufladas por una imaginación levantisca. Advierte la primera novela hispanoamericana, *El periquillo Sarniento* de José Joaquín Fernández de Lizardi, de principios del siglo XIX; sigue con *Amalia* de José Mármol y *María* de Jorge Isaac y va dibujando un mapa y una taxonomía que no eluden su contemporaneidad: analiza novelas de la década de los cuarenta e, incluso, se dedica a sí mismo un párrafo lacónico en el que no califica su trabajo, como era de esperarse. Insisto, con todo y lo escueto del estudio, constituye una obra de intuición notable y, además, de conocimiento particular del contexto histórico y de la historia literaria hispanoamericana.

En 1955 ingresa en la segunda Academia que solicita su presencia: la de Ciencias Políticas y Sociales. Le corresponde el sillón que dejó vacante con su muerte el doctor Francisco Arroyo Parejo. Su discurso de incorporación versa sobre un tema recurrente suyo: «El petróleo en Venezuela». Lo recibe el académico Rafael Caldera con un discurso amistoso y favorable. Este mismo año, además, hace un corte con una primera etapa de su columna y recoge algunos de sus artículos en un libro; *Pizarrón* se titula, e incluye aquellos publicados entre 1950 y 1953.

A lo largo de 1956, sin la urgencia semanal de Pizarrón, nuestro autor decide experimentar con un género inexplorado para él: el teatro. *El día de Antero Albán* es montada por el teatro universitario de la UCV en 1957, mientras otra agrupación lleva a escena *El dios invisible* durante el mismo año; sus obras son recogidas en un volumen y publicadas en 1958. Allí están, además de las mencionadas, *La tebaida* y *La fuga de Miranda*. Su obra más celebrada, *Chúo Gil y las tejedoras,* será publicada en 1960, y con ella se cierra el capítulo de su obra dedicado al teatro.

Esta incursión en la dramaturgia no es aislada, forma parte de un acuerdo con dos amigos cercanos, Ramón Díaz Sánchez y Guillermo Meneses, para penetrar en el espacio teatral, de manera de intentar fortalecerlo en Venezuela. El acuerdo, además, cuenta con la complicidad del director del teatro universitario Nicolás Curiel y con el estímulo de Alberto de Paz y Mateos, Juana Sujo y Horacio Peterson, que reclamaban de los autores venezolanos textos para ser llevados a escena. Entonces se dio la paradoja de contar con excelentes directores y actores, y muy pocos textos modernos que trabajaran la realidad nacional. Uslar acudió al llamado.

En *El día de Antero Albán* vuelve sobre una de sus obsesiones temáticas: el azar y la magia como ingredientes de la venezolanidad, la riqueza fácil como circunstancia nacional y la austeridad como valor imposible. En *La tebaida* se trabaja con un tema universal: la identidad. ¿Quiénes somos, de dónde venimos?, mientras en *El dios invisible* la trama gira en torno a las fuerzas invisibles que influyen y nos gobiernan. En *La fuga de Miranda*, breve cantata, se urde la historia de la hipotética fuga del generalísimo de la prisión en La Carraca. Finalmente, en *Chúo Gil y las tejedoras,* el eje temático es el de la murmuración y la mitología, con todo el elenco de personajes que crea la imaginación en ejercicio. Esta última obra se enlaza con la primera para cerrar el círculo de la indagación en algunos de los elementos de la idiosincrasia del venezolano. Treinta años después de publicada, en 1990, en el teatro Teresa Carreño se monta una versión lírica de *Chúo Gil*; entonces la música es del maestro Juan Carlos Núñez. Fue un acontecimiento.

Venezuela avanza en diciembre de 1957 hacia un desenlace previsto por muy pocos: el fin de la dictadura de Pérez Jiménez. En los primeros días del mes el régimen incurre en un fraude electoral que va aceitando una reacción en el seno de las Fuerzas Armadas que se expresa a partir del 1 de enero de 1958 y que, en caída libre y dramática, dará al traste con la dictadura el 23 de enero de 1958. La conjunción de tres factores: el militar, el popular y el conspirativo –comandado por la Junta Patriótica– precipitan los hechos.

En la cronología de los acontecimientos, el abandono del país por parte de Laureano Vallenilla Lanz y Pedro Estrada, ministro de Relaciones Interiores y jefe de la Policía política, respectivamente, el 10 de enero, emiten una clara señal sobre la magnitud de la sublevación militar. El 14 de enero circula el llamado Manifiesto de los Intelectuales que, en verdad, no ha debido identificarse así, ya que no estaba firmado en su mayoría por intelectuales, sino por profesionales de distinta índole. En cualquier caso, el haber firmado el documento le trajo como consecuencia la cárcel a Uslar. A su casa fueron a buscarlo los esbirros de la Seguridad Nacional la noche del diecisiete de enero. Primero lo llevaron a la sede de la Policía política y luego a la Cárcel Modelo, en donde lo encerraron en un calabozo. El sitio era muy estrecho para tanta gente, pero alguien se arrimó y le cedió un pedazo de cama. En la madrugada del 23 de enero los presos oyeron el ruido de las hélices del avión que se llevaba a Pérez Jiménez. La alegría no les cabía en el pecho.

Uslar y sus compañeros de cautiverio convencieron al carcelero de que no tenía sentido que los tuvieran allí, y después de una negociación expedita les entregaron, a Enrique Velutini y a él, un *jeep* militar que los condujo a Miraflores. Todos los habitantes de la ciudad estaban en la calle, era una fiesta. Los accesos al palacio presidencial estaban cerrados, pero como Velutini y Uslar iban en un *jeep* militar, los dejaron entrar. Saludaron al presidente de la Junta de Gobierno, el contralmirante Wolfgang Larrazábal, y a Uslar lo intercepta Alirio Ugarte Pelayo, solicitándole ayuda para redactar el Acta Constitutiva del nuevo gobierno. En el salón en donde redactaban el documento había un retrato de Pérez Jiménez, cosa que a Uslar le molestaba, hasta que le dijo a Ugarte Pelayo que lo esperara un momento. Desmontó el cuadro, lo llevó hasta el patio de Miraflores y, ante la mirada atónita de muchos, lo partió contra el piso. Regresó al salón y pudo comenzar a redactar el acta. El trabajo se interrumpió de nuevo, pero esta vez por solicitud de la Junta de Gobierno: querían que Uslar le hablara al país por radio, de manera de traer paz a la población, ya que se habían detectado algunos focos xenófobos, dada la gran cantidad de europeos (portugueses, italianos y españoles) que habían adoptado a Venezuela como nueva patria, unos huyéndoles a las secuelas calamitosas de la Segunda Guerra Mundial y otros a la guerra civil española. Sigamos la versión taquigráfica de su alocución:

> Esta noche estamos viviendo horas de una inmensa importancia histórica. Acaba de ocurrir algo que escasamente tiene precedente en toda la agitada historia de nuestro país. Un país entero en todas sus clases sociales, en todas sus tendencias de opinión, se ha puesto de pie como un solo hombre, para decir cívicamente: No queremos y no estamos dispuestos a soportar tiranías. Las Fuerzas Armadas Nacionales con gran sentido patriótico han prestado oído, como parte integrante del

alma venezolana que son, a ese reclamo, y han hecho posible el que se ponga cese a la intolerable situación a que el país había ido llegando por lentos pasos, hasta desembocar en lo que ha podido ser un caos o una anarquía irremediable (Catalá, 1982: 239).

Gracias a la transmisión radioeléctrica, en casa de los Uslar Braun se enteraron del lugar en que se encontraba el jefe de familia quien, por su parte, estaba lejos de concluir la jornada. No había podido comunicarse con ellos, ya que habían cortado la línea telefónica de su casa. Vuelve a la mesa con Ugarte Pelayo y, al fin, inician la redacción del acta. Se basan en la del 24 de noviembre de 1948, pero ajustan mejor las palabras, señalando:

> Las Fuerzas Armadas Nacionales en atención al reclamo unánime de la nación y en defensa del supremo interés de la República, que es su principal deber, han resuelto poner término a la angustiosa situación política por la que atravesaba el país a fin de enrumbarlo hacia un estado democrático de Derecho y en consecuencia... (Catalá, 1998: 79).

Por cierto, el primer decreto de la junta lo encabezaba la «Junta Militar de Gobierno de la República de Venezuela» el 23 de enero, junta que integraban, además de Larrazábal, los oficiales Abel Romero Villate, Roberto Casanova, Carlos Luis Araque y Pedro José Quevedo. Ante la protesta popular, al día siguiente se cambia la denominación y a dos integrantes. Pasa a llamarse «Junta de Gobierno de la República de Venezuela» y son sustituidos Abel Romero Villate y Roberto Casanova por los civiles Eugenio Mendoza Goiticoa y Blas Lamberti, con lo que el carácter militar de la Junta se avino con la civilidad de los nuevos integrantes.

Aún no amanecía y Uslar es consultado acerca de la integración del Gabinete Ejecutivo que debía nombrar de inmediato la Junta de Gobierno. Sugiere algunos nombres y le hacen caso. Antes deja en claro que no acepta formar parte del nuevo gobierno.

Tenía en mente sus compromisos laborales y no estaba entre sus planes inmediatos el ejercicio de una responsabilidad pública. Llega a su casa a las siete de la mañana e ignora que en aquel año de 1958 regresaría a la actividad política, después de trece años de haberse separado involuntariamente de las lides del poder. Estaba por abrirse un nuevo período en la vida del padre de Arturo y Federico. Era un hombre joven, de cincuenta y dos años, y ya lo auxiliaba un prestigio de singulares proporciones, aquilatado en las vicisitudes de una vida de gran pulsión intelectual y política. Un nuevo período histórico comenzaba en Venezuela, signado por la alternabilidad en el poder y los gobiernos encabezados por civiles, cosa prácticamente inédita entre nosotros, y una nueva etapa de la vida pública de Uslar estaba por comenzar: la del parlamentario, el candidato presidencial, el fundador de un partido político.

El llamado de la democracia (1958-1963)

Concluida la gesta del 23 de enero en la que Uslar tuvo la participación ya señalada, nuestro autor vuelve a sus tareas habituales, aunque hay una que había abandonado transitoriamente y retoma con nuevos ímpetus. Ya el 25 de enero publica un artículo que acusa un gran entusiasmo en los días por venir; se titula «El alba de la democracia» y en él se trasluce la voluntad de participar en la construcción de un sistema político verdaderamente democrático. Con este artículo, además, renace su columna Pizarrón en *El Nacional*, aunque no pasará mucho tiempo antes de que suspenda de nuevo el esfuerzo semanal, interpelado por sus tareas parlamentarias.

En marzo se incorpora a la Academia Venezolana de la Lengua con el discurso ya citado y no deja de participar en el debate político acerca de la posibilidad de presentar un candidato único a las elecciones que se han convocado para diciembre del año en curso. El país, bajo la Junta de Gobierno, adelanta un proceso de democratización en medio de grandes dificultades, sobre todo provenientes de las Fuerzas Armadas, en donde algunos de sus integrantes intentan derrocar a la Junta por la vía de las armas, de manera felizmente infructuosa. Es evidente que un sector significativo de los militares no comulga con el proyecto democrático y desea volver a los tiempos de Pérez Jiménez o a inaugurar unos propios. Por ello, los partidos políticos constituidos firman el Pacto de Puntofijo el 30 de octubre de 1958, en el que se comprometen inteligentemente a gobernar en comandita, de manera de preservar el ensayo democrático de las fuerzas reaccionarias de un sector militar. Cuando se firma el pacto, se ignora que otro factor atentará contra la democracia: la izquierda en armas, inspirada en la Revolución cubana.

Uslar atiende el llamado de su compañero generacional, Jóvito Villalba, y acepta integrar las planchas de URD como candidato a senador por el Distrito Federal en las elecciones de diciembre de 1958. Este partido apoyaba la candidatura de Wolfgang Larrazábal, conjuntamente con un frente amplio de agrupaciones. Uslar sale electo senador para un congreso que iba a estar signado por algo muy distinto al bipartidismo. Acción Democrática contaba con la preeminencia, pero necesitaba votos de otras toldas políticas para lograr mayoría. AD sumaba treinta y dos senadores y setenta y tres diputados; URD: once senadores y treinta y cuatro diputados; COPEI: seis senadores y diecinueve diputados, mientras el PCV contaba con dos senadores y siete diputados. A esta composición van a sumarse las divisiones de AD a lo largo de la administración Betancourt, que dejaron a su gobierno con una situación más precaria que la que tuvo al comenzar. Para 1962 este cuadro fue haciendo de Uslar lo que la prensa comenzó a llamar «el hombre Congreso», ya que era el fiel de la balanza en la Comisión Delegada del Poder Legislativo, y las fuerzas políticas descansaban en la sindéresis de don Arturo para la toma de decisiones.

Antes de esta situación, entre Uslar y Betancourt se produjo una suerte de reconciliación que, la verdad sea dicha, no se mantuvo en pie durante mucho tiempo. Por iniciativa de Marcos Falcón Briceño, para el momento embajador designado ante los Estados Unidos de Norteamérica, se reunieron en su casa Betancourt y Uslar. Corría el mes de febrero de 1959 y se dieron un abrazo bajo el espíritu de reconciliación nacional que trajo el 23 de enero. A esa reunión, además, asistieron Raúl Leoni, Gonzalo Barrios y Luis Augusto Dubuc, mientras Uslar fue acompañado por su hijo Arturo. Betancourt, al no más asumir la Presidencia de la República el 13 de febrero de 1959, designa a Uslar embajador especial para pronunciar el discurso en la inauguración de la estatua de Simón Bolívar en Washington. En este gesto la gente vio una rectificación: hacía apenas trece años, el mismo Betancourt encabezaba el gobierno que despojó a Uslar de sus bienes y lo condenó por enriquecimiento ilícito; ahora lo reconocía públicamente. Uslar aceptó el reconocimiento con humildad; ha podido no hacerlo, ha podido no acudir a la cita en casa de Falcón Briceño y continuar con un pleito a muerte durante el resto de sus días. No lo hizo. Tampoco se avino con el gobierno de Betancourt; por el contrario, le hizo una oposición sumamente dura, con críticas muy fuertes desde su curul en el Congreso Nacional. La verdad es que el gesto enalteció tanto a Betancourt como a Uslar: fue un momento estelar de pedagogía política venezolana.

El 20 de octubre de 1959 la muerte toca a la puerta en casa de los Uslar. Fallece Helena Pietri Paúl de Uslar Santamaría. Había nacido en 1885 y gozaba de la fama que un carácter impetuoso le había labrado. Era distintísima de su hijo, pero compartía con él el fervor por la lectura, hábito que había sembrado en Uslar desde niño. Seguía la vida política con fruición, y por ello le parecía que su hijo participaba en ella con demasiada prudencia. Quizás el legendario humor corso de sus antepasados anidaba en ella. Así la recordaba su hijo: «Fue una mujer de mucha gracia, llena de chispa, de gran generosidad, y al mismo tiempo muy polarizada en su manera de reaccionar y de juzgar» (Eskenazi, 1988: 63).

La vida parlamentaria de Uslar se prolongó por tres períodos legislativos. En el primero fue electo en las planchas de URD; en el segundo, en las de su propia candidatura presidencial, y en el tercero, en las del partido que fundó en 1964: el FND (Frente Nacional Democrático). Se despide del parlamento en 1973, cuando no se presenta en plancha alguna en las elecciones generales de este año.

Su participación en el quinquenio legislativo 1959-1964 fue intensa. Formó parte de la Comisión Especial del Senado, designada el 28 de enero de 1959, como consecuencia de la proposición del senador Elbano Provenzali Heredia para la redacción de la nueva Constitución Nacional. En esa comisión participó durante los dos años que tomó la redacción de la nueva carta magna, y sus observaciones fueron no solo tomadas en cuenta, sino cruciales en muchos casos para determinar el tono filosófico de la Constitución. Advirtió, en varias oportunidades, que se trataba de construir una democracia representativa y no una directa, para la cual pensaba que el país no estaba preparado. Cuando el 23 de enero de 1961, a tres años de los hechos celebrables, se firma el ejemplar de la nueva Constitución en sesión solemne del Congreso Nacional, el senador Uslar está satisfecho con el texto constitucional que ha salido del horno legislativo, texto que, por cierto, ha sido el de más larga duración en la historia política venezolana.

Conjuntamente con su tarea de corredactor del articulado de la Constitución Nacional de 1961, participa en el debate legislativo diario. Lo encontramos apoyando la proposición de creación del Instituto Nacional de Cultura y Bellas Artes (Inciba) por parte del senador Miguel Otero Silva, la redacción de cuya ley tomó muchos años hasta que, finalmente, a comienzos del período legislativo 1964-1969, se decretó su creación. Sus intervenciones sobre el papel del Estado en la promoción de la cultura son sumamente importantes:

> Yo considero que este proyecto merece el apoyo caluroso de todos los que en Venezuela nos preocupamos por la cultura. Que apoyar este proyecto honra a esta Cámara y que la Comisión que va a redactarlo debe hacerlo sensatamente, equilibradamente, teniendo en cuenta nuestras necesidades presentes y nuestras necesidades inmediatas a fin de que creemos no una nueva y monstruosa proliferación de la burocracia, sino un instrumento eficaz para que las formas superiores de cultura en Venezuela puedan florecer y fructificar en sus dos aspectos: el de creación por medio del estímulo a los creadores de belleza y de pensamiento, y en el de la difusión, poniendo los medios para que estos grandes frutos de la sensibilidad y de la inteligencia humana lleguen a todo lo ancho y largo de nuestra tierra, a todos los hijos del país (Uslar Pietri, 1964: 16).

Participa en los debates legislativos sobre la creación del INCE (Instituto de Capacitación Educativa), la reforma agraria, el problema de la delincuencia, la recesión económica, la ley de alquileres, la OPEP, la economía en situación de emergencia, la naturaleza de los créditos adicionales, la materia tributaria, los temas de contraloría, la política presupuestaria y un largo etcétera que llama al asombro o, más bien, que confirma la vocación enciclopédica de nuestro biografiado. Obviamente, sobre todos estos temas no era experto Uslar, pero si era un hombre dominado por el sentido común, y era ese ingrediente el que mejor introducía en las discusiones en la Cámara, llevando las aguas a un lugar del que los dislates naturales de los díscolos alejaban. Por otra parte, de varios temas sí era conocedor a fondo nuestro parlamentario: economía y petróleo, para solo citar dos.

En diciembre de 1959, las Ediciones Orinoco del partido URD publican un conjunto de ensayos y conferencias del novel parlamentario, intituladas *Materiales para la construcción de Venezuela*. En la pestaña del libro, su compañero de viaje político en todas las horas, Ramón Escovar Salom, hace el elogio del autor. Ya entonces se advertía lo que venía fraguándose naturalmente: la futura candidatura presidencial del escritor, que era presentado en su condición de hombre de letras y de Estado por Escovar, no sin dejar de apuntar que la personalidad de Uslar era tan extraña como excelsa en el conjunto de nuestra historia republicana. El libro entero recoge el clima de entendimiento nacional que sobrevino al 23 de enero, clima del que participó decididamente Uslar al querer contribuir con la construcción del sistema democrático.

El 11 de agosto de 1960, nuestro biografiado se incorpora a la Academia Nacional de la Historia con un discurso intitulado «Una oración académica sobre el rescate del pasado». Lo recibe con discurso de contestación el académico Guillermo Morón. En su disertación valora la obra y la personalidad de Uslar y no escatima elogios para el nuevo integrante de la Academia. Se suma a lo dicho antes por Picón Salas y Otero Silva, aunque con un matiz que no puede pasar inadvertido:

> Si fuera a calibrarse su vitalidad, habría que condensar su elogio diciendo que Arturo Uslar Pietri es uno de los hombres con las ideas más claras en la cabeza y con la intención de progreso histórico más definido de la contemporaneidad venezolana. Porque ha sabido unir esas dos calidades y porque ha triunfado en más de una batalla, se le discute a lo largo y ancho de los frentes activos en el país. Sólo a quien posee alta capacidad para dejar huella en la historia que le toca de cerca, se le da pelea y beligerancia (Varios Autores, 1984: 295).

Señalaba Morón una condición que acompañó a Uslar a lo largo de toda su vida pública e intelectual: la del polemista, y no porque buscara serlo, sino porque defendía sus ideas con claridad, de modo que se ganaba a pulso a sus adversarios. Años después, el propio Morón fue uno de ellos.

A lo largo de 1960 y 1961 Uslar, además de sus tareas de parlamentario y de integrante de diversas juntas directivas de empresas nacionales, urde una novela que imagina integrante de una trilogía. No lo ocupan las tareas del columnista semanal ni las del conductor de su programa televisivo; ambas han quedado en suspenso desde su entrega a las labores parlamentarias. Publica en 1962 un nuevo libro de ensayos, *Del hacer y deshacer de Venezuela*; en él recoge algunos de sus textos escritos entre 1954 y 1961, muchos de ellos fruto de la solicitud de una conferencia, algún prólogo o el discurso de incorporación a la Academia Nacional de la Historia. La mayoría versa sobre temas históricos nacionales, siempre comprendiendo lo nacional en una perspectiva hispana. Es un libro de ensayos importante: define todavía más el campo de investigación en el que se mueve el ensayista de largo aliento, no el articulista.

En relación con el proyecto de trilogía novelística que señalé antes, pues, en 1962 es publicada en Buenos Aires, en la editorial Losada, la primera obra: *Un retrato en la geografía*. La trilogía (inconclusa) se titula *El laberinto de fortuna*, y en ella se pretende trabajar el período venezolano que va de la muerte de Gómez al 23 de enero de 1958. La segunda parte de la trilogía es publicada en 1964 y se titula *Estación de máscaras*. La tercera nuestro autor no la escribió. ¿Por qué? Lo ignoro. Sospecho que la reacción de la crítica, que respondió con un incomprensible silencio, desanimó un tanto a nuestro novelista. También sospecho que él mismo desde el comienzo albergaba dudas sobre el proyecto. Esto lo digo por el extraño tono con que le presenta *Un retrato en la geografía* a su amigo Picón Salas. Le dice en carta fechada en Caracas, y enviada a París, el 25 de abril de 1962:

> Hace pocos días te mandé mi última novela *Un retrato en la geografía*. Es una tentativa de hacer novela sin héroe, sin la intervención de autor, sin anécdota hecha, con un simple testimonio directo de gentes y situaciones en que se expresan seres y estares de Venezuela. Me gustaría saber lo que piensas (Picón, 2004: 465).

Quizás el silencio crítico que cubrió la obra provenga de sus propósitos «sin la intervención de autor, sin anécdota hecha». Quizás el lector halló un cuadro contemporáneo en el que la falta de autor lo hacía un tanto impersonal, sin la emoción que el mismo lector había hallado en *Las lanzas coloradas*, o sin el fulgor poético que recordaba en *El camino de El Dorado,* para solo citar los antecedentes novelísticos del autor y no los cuentísticos, campo en el que ya entonces era reconocido como un maestro. En todo caso, el proyecto de la trilogía nos habla de la voluntad titánica del autor, de la urgencia que sentía por ofrecer su lectura de los hechos nacionales en un período crucial de nuestra historia contemporánea, pero quizás la materia misma de lo novelable era la nuez de la dificultad que enfrentó. Los hechos que se trabajan habían ocurrido hacía muy poco tiempo, dificultad que no se irguió frente al novelista en sus dos primeras novelas, y esta circunstancia deja de ser una «circunstancia» para convertirse en un escollo prácticamente insalvable. Es mucho más probable poetizar narrativamente el pasado remoto que intentar hacerlo con el inmediato. No hay distancia. Se hace muy difícil que los arquetipos surjan naturalmente, como sí ocurre con Presentación Campos en *Las lanzas coloradas* o con el Tirano Aguirre en *El camino de El Dorado*. La verosimilitud de ambos personajes proviene de la maceración de sus caracteres en el imaginario del autor y en el del posible lector. De modo que son frutos de dos cribas, la individual y la colectiva. En el caso de los personajes de las dos novelas de la trilogía inconclusa, los personajes no han anidado en la psique colectiva, y es como si no encontraran eco en el lector, en quien todavía no ha decantado un arquetipo identificable. Esto no va a ocurrir en el futuro con dos personajes históricos novelados por Uslar: Juan Vicente Gómez y Simón Rodríguez, cuyo perfil literario sí encuentra habitación en la psique del lector.

A principios de 1962 dicta una conferencia que es grabada y luego editada (en el sentido anglosajón) por él mismo. Se titula

«Política para inocentes» y es publicada en la *Revista Nacional de Cultura*, y la traigo a cuento porque es paradigmática de la manera de discurrir de Uslar y de sus ideas políticas. Es una suerte de resumen. Primero, el autor dibuja un vasto panorama histórico sobre el concepto de *política*; luego enfoca más el punto y lo trae a Venezuela y, finalmente, aporta sus observaciones. De entre ellas hay una de enorme vigencia:

> De modo que el gran problema político de nuestro tiempo es buscar la solución de esa cuadratura del círculo por medio de la cual logremos toda la libertad posible salvando y preservando el máximo de igualdad posible, es decir, lograr el máximo de justicia social sin sacrificar la libertad, porque lograr una de las dos cosas sacrificando la otra es muy simple, pero es monstruoso (Uslar Pietri, 1962: 27).

En el mismo texto, además, ofrece una suerte de perfil del político y de la política muy revelador:

> El político necesita otra cosa y esa sí que no se adquiere ni se enseña. Es una especie de sexto sentido, de intuición, de sensibilidad, de cenestesia de lo colectivo que le permite oler, respirar, adivinar lo que la gente está esperando, o deseando, o detestando, y actuar en consecuencia. Por eso es por lo que la política no es una ciencia; ni una disciplina que se aprende, sino que es más bien un arte. Un gran político decía que la política es el arte de las posibilidades y con esto está dicho que es la más difícil de todas las artes (Uslar Pietri, 1962: 29).

Tres años antes, en un homenaje que organizó URD a la figura histórica de Medina Angarita, al definir al expresidente, Uslar hizo un retrato, por oposición, de lo que consideraba un político de significación. Entonces decía:

> Medina no era un teórico, ni un doctrinario, ni un hombre que repetía cosas aprendidas en los libros, ni un oportunista político que había corrido a cubrirse con una falsa toga para en un momento

determinado ganarse un aplauso de la muchedumbre; Medina era fundamentalmente un hombre que creía en el pueblo venezolano (Uslar Pietri, 1959: 40).

Como vemos, la consustanciación del político con su pueblo era el valor máximo que Uslar le atribuía a la personalidad del político arquetipal, y para ello se necesitaba que este desarrollara no una ciencia, sino un arte, cosa que no había manera de aprender, con lo que la condición de los grandes políticos provenía de un sustrato difícil de explicar. ¿Fuerza telúrica? ¿Predestinados? En verdad, no hallamos en el pensamiento de nuestro biografiado sesgos que apunten hacia el pensamiento mágico en estos territorios. Lo que quiere señalar Uslar, probablemente, es que la condición humana, la buena índole y los atributos naturales no se adquieren. Habla de una suerte de aristocratismo del espíritu –que no tiene que ver con la condición económica–, que se opone a la ramplonería de quienes no lo detentan. Y al hacer énfasis en la condición artística de la política, colocaba a sus mejores cultores en un peldaño más arriba que el científico, ya que este se adquiría con inteligencia, mientras el otro no. ¿En quién pensaba Uslar cuando hacía estos retratos por oposición?

Las actuaciones en la Comisión Delegada del Congreso Nacional en 1962 van señalando el camino de una posible candidatura presidencial en 1963. En las posiciones ecuánimes de Uslar un grupo de gente vio una sindéresis conveniente para el país de entonces. A ello se añadía que la figura pública de Uslar era sumamente conocida, no solo en el mundo político, por sus actuaciones en el pasado y en el presente parlamentario, sino por la incursión semanal en televisión con su programa *Valores humanos*. El venezolano lo identificaba fácilmente y reconocía sus conocimientos, de modo que su estatura política fue haciéndose cada vez más señalada y no cabe la menor duda de que fue él el primer intelectual y político venezolano que utilizó el medio televisivo con destreza, interpretando plenamente sus alcances. Fue de los primeros en participar en un debate por televisión, cuando en mayo de 1963 fue a dialogar ante las cámaras con el entonces ministro de Minas e Hidrocarburos, Juan Pablo Pérez Alfonzo, con la moderación del periodista Carlos Rangel, acerca de la política petrolera del gobierno, sobre todo en lo relativo a las concesiones de hidrocarburos. De aquel diálogo se conserva el recuerdo favorable de dos conocedores del tema petrolero, discutiendo civilizadamente ante los «amigos invisibles» para quienes el rostro de Uslar, y su inconfundible tono de voz, eran familiares. Leído el conversatorio a la distancia, las diferencias entre ambos no eran mayores que las similitudes. La angustia era la misma.

La candidatura presidencial y la fundación de un partido político (1963-1968)

Desde finales de 1962, el dirigente máximo de un pequeño movimiento político, MRP (Movimiento Republicano Progresista), Ramón Escovar Salom, adelantaba conversaciones con otros grupos para hacer de Uslar un candidato único de la oposición, pero se topó con las aspiraciones de Villalba y Larrazábal, que consideraban que debían presentarse a elecciones. Por otro lado, el intento de AD y Copei de presentar un candidato único también naufragó ante la decisión del Buró Sindical de AD de respaldar la candidatura de Raúl Leoni y dejar de lado los intentos de Betancourt por asomar otros nombres. De modo que para abril de 1963 las candidaturas de Leoni (AD), Caldera (Copei), Villalba (URD), Ramos Giménez (AD-oposición) y Larrazábal (FDP) estaban en marcha, y a ellas se suma en la contienda la de Uslar Pietri. Se presenta apoyado por el MRP de Escovar Salom, Carlos Guillermo Rangel, Andrés Roncayolo y Francisco Vera Izquierdo, el sector agrario liderizado por Ramón Quijada (Comité Electoral Campesino), el grupo de Independientes Pro Frente Nacional (IPFN): Fidel Rotondaro,

Jesús María Herrera Mendoza, Martín Vegas Sánchez, Luis Beltrán Guerrero, Pedro Segnini La Cruz, Guillermo Morón, Enrique Tejera Guevara, Irma Felizola de Medina, Félix Lairet, entre otros, y los grupos animados por Antonio Requena, Nerio Neri Mago, Isaías Medina Serfaty (Frente de Unificación Nacional, FUN) y Juan Sananes, así como por el partido de Amado Cornielles: Opina.

Uslar buscó ser el candidato del entendimiento nacional, un candidato de consenso, pero no logró el objetivo. El episodio más significativo de este forcejeo entre distintas fuerzas ocurrió en el seno de la AVI (Asociación Venezolana de Independientes), organización en la que militaban buena parte de los empresarios venezolanos, que se creía estaban naturalmente inclinados por su candidatura. Finalmente, la organización no lo apoyó explícitamente, y dejó a sus militantes en la libertad de votar por quien quisieran, después de declaraciones de algunos de sus miembros a favor, como la de Oscar Machado Zuloaga. El juego de las alianzas y posibles apoyos fue intenso durante estos primeros meses de 1963, hasta que el escritor decide lanzarse al ruedo con los respaldos con los que contaba. La tarea era urgente.

En julio comienza a recorrer el país buscando el favor del electorado. Su campaña comenzó en San Cristóbal: zona del país en donde los herederos del medinismo y el lopecismo podían inclinarse, naturalmente, por su candidatura, identificándolo con ambas administraciones. El lema de su campaña fue «Arturo es el hombre», y el símbolo, una campana. Las técnicas publicitarias modernas fueron puestas en marcha; de ello se ocupaba en su equipo de campaña el publicista Raúl Sanz Machado, integrante del grupo de cerebros de ARS, la empresa de la que Uslar, hasta entonces, formaba parte. El candidato buscaba debates televisivos con los otros contendientes, en particular con Leoni, pero este, que sabía no tener el don de la palabra, inteligentemente no lo aceptó. Caldera sí fue al debate. Entonces se esmeró en señalar las vinculaciones de Uslar con la izquierda, a partir del idilio que estas fuerzas sostuvieron con el gobierno de Medina. Uslar asestaba sus golpes en el terreno de las precisiones administrativas, donde pensaba que Caldera era menos diestro. La corta campaña del candidato (141 días), en líneas generales, se basó en el uso del recurso televisivo, espacio en el que el candidato se movía como pez en el agua y, por supuesto, en el contacto directo con la gente. La oferta electoral no se diferenció de su prédica de siempre: siembra del petróleo, lucha contra la demagogia, administración eficiente de los recursos del Estado, gobierno con los mejores en cada área, política de concordia nacional, que incluía un tratamiento distinto del tema guerrillero, entre otros temas. Pero estos aspectos fueron resumidos en tres áreas de acción que dibujó el candidato en su programa de gobierno, presentado a consideración de los electores el 7 de octubre de 1963 en Maracaibo: política de justicia, política de desarrollo y política de soberanía. Las tres iban antecedidas por dos *leitmotivs* de la campaña y el programa: la necesidad del cambio y la Venezuela posible.

En el contexto nacional, el año de 1963 fue bastante agitado, ya que las fuerzas armadas subversivas hicieron de las suyas. Comienza el año con el robo de las obras de la exposición «Cien años de pintura francesa» en el Museo de Bellas Artes; continúa con el incendio de los depósitos de la tienda por departamentos Sears; sigue con la voladura de puentes de carreteras en el estado Falcón y los hechos continúan en su escalada de violencia. Los subversivos incendian la fábrica de cauchos Good Year en Caracas y, en septiembre, perpetran el más condenable y criminal de los hechos: asaltan el tren de paseo entre Los Teques y el parque de El Encanto, y en la refriega fallecen civiles, completamente ajenos a la batalla por el poder. El hecho trajo consigo una fuerte reacción del gobierno de Betancourt y son detenidos los parlamentarios del PCV y del MIR, a quienes se les vinculaba con los acontecimientos. El año, como vemos, fue sumamente intenso en acciones violentas por parte de la guerrilla.

Regresando al panorama electoral, de haberse nucleado la oposición en torno a una figura única, con seguridad habría ganado las elecciones, pero no fue posible y la victoria la obtuvo la candidatura de Raúl Leoni, a pesar del desgaste natural que produce el ejercicio del poder. Obtuvo la victoria con un porcentaje de votos menor (32,80 %) al que obtuvo Betancourt (49,18 %) cinco años antes, motivo por el que afirmo que si la oposición hubiese presentado una candidatura única, Leoni no habría obtenido el triunfo. Al menos esto es lo que señalan los números. También puede alegarse que, de haber concurrido dos candidatos con posibilidades, la polarización entre ambos habría favorecido a Leoni. En cualquier caso, lo cierto es que el fenómeno electoral de la contienda fue la candidatura de Uslar. Obtuvo el 16,08 % de los votos con el respaldo de las poblaciones de Caracas y del centro del país. Por su parte, las fuerzas que lo acompañaron, en torno a la denominación de Independientes Pro Frente Nacional (IPFN), alcanzaron cinco escaños en el Senado y veintidós en Diputados, lo que constituía una fuerza determinante para el juego de los acuerdos en el Poder Legislativo.

El Pacto de Puntofijo, en rigor, se había roto en cuanto a su composición tripartita a partir de 1960, con la salida de URD del gobierno de Betancourt, como consecuencia de la posición ante Cuba y la OEA, de modo que el presidente Leoni se proponía gobernar en medio de una alianza distinta a la que venía sosteniendo Betancourt con Copei. Después de las conversaciones necesarias, el acuerdo de Leoni se produjo con Villalba y URD, y con Uslar y su fuerza en el parlamento. Meses después, el uslarismo pasó a ser gobierno también, además del apoyo que le brindaba en el Congreso. Esta alianza política, a contracorriente de Betancourt, quien se fue a Europa por cerca de ocho años, la adelantaba Leoni con uno de los enemigos más acérrimos del gobierno anterior y de AD en general: Uslar Pietri; y se llamó «la Ancha Base».

No se ha escrito lo suficiente sobre estos episodios, y se ha tendido a simplificar al gobierno de Leoni como una continuación del de Betancourt, cuando en verdad fue distinto en muchos aspectos, empezando por la composición del tablero de fuerzas que lo acompañaban en el gobierno. Todo indica que Leoni no se sentía cómodo ni cónsono gobernando con las fuerzas de Caldera, a las que consideraba antagónicas a su posición socialista-laborista, mientras se sentía más cerca de Uslar y Villalba, de quienes no lo separaba el tema confesional, que Leoni siempre consideró propio de la derecha. Por otra parte, el vínculo más estrecho que tuvo Uslar con los dirigentes de AD lo sostuvo con Leoni y con Gonzalo Barrios, con quienes sentía una simpatía que nunca experimentó hacia Betancourt. A Leoni, en particular, lo había conocido como estudiante en la misma Facultad de Derecho de la Universidad Central de Venezuela, y eran amigos desde entonces.

Curiosamente, las fuerzas políticas independientes que apoyaron a Uslar en las elecciones decidieron formar un partido político el 24 de febrero de 1964, apenas dos meses después de los comicios. Desaparecía el IPFN y nacía un partido político: el FND (Frente Nacional Democrático), presidido por el propio Uslar y secundado por Escovar Salom. De la agrupación formaban parte Nerio Neri Mago, Ángel Mancera Galetti, Raúl Sanz Machado, Margot Boulton de Bottome, Alejandro Freites, Pedro Segnini La Cruz, Raúl Ramos Calles, Andrés Roncayolo, Juan Sananes, Martín Vegas, Carlos Guillermo Rangel, Marcel Granier, Hermógenes López, Luis José Silva Luongo, Rafael Vegas, Carlos Antonio Punceles, Martín Lares Gabaldón, Alfredo Baldó Casanova, Carlos Díaz Flores y Evencio Gómez Mora, entre otros.

El respaldo del recién constituido FND al gobierno de Leoni se expresó primero en el parlamento, hasta que en noviembre de 1964 el presidente hizo pública la conformación del nuevo Gabinete Ejecutivo. Entonces, Uslar y su partido pasaron a formar parte del Poder Ejecutivo, junto con URD. El FND estuvo en funciones ejecutivas con José Joaquín González Gorrondona al frente del Ministerio de Comunicaciones; Ramón Escovar Salom como Ministro de Justicia y Juan José Palacios a la cabeza del Ministerio de Agricultura y Cría. El 14 de marzo de 1966 el FND abandonó el Poder Ejecutivo, mientras URD permaneció brindándole su apoyo por unos meses más. Uslar razonó en una larga carta la decisión de su partido. En ella aludía al hecho de no haber podido concretarse los objetivos que llevaron al acuerdo del gobierno de «Ancha base». Por otra parte, en el seno de su partido el desarrollo no era «miel sobre hojuelas», los distintos grupos no respondían a intereses unánimes. De hecho, siete parlamentarios electos en las planchas del IPFN no se sumaron a las filas del FND y decidieron permanecer independientes. Pero estas tormentas internas no influyeron de manera determinante en la decisión de separarse del gobierno. Eran harina de otro y del mismo costal.

Este mismo año de 1966, Uslar retoma su columna Pizarrón en el diario *El Nacional*. La había abandonado en abril de 1958 y regresaba el 2 de mayo; ya no la suspendería hasta el 4 de enero de 1998, cuando se despide de ella para siempre. Quizás coincida la decisión de regresar al periodismo de opinión con su propia y personalísima decepción de la vida política partidista, la misma que lo condujo a ir regresando hacia su vida de escritor. Al año siguiente, en 1967, renuncia a la dirección del FND, pero no se separa del todo de la actividad política, ya que formará parte de los proponentes de la candidatura de Miguel Ángel Burelli Rivas en las elecciones nacionales de 1968, conformando el llamado Frente de la Victoria. En estas elecciones sale electo por tercera vez como senador en las planchas del FND, y este fue su tercer y último período legislativo.

En el campo literario, como señalamos antes, había sufrido dos decepciones por parte del mundo de la crítica literaria. Sus novelas *Un retrato en la geografía* (1962) y *Estación de máscaras*

(1964) no habían sido bien recibidas, de modo que el silencio conspiró contra ellas. Esto, sin embargo, no sumió en la depresión a nuestro autor sino que, por el contrario, lo trajo de vuelta al universo del relato, espacio donde su destreza estaba fuera de toda sospecha. En 1966, en Madrid, se publica su cuarto libro de cuentos: *Pasos y pasajeros*. Su libro de relatos anterior, *Treinta hombres y sus sombras,* se había publicado en 1949, de modo que habían pasado diecisiete años de su publicación y ya estaba en marcha el llamado *boom* de la literatura latinoamericana. El riesgo de acometer unos relatos fuera del discurso de su tiempo estaba presente, pero Uslar eludió el peligro perfectamente y entregó una suerte de renovación de sus propias propuestas estéticas. Así lo señala Miliani, refiriéndose al libro:

> Uslar estaba renovando sus propios mecanismos de escritura cuentística una vez más. Vistos en conjunto, la mayoría de los textos conservan una constante: son narraciones en torno a personajes sin identidad, o con identidad nebulosa, cuyo conflicto está precisamente en la búsqueda de un ser más allá de las situaciones instantáneas en las que se mueven (Varios Autores, 1984: 221).

Integran este libro varios relatos celebrados por los lectores, entre ellos: «El novillo amarrado al botalón», «Simeón Calamaris», «El prójimo», «Un mundo de humo». Prácticamente todos los textos de este conjunto están tejidos con la misma aguja: son personajes que se ven envueltos en episodios excepcionales, propios de la realidad mágica. No trabajaba Uslar con los hechos comunes de la vida solamente; los incluía en el tejido, pero hacía énfasis en lo extraordinario, en eso que él consideraba formaba el nudo del relato.

Al año siguiente recoge en un libro doce discursos pronunciados en años recientes. *Oraciones para despertar* se titula el conjunto, al que luego en dos ediciones sucesivas, en 1981 y 1998, le agrega otras disertaciones de tema venezolano. Con motivo del cuatricentenario de la fundación de Caracas, el Concejo Municipal adelanta un programa de ediciones; entre ellas figura un libro de nuestro autor: *Las vacas gordas y las vacas flacas*, publicado en 1968. En él se recoge una selección de artículos de su columna Pizarrón y otros ensayos y discursos, en su mayoría de tema nacional.

En el panorama político, su candidato a las elecciones de 1968, Miguel Ángel Burelli Rivas, no alcanza la victoria. Uslar, ya lo señalamos, es electo senador en las planchas del FND, pero el llamado de otras actividades distintas a la política se hace cada vez más claro. El periodismo y la literatura tocan ahora más fuerte las aldabas de su puerta.

La dirección de *El Nacional* (1969-1974)

Contemporáneamente a la asunción de la Presidencia de la República por parte de Rafael Caldera, a principios de 1969, la familia Otero le ofrece a Uslar la dirección de su periódico. El escritor acepta y estará al frente del rotativo hasta 1974, cuando entonces el destino le tiente con otros derroteros. La dirección del periódico coincide con la decisión interior del escritor de no atender más el llamado de la política por la vía de las instituciones partidistas. Ha quedado escaldado de la experiencia; comprende que no está hecho para la tarea incesante de dirigir un partido político. Lo considera un sacrificio de sus otras vocaciones.

En este mismo año, en el que la mañana del sábado se torna en el tiempo de la evaluación de la marcha del periódico durante la semana, Uslar publica un libro de ensayos hispanoamericanista: *En busca del nuevo mundo*. El libro es editado por el Fondo de Cultura Económica de México y contiene sus reflexiones sobre el tema en los años, para entonces, recientes. El crisol del mestizaje, los primeros viajeros de indias, la generación libertadora, la influencia determinante de España, los poetas de América y de la península son algunos de los temas del libro al que, en la coda, añade tres visiones viajeras sobre Holanda, Sicilia y Caracas:

> Desde el siglo XVIII, por lo menos, la preocupación dominante en la mente de los hispanoamericanos ha sido la de la propia identidad. Todos los que han dirigido su mirada, con alguna detención, al panorama de esos pueblos han coincidido, en alguna forma, en señalar ese rasgo. Se ha llegado a hablar de una angustia ontológica del criollo, buscándose a sí mismo sin tregua… (Uslar Pietri, 1969: 9).

En 1970 inicia una etapa de su vida signada por múltiples y dilatados viajes, actividad por la que siente un fervor único. Vuelve a Israel en ese año y se prepara para darle la vuelta al mundo al año siguiente; en ello emplea casi tres meses. El periplo lo recoge en un texto signado por la amenidad: *La vuelta al mundo en diez trancos*, que luego fue incluido en *El globo de colores*, el cual recoge la totalidad de su obra de crónicas de viajes, publicado en 1975. Monte Ávila Editores publica en 1971 su conjunto de ensayos y artículos intitulado *Vista desde un punto* y, el mismo año, le es conferido el Premio Nacional de Periodismo. En el mínimo prólogo con que nuestro autor antecede los artículos de *Vista desde un punto,* dibuja una suerte de *Ars poetica* de la actitud del intelectual ante el espectáculo de la vida. En muchos sentidos es un autorretrato:

> Desde la cárcel de un punto, que todo lo centra, miramos al mundo. No hay contraste más extremo que el que se establece entre el irreductible sujeto que observa y el ilimitado círculo que lo rodea. Desde ese punto, su punto de vista, el hombre sitúa el mundo y se reconoce a sí mismo. A la redonda proposición inagotable, al circo de esfinges, responde con el conjuro de las palabras, para afirmar y afirmarse, para conocer y conocerse, para relacionar y comprender, para conectar los sentidos a la infinita red inabarcable que llega hasta él con millones de tentáculos (Uslar Pietri, 1971: 7).

En 1972 ocurre un hecho inimaginable para muchos: publica su primer poemario, *Manoa,* abarcando así la totalidad de los géneros literarios. La mayoría ignoraba que Uslar escribía poemas desde la juventud; de hecho, el orden de aparición de los textos es casi cronológico y el primero está fechado en 1932, cuando nuestro autor contaba veintiséis años. La primera edición es de autor, y con un tiraje mínimo, de cuatrocientos ejemplares fuera de comercio. De inmediato la editorial Tiempo Nuevo publica la obra y la coloca al alcance de la gente.

Durante cuarenta años Uslar acometía, al margen de su discurso central, estos poemas, signados por la brevedad y por la intimidad de muchos de sus temas. Además, en ellos anida el mismo impulso que mueve sus crónicas de viaje: la observación aguda de la realidad a partir de un sesgo, un punto de entrada que lo conduce a la vastedad de la reflexión histórica. Dos de ellos se adentran en el universo de perplejidades que instaura la realidad cósmica. En «Signo en el polvo», escrito con motivo de la llegada del hombre a la Luna, Uslar poetiza la soledad del hombre: íngrimo testigo de los hechos que él mismo protagoniza, suerte de mensajero de la vida y de la muerte:

> Ni voz, ni ruido, ni eco,
> el peso perdido y el tiempo
> y el árbol y el agua y el pájaro,
> nada viviente, ni rastro de la vida,
> sino aquella burbuja translúcida
> entre la luz de fuego y la sombra de hielo.
> (Uslar Pietri, 1972: 59).

En continuidad con la reflexión lunar, el poeta ofrece otra que parte del Sol, de su naturaleza feneciente. Entonces alcanza densidades metafísicas a partir de la constatación física del hecho de que el astro rey está muriendo desde que nació, al igual que nosotros, que comenzamos a morir al nacer:

> El sol se está apagando,
> no había ojos para mirarlo
> y ya empezaba a declinar,
> y no habrá ojos tampoco
> para mirarlo disolverse
> en la sombra.
> (Uslar Pietri, 1972: 61).

A la perplejidad cósmica se suma la teológica, y nuestro poeta traza uno de los poemas más hermosos de su obra. «Acción de gracias» se titula el conmovedor texto, brillante de humildad, en el que se pronuncia repetidas veces la palabra *gracias*, acaso la más dignificante que puede pronunciar el hombre. Justo después de esta suerte de salmo se lee otro, en el mismo registro sagrado: «Oficio de víspera». Uslar confiesa el miedo de morir, la soledad del hombre ante el inmenso poder de Dios, la estremecedora sensación que coloniza al hombre en su perplejidad ante lo desconocido. Dice:

> Soy una criatura,
> siento la angustia de irme solo
> y de borrarme en sombras,
> no quisiera,
> como los viejos lagartos herrumbrosos,
> como las lentas escolopendras incompletas,
> que terminara todavía
> el tibio sol de la tarde.
> (Uslar Pietri, 1972: 70).

Hasta este momento, el lector uslariano no había tenido oportunidad de seguir el curso de la perplejidad del autor de manera expresa. Estos temas habían sido tocados en otros géneros: o bien detrás de la máscara de algún personaje o bien ensayísticamente, pero no de manera confesional, en primera persona, aceptando el miedo y la desnudez ante la inmensidad del universo, y ante el sentido de la vida en su dimensión más crucial. Estos poemas, no exagero al decirlo, completan su dimensión humana, cierran el círculo de su personalidad; hacían falta en su obra pero, vaya paradoja, muy poco se escribió sobre ellos en el momento en que aparecieron publicados y se han ignorado en aras de otras versiones acerca de la personalidad de Uslar que quieren verlo más cerca del mármol que de la carne que se expresa en estos textos.

Heráclito, ese personaje que imantó sus pasos sobre la tierra, no podía estar ausente. Un poema lo manifiesta y le sirve de norte: todo pasa, por el solo hecho de ser hombres nos sumergimos en el río heracliteano y nunca son las mismas las aguas que nos acogen.

> Todo fluye, todo es fuego y es agua
> y nada permanece ¿no lo sabes?
> hombre que has visto nacer y morir
> los días, las estaciones, las ovejas
> y a tus hermanos y tus hijos.
> (Uslar Pietri, 1972: 107).

Todos los poemas que he citado, y que constituyen parte de su reflexión ontológica y cósmica, fueron escritos entre 1965 y 1972. Es decir, entre los cincuenta y nueve y los sesenta y cinco años del autor, edad en la que es evidente la necesidad que tuvo de sumergirse en aguas más profundas. Sentía que avanzaba hacia la ancianidad; incluso puede decirse que la inminencia de la muerte lo acosaba aunque, paradójicamente, viviría treinta años más, en perfectas condiciones mentales y físicas, hasta que lo doblegó la parca, tantas veces temida.

Este año de revelaciones poéticas, también lo es de reconocimientos. Recibe el premio de prensa Miguel de Cervantes, en España, por su artículo «Los expulsados de la civilización», en el que le responde al crítico de arte británico Kenneth Clark, autor de una serie de programas televisivos en los que ignora el aporte de los pueblos de habla hispana al mundo del arte. Los argumentos de Uslar son de peso, y la recepción en España de sus defensas es justa. En Chile le otorgan el premio Mergenthaler de la Sociedad Interamericana de Prensa y, en Nueva York, el María Moors Cabot, con lo que la dimensión internacional de su nombre y su obra recibe un nuevo reconocimiento.

La defensa de Uslar al aporte del mundo hispánico a la civilización es una clase magistral de concisión y pertinencia. Clark, y su posición excluyente, quedan maltrechos después de las lanzas blandidas por el venezolano. Pero la defensa no la formula dominado por la ira, sino con la serenidad que lo caracteriza; pero no se crea que esta lo lleva a apelar a eufemismos a la hora de responderle a Clark. Es claro y preciso y no acepta la exclusión, con razones bien fundamentadas.

El 29 de agosto de 1973 Uslar se despide del Congreso Nacional con un discurso memorable. «Un alerta a la democracia venezolana» se tituló. Ha tomado la decisión de no presentarse en ninguna plancha en las próximas elecciones legislativas, de modo que anuncia una cada vez mayor dedicación a sus tareas de escritor. Emprende nuevos viajes, esta vez hacia el sur del continente. Va a Buenos Aires a recibir el premio Alberdi-Sarmiento y a recibirse como miembro correspondiente de la Academia Argentina de la Lengua. En esta oportunidad conoce a Jorge Luis Borges y este lo presenta en el acto de entrega del premio, diciendo:

> Presentar a Arturo Uslar Pietri es presentar a muchos hombres, porque nuestro huésped puede decir, como Walt Whitman, el escritor americano por antonomasia: soy amplio y contengo muchedumbres (Eskenazi, 1988: 272).

En la única visita que Borges hizo a Venezuela, en 1982, de la mano de María Kodama, fue a visitar a Uslar en su casa de La Florida. De entonces quedan las fotografías en que se juntan el argentino, Uslar y Miguel Otero Silva. Ya para entonces nuestro escritor se confesaba lector de la obra del autor de «El jardín de senderos que se bifurcan» e, incluso, no exageraría quien advirtiera la influencia de la palabra poética borgeana en su próximo, segundo y último poemario: *El hombre que voy siendo*.

En las elecciones de diciembre de 1973 ha resultado electo Carlos Andrés Pérez y, como era ya tradición, *El Nacional* nombraba sus directores tomando en cuenta los cambios en las correlaciones de las fuerzas políticas. Ya Uslar llevaba cinco años al frente del rotativo y, aunque los Otero querían que permaneciera al frente de él, se imponía otro destino. Deja el cargo en abril de 1974 y de inmediato emprende otros viajes que lo llaman con insistencia; pero, más que ellos, varias empresas literarias tocan a su puerta y le exigen dedicación. Están por comenzar años de intenso trabajo literario. Venezuela está entrando en un período de bonanza petrolera gracias, entre otros factores, al conflicto en el Medio Oriente. Los precios del barril alcanzarán cotas nunca vistas antes y se mantendrán en alza hasta finales de 1982. Ocho años de vacas gordas trajeron como consecuencia, aunque parezca increíble, un endeudamiento externo que, al caer los precios del petróleo, se supo alcanzaba los treinta mil millones de dólares. Aquella nación, a la que Uslar dibujó muchas veces aferrada a la rueda de la fortuna, dispendiosa y alocada, ahora experimentaba otra alza, que la iba a sumergir en un proceso de intoxicación económica y corrupción de pronóstico reservado, pero entonces los venezolanos no lo advertíamos claramente.

Embajador ante la Unesco (1975-1979)

A comienzos de año, el presidente de la República, Carlos Andrés Pérez, le propone ser designado embajador ante la Unesco y Uslar acepta. El nombramiento ocurre en mayo y de inmediato viaja con su esposa a París. Antes, se despide por tiempo indefinido de sus «amigos invisibles». Además de sus labores propias de embajador, el escritor lleva en mente varios libros por adelantar y uno por concluir. Se trata de la novela *Oficio de difuntos*, que ya ha comenzado en Caracas y está muy avanzada en su trayecto.

En este año de 1975, el viajero Uslar toma la decisión de recoger en un solo y afortunado volumen sus crónicas de viajes. *El globo de colores* se titula, y en el prólogo nos regala una de las confesiones más inesperadas, con la que estremeció a sus lectores:

> Está en estas páginas el testimonio reiterado de una inagotable curiosidad por la tierra y la gente. Nada me ha atraído más, ni siquiera los libros, que entrar por un camino nuevo y llegar a una ciudad desconocida (Uslar Pietri, 1991: 7).

Estas primeras líneas prologales son de una elocuencia que no podemos pasar por alto. Es cierto que la curiosidad movió todo el instrumental intelectual de Uslar; es cierto que lo dominaba una enorme curiosidad, que estaba enamorado del mundo y de la posibilidad de comprenderlo. Esto no se ha dicho lo suficiente, y más bien en el imaginario colectivo venezolano se ha venido aposentando una imagen que no lo representa. Uslar estaba muy lejos del mármol. Era inquieto, y esa inquietud lo llevaba con muchísima frecuencia a tomar un avión, y antes un barco, e irse a ver cómo era el mundo. No era sedentario, tampoco un nómada sin asidero. Lo movía esa gloriosa curiosidad que reconoce en las primeras líneas prologales.

La otra confesión es, si se quiere, verdaderamente estremecedora: la curiosidad por ver y conocer es mayor que la de la lectura. Uslar quiere estar en el sitio, palparlo, olerlo, escuchar la voz de sus habitantes, pero su pasión no es paisajística, es radicalmente antropológica. Ha dicho «llegar a una ciudad desconocida», no ha privilegiado un paisaje natural. No se trata de un naturalista, enamorado de los árboles y los ríos; su curiosidad es urbana, es decir, antropológica, es por la gente y sus costumbres, por la manera como se visten, por lo que comen, por lo que hacen para sobrevivir. Es la obra del hombre la que llama a Uslar a pasar por las inmigraciones de los aeropuertos con su pasaporte en la mano; no la obra de la naturaleza que, obviamente, también contempla, pero con menor fascinación. La aventura de viajar es también, para nuestro autor, la del caminante, la del que inicia un camino que casi siempre ignora a dónde lo lleva. El viaje es una metáfora de la condición humana. Aunque sobrevivió en veintiséis años a la publicación del compendio viajero, no adelantó otras crónicas de viajes como para componer otro conjunto. También la frecuencia de sus viajes bajó, y muchos de los que hizo fueron reiteraciones, vueltas sobre sus propios pasos. Los años comenzaron a pesarle en la espalda.

Por una razón que no logro comprender, las crónicas de viajes de Uslar no han solido estudiarse desprendidas del tronco ensayístico, sino asidas a él, lo que no es del todo apropiado, ya que ellas solas constituyen un conjunto de singular valor. Quizás cierta visión decimonónica de la literatura las considere creaciones menores al lado de las narrativas o ensayísticas, lo que constituye un error, que ojalá el tiempo y nuevas lecturas de su obra contribuyan a enmendar, adjudicándoles el lugar de importancia que tienen dentro del conjunto de su vasta obra. Por mi parte, en dos oportunidades he estudiado sus crónicas de manera autónoma, como creo que debe hacerse para valorarlas justamente.

Este mismo año recoge una selección de Pizarrón y la titula *Viva voz*; la publica una empresa de tabacos en Venezuela, y en ella el lector se sorprende de nuevo al tener en sus manos la variedad temática de aquel hombre curioso, que todas las semanas va dando cuenta en su columna periodística de las perplejidades que lo sacuden. Estas perplejidades comprenden tanto temas nacionales como mundiales y se nutren de la permanente búsqueda de información que nuestro autor persigue en sus lecturas. Uslar fue siempre un hombre de su tiempo, al día, informado, pendiente de los acontecimientos del mundo y de las implicaciones históricas que ellos tuviesen; para ello recurría a las grandes revistas del mundo desarrollado y recibía, también, la prensa fundamental de las metrópolis del planeta con alguna regularidad.

París lo recibe como siempre, con los brazos abiertos. Han pasado cuarenta y un años de su regreso a Caracas, después de haber vivido en la capital de Francia durante cinco. La Unesco lo recibe con regocijo; es un lujo para la institución contar con su palabra y su presencia. Entonces retomará los pasos de su juventud, cuando las calles de París lo conducían a aquellos recintos donde se dialogaba y se discutía, donde la amistad con Alejo Carpentier y Miguel Ángel Asturias maduraba al calor del encuentro diario. Volvía en otras condiciones, pero en idénticas funciones diplomáticas, aunque con rango distinto. Si en 1929 era un joven de veintitrés años que soñaba con escribir, a los sesenta y nueve había escrito una obra, pero soñaba con completarla, y estos años por venir en Francia serían propicios para la tarea y representaron en su vida una suerte de «puesta al día» con el curso de Europa y con los temas de su hora.

En 1976, Seix Barral de Barcelona publica una de sus mejores novelas: *Oficio de difuntos*, su quinto trabajo novelístico. La obra se inscribe dentro de un proyecto hispanoamericano que se inicia con *Tirano banderas* (1926), de Ramón María del Valle Inclán, y continúa con *El señor presidente* (1946) de Miguel Ángel Asturias, *El recurso del método* (1974) de Alejo Carpentier, *Yo, el supremo* (1974) de Augusto Roa Bastos, *El otoño del patriarca* (1975) de Gabriel García Márquez y *La fiesta del chivo* (2000) de Mario Vargas Llosa. Se trata de novelar la figura y las trapisondas del caudillo hispanoamericano, su psicología, los resortes del poder y toda la corte que gira en torno a su mandato. La obra de Uslar, por cierto, es la única contribución venezolana a este proyecto continental que no fue urdido de manera expresa jamás, pero que era inevitable para aquellos jóvenes que soñaban con hacer carne de novela las realidades de sus países.

En la reciente reedición de esta novela (2004), materializada por la Biblioteca Uslar Pietri de Los Libros de El Nacional, tuve el honor de redactar el prólogo, de modo que no tengo otra alternativa que citarme, de manera de no repetir aquí, con otras palabras, lo que ya he escrito:

> A partir de la máscara del padre Solana, suerte de atormentada conciencia que se asoma al principio y al final de la novela, Uslar va dibujando un personaje central: Juan Vicente Gómez, y otro secundario: Cipriano Castro. Más que el relato exacto de las vicisitudes del poder que ambos ejercieron, al novelista le interesa el dibujo de una psicología que ejerce en un entorno determinado: la Venezuela que transita del campo a la ciudad, del país agrícola al petrolero. De la epopeya que se inicia en la frontera andina con Colombia, a finales del siglo XIX, el narrador trae el hilo hasta la muerte de Gómez el 17 de diciembre de 1935. Pero, más que la relación de los hechos, de los que no se le escapan a Uslar ninguno de los sustanciales, lo significativo es el retrato. Particularmente elocuentes son los pasajes en los que Gómez habla hacia sus adentros, como conversando consigo mismo, en busca de las respuestas interiores que, finalmente, el personaje, Aparicio Peláez, exterioriza (Uslar Pietri, 2004: 4).

La novela elude con maestría el principal peligro que la acecha: el relato histórico de los hechos, y penetra en la psicología del personaje, su mayor logro junto con el lenguaje. En la obra se trazan círculos de elocuencia notable con un lenguaje poético de singular eficacia. La crítica la recibe con entusiasmo. No se propuso escribir una biografía; se avino mejor con la libertad del género novelístico, la libertad que le permitía profundizar en el personaje y su tiempo, sin que los rigores de la ciencia histórica lo conminaran a seguir algún camino. No fue historiador Uslar, por más que los hechos históricos fueran sustancia de gran parte de su obra de escritor.

La rutina de embajador no lo separa de sus tareas de escritor. Semanalmente envía su Pizarrón, y avanza en la redacción de una nueva novela en la que trabaja a un personaje que lo llama desde su juventud: Simón Rodríguez. Además, avanza en la redacción de los relatos que formarán un nuevo libro y escribe ensayos.

En 1978, *El Nacional* lo distingue con el premio Henrique Otero Vizcarrondo por el mejor artículo de opinión del año. «Mi primer libro» se titula, y en él evoca la aparición hace cincuenta años de su ópera prima: *Barrabás y otros relatos*. Por otra parte, en la Unesco es nombrado vicepresidente del Consejo Directivo, distinción que hasta entonces ningún venezolano había alcanzado. Este año, también, se publicó el primer libro de diálogos con Uslar. *Conversaciones con Uslar Pietri* se titula el libro del periodista Alfredo Peña; los otros dos son *Uslar Pietri: muchos hombres en un solo hombre* (1988) de Margarita Eskenazi y *Arturo Uslar Pietri: ajuste de cuentas* (2001) de quien esto escribe.

La vida en París lo ha acercado mucho más a la obra y la amistad de un venezolano excepcional: Jesús Soto. Juntos trabajan en un libro. *Escritura* se titula, y en él dialogan la obra cinética y la poética de cada uno. La publicación fue presentada en la galería Denise René, en París, en versión bilingüe el poema, y con ocho grabados de la obra de Soto, en particular aquella denominada «Escrituras», y que viene desarrollando desde comienzos de los años sesenta. Se trata de dos escrituras: la que Soto teje sobre el tablero cinético y la que Uslar traza con palabras. Ambas coinciden en el espacio del libro, pero no han sido creadas la una para la otra: ni la de Soto ilustra la de Uslar, ni la de Uslar explica la de Soto. Dialogan.

El poema intitulado «Escritura», que luego incluyó en el poemario *El hombre que voy siendo*, es el de mayor extensión que escribió nuestro autor. En él se pregunta acerca del surgimiento de la escritura, el motor que la produjo, y se detiene en hechos históricos centrales, poetizándolos, con una suerte de recuerdo nostálgico.

> Qué letra de qué ignoto abecedario
> vine a ser, o ya fui con otras voces,
> qué eco de otros ecos, qué mensaje
> iba escrito en mis pasos y mis ojos,

sin yo saberlo ni saberlo nadie
he sido una palabra que se ignora
y me escribe en mí al hombre que voy siendo.
(Uslar Pietri, 1986: 139).

Desde comienzos de año, el embajador comienza a recoger las velas. Renuncia a la Vicepresidencia del Consejo Directivo de la Unesco y le es conferido el Doctorado *honoris causa* de la Universidad de París X Nanterre. En enero es publicado por Seix Barral de Barcelona uno de sus mejores libros de ensayos, el más universal por los temas que aborda: *Fantasmas de dos mundos*. Íntegramente escrito en París entre 1975 y 1978, el libro entrega un ensayo sobre la obra de Asturias; una reflexión sobre la enseñanza de las humanidades en la universidad; una conmovedora evocación de su encuentro en Buenos Aires con Borges; una diatriba en contra del término *novela histórica* para lo que él hace; un delicioso ensayo en el que se tejen las figuras de Guzmán Blanco y Marcel Proust en Turmero, y otro sobre el venezolano Reynaldo Hahn y el mismo Proust; despedidas a André Malraux, Sartre, Neruda, Américo Castro, Picasso, Heisenberg; una exaltación de la obra de Soto y Cruz-Diez y su reconocimiento planetario y, finalmente, tres ensayos sobre uno de sus temas recurrentes: lo hispanoamericano, su esencia y significado. En estas páginas está, como a él mismo le habría gustado decir, «un hombre de su tiempo», un intelectual atento al mundo, interpretándolo en su dimensión universal.

Hacia mediados del año 1979 regresa a Caracas; ha concluido un nuevo libro de cuentos y trae en la maleta los borradores de otra novela. De inmediato busca colocar en el aire su programa de televisión, cosa que ocurre en el canal estatal. Ha vuelto a casa. No volverá a vivir fuera de su país. Con este tercer capítulo de estancias en el extranjero se cierra su experiencia fuera de Venezuela. De sus noventa y cuatro años, casi noventa y cinco, quince los vivió más allá de nuestras fronteras: diez en París y cinco en Nueva York. Dos veces por su propia voluntad y una en contra de ella.

En La Florida, de nuevo (1979-1985)

Al año siguiente de su regreso a casa, 1980, publica su quinto y último libro de relatos: *Los ganadores*. Manifiesta, entonces, que ha llegado a la madurez en el arte de escribir cuentos. Se propone articular unos relatos despojados, directos, con un «contenido de infrarrealidad». En el cuestionario-prólogo de Subero, otras veces citado, al inquirírsele por el relato «Toro sentado» ofrece una reflexión teórica sobre los orígenes subconscientes de un cuento, o de cualquier obra literaria; refiere a «una parte de adivinación, de visión mágica del mundo» propia de la urdimbre literaria. Entre el conjunto está, también, «La pluma del arcángel»: un texto que entrega una reflexión sobre la naturaleza del poder a través del personaje de un telegrafista, figura-metáfora del influjo que tiene quien maneja las palabras. Este texto fue llevado al cine por el director Luis Manzo, con gran aceptación de la crítica, y la película fue estrenada en 2002 en Caracas. Hasta ahora, ha sido la única oportunidad en que un texto suyo es llevado al cine en dimensión de largometraje. También se lee en el conjunto «Cuando yo sea grande», un relato sobre la infancia abandonada, que escribió por sugerencia de Fipan (Federación de Instituciones Privadas de Atención al Niño), una institución encargada de ella, de contribuir con la superación de esta calamidad social. El relato que le da título al libro, «Los ganadores», traza la alegoría de un bibliotecario que sobrevive en el paisaje de la desolación, del fin del mundo. Es cierto que estos cuentos finales entregan una sobriedad que recuerda lejanamente el minimalismo norteamericano. Es cierto que son fruto de una voluntad de despojo, de limpieza. También lo es que, habiendo sido los últimos, es probable que los lectores aún no hayan reparado suficientemente en ellos.

Su obra cuentística quedó concluida con la publicación de este libro. Las fuerzas que nuestro autor intuía le quedaban se las dedicaría a otros géneros que continuó cultivando. Sus cinco libros de cuentos comprenden setenta y un textos, y ello debe conformar la totalidad de su universo cuentístico, aunque cabe la posibilidad de que haya dejado fuera de sus libros alguno que haya quedado reducido al espacio hemerográfico. Igual contabilidad en relación con sus ensayos y artículos sería una tarea que sobrepasa mis propósitos.

Al momento de prologar la edición de Monte Ávila Editores, *Cuarenta cuentos,* el crítico Víctor Bravo ofrece algunas consideraciones sobre la totalidad de su corpus cuentístico. Señala:

> Dos referentes parecen dominar la cuentística de Uslar Pietri; el ámbito de lo histórico, universal y nacional (Independencia, Guerra Federal, etc.) y el ámbito de lo folklórico y lo mítico. Muchos textos, es necesario agregar, ponen en escena otro tipo de situaciones y contextos, lejos de los referentes citados, pero todos apuntan a un más allá de lo referencial.
> En este sentido, Uslar Pietri ha señalado que pretende mostrar en sus cuentos «la condición humana». En este intento se rebasa el referente y se forja el trabajo de escritura (Uslar Pietri, 1990: 11).

La observación de Bravo es ajustada y lúcida: Uslar se propone algo con sus textos; jamás creyó en la literatura como hecho aislado de otras búsquedas ontológicas. Dicho de otro modo, el único protagonista de su obra no era el lenguaje, sino el lenguaje en función de un universo alegórico, que iluminara la realidad y la enriqueciera, que buscara explicar y explicarse la «condición humana»; de allí que la alegoría esté presente en su trabajo, y en particular se siente su entidad en su último libro de relatos, quizás ya urgido por llegar al hueso esencial, a la médula.

Por su parte, Orlando Araujo, al momento de reseñar los aportes literarios de Uslar en su libro *Narrativa venezolana contemporánea,* reconoce su enorme capacidad de síntesis «y un poder estético sobre el lenguaje que lo lleva a expresar los contenidos más extensos o complejos con el menor número de palabras». Luego, en el mismo capítulo, al hacer el balance de los aportes de Uslar al cuento, no escatima en elogios: «Uslar se consagra y se mantiene como un cuentista universal de la estirpe de Maupassant en Europa y de Horacio Quiroga en Hispanoamérica» (Araujo, 1972: 85).

Las posiciones de Araujo acerca de la obra de Uslar fueron de las que más contribuyeron a conferirle rango de maestro en el universo del relato, mientras sembró de observaciones críticas su trabajo como novelista. Incluso, el valor que Araujo le atribuía, o que le reconocía a *Las lanzas coloradas*, provenía de la tensión cuentística que él hallaba en la novela príncipe del escritor. Como el lector puede constatar, el comentario de Araujo es de 1972, cuando la obra narrativa de Uslar no estaba concluida. Por otra parte, el poder de síntesis señalado por Araujo no se manifiesta solamente en el cuento; es virtud de toda su obra escrita y alcanza epifanía en sus incursiones televisivas, en las que —ante el asombro del televidente— era capaz de resumir vidas y obras vastísimas en treinta minutos, y lo hacía sin dejar de lado ningún aspecto relevante, asistido por otra virtud que no creo haber señalado a lo largo de estas páginas: la memoria, prácticamente fotográfica; espacio amplísimo en el que se movía sin trastabillar y sirviéndose de ella para relacionar unos aspectos con otros, en juego de inteligencia que dejaba al espectador atónito. Y el asombro tenía su fuente en que si bien en la escritura el lector reconocía esta virtud, frente a las cámaras esta se hacía *work in progress*, suerte de espectáculo de la inteligencia y la elocuencia.

La aparición en la prensa diaria y la televisión por parte de Uslar se incrementa a partir de estos años, en particular atendiendo a la invitación de alguna entrevista. Entonces sus críticas al sistema democrático venezolano se hacen cada vez más acérrimas. El escritor va en camino de sus ochenta años, en camino de hacerse de una suerte de *auctoritas* prácticamente indiscutible, suerte de última palabra sobre los asuntos nacionales. Lo asiste la determinación de no aspirar nunca más a desempeñar un cargo público, cosa que lo coloca, al dar declaraciones, como alguien fuera de toda sospecha, al margen de cualquier otro interés que no sea el país.

La novela que ha traído en sus maletas desde París es publicada en 1981 por Seix Barral en Barcelona. *La isla de Robinson* se hace acreedora de diversos comentarios por parte de críticos y conocedores de su obra. Alexis Márquez Rodríguez, Fernando Aínsa, Ludovico Silva, Gustavo Luis Carrera, Rafael Fauquié Bescós, R.J. Lovera De Sola, Denzil Romero, entre otros, se pronuncian. Con motivo de su publicación se le concede, por segunda vez y de manera excepcional, el Premio Nacional de Literatura, así como el de la Asociación de Escritores de Venezuela. La obra se centra en un personaje que lo llamó desde muy joven, y al que ya le había dedicado ensayos y artículos de diversa índole: Simón Rodríguez. De hecho, el ensayo más prolijo de *Letras y hombres de Venezuela* es el dedicado a la vida y obra de Samuel Robinson, tercer nombre con el que se hizo llamar Rodríguez. Primero Simón Carreño, luego Simón Rodríguez y, por último, Samuel Robinson, en clara alusión al personaje de Daniel Defoe, el que habita una isla en perfecta soledad, máscara con la que Rodríguez se siente, al paso de sus años, más y mejor identificado. De este caraqueño raro, a Uslar siempre le interesó el hecho de que hiciera de la educación el eje de formación de republicanos. Le seducía el enfoque que Rodríguez le daba a la revolución: optar por hacerla en el aula, no en la calle ni en los palacios gubernamentales ni asaltando el poder político, sino formando ciudadanos. Este es el punto de partida de la admiración por Rodríguez; en muchos otros aspectos la fascinación de Uslar con el personaje proviene, probablemente, de lo antónimo que le resulta a su personalidad. Uslar es organizado, voluntarioso, serio, persistente; Rodríguez está más dominado por los demonios de la aventura, del ensayo y error, de la utopía y, por qué no, de la fantasía. En otras palabras, Rodríguez es un personaje literario, mientras Uslar no, en el sentido que suele atribuírseles a estos personajes cuyo imán proviene de la desmesura, de la rareza que dibuja en torno a ellos el ejercicio feraz de la imaginación.

Uno de los retratos menos conocidos y, quizás por ello mismo, más ajustados a la realidad, es el que traza el Mariscal Sucre en carta al Libertador el 10 de julio de 1826, desde Chuquisaca. Bolívar ha destinado a Rodríguez a Bolivia, con el objeto de que materialice sus sueños pedagógicos, y Sucre arguye desde allá:

> Considero a don Samuel un hombre muy instruido, benéfico cual nadie, desinteresado hasta lo sumo y bueno por carácter y por sistema; pero lo considero también con una cabeza alborotada, con ideas extravagantes y con incapacidad para desempeñar el puesto que tiene bajo el plan que él dice y que yo no sé cuál es; porque diferentes veces le he pedido que me traiga por escrito el sistema que él quiere adoptar para que me sirva de regla, y en ocho meses no me lo ha podido presentar. Sólo en sus conversaciones dice hoy una cosa y mañana otra.

Ciertamente, en la cabeza de Rodríguez bullía un cúmulo diverso de lecturas. Las lecturas que Bolívar afirmó haber adelantado de Locke, Helvetius, D'Alembert y Condillac le fueron sugeridas por Rodríguez, a quien el discípulo consideraba un genio. En la combinatoria rodrigueana esplenden pensadores tanto tomados por el utopismo socialista (Fourier, Saint-Simon, Owen) como propios del universo liberal (Locke) o ceñidos a la experimentación pedagógica (Lancaster), con lo que el intento de conciliación de estas filosofías hacía del caraqueño un sujeto extraño, incomprendido, pero también, como señala el Mariscal Sucre, contradictorio, «con una cabeza alborotada». Exactamente la cabeza contraria a la de Uslar, un hombre tomado por el arquetipo de Apolo, a leguas del de Dionisio, al igual que Sucre. No deja de ser curiosa esta fascinación de nuestro autor por alguien que tanto se diferenciaba de él en procederes y conductas, pero no deja de ser cierto que solemos enamorarnos de quienes se distinguen radicalmente de nosotros. Dicen que la simpatía también es fruto de las más abiertas contradicciones.

En todo caso, *La isla de Robinson* fue muy bien recibida por la crítica en su momento. ¿Contribuyó con ello la simpatía general que se le profesa en Venezuela a la figura de Simón Rodríguez? Es muy probable que sí. Por cierto, el propio Uslar contribuyó enormemente con la generalización de este sentimiento simpático hacia Rodríguez, ya sea desde sus ensayos y artículos como desde el masivo púlpito de la televisión. Sobre la novela, propiamente, el juicio de Alexis Márquez Rodríguez fue enjundioso. Señaló:

> Al ser, pues, *La isla de Robinson* muestra cabal de la nueva novela histórica hispanoamericana, y siendo al mismo tiempo exponente de un estilo barroco muy bien definido, aunque sosegado y desprovisto de estridencias, no abrigamos la menor duda acerca de su alto valor dentro de la narrativa del continente, y en general de la novelística actual de lengua castellana (Márquez Rodríguez, 1986: 54).

Por su parte, Ludovico Silva apuntó que la obra se trataba de una novela-ensayo, y que ello era sumamente difícil de lograr, pero incluso fue más allá, señalando: «Yo diría que *La isla de Robinson* es la más acabada y perfecta de las obras novelescas de Arturo Uslar Pietri, y aún diría más: también es su mejor ensayo» (Silva, 1983: 171).

El adjetivo «mejor», utilizado por Silva, es difícil de discutir, ya que entraríamos en el campo de los gustos personales, pero la observación sobre el talante mestizo de la obra (novela-ensayo) es acertada; pero no solo puede atribuírsele a este libro, sino a sus otras novelas, aunque ciertamente el peso de las ideas de Rodríguez, y lo que estas tocan a Uslar, abona el terreno para la reflexión ensayística que se da dentro de las páginas de la novela. En sus otros textos novelísticos, el asunto no lo interpelaba tanto como el pedagógico, nuez de la venezolanidad, que fue el eje de la vida de Robinson y asunto muy caro para nuestro escritor.

Este mismo año de publicación de la novela rodrigueana, entrega *Cuéntame a Venezuela*: 29 fascículos correspondientes a sus programas de televisión, en los que se pasea por la historia colonial y republicana y, también, un conjunto de ensayos sobre temas educativos: *Educar para Venezuela*, en los que se traza la línea de lo que ha sido una constante en su predicamento pedagógico: la educación para el contexto y el trabajo, posición en perfecta sintonía con la que Rodríguez mantuvo sobre el mismo particular. Como vemos, este año de 1981, por el azar y otras causas, la divulgación de la obra de Uslar estuvo toda ceñida al tema educativo y el examen de la vida de quien él consideraba el emblema de lo que en esta materia debía hacerse en Venezuela. De él afirmaba: «Es el venezolano de su tiempo más avanzado y original en educación y organización social»; así se lo señaló, en entrevista publicada en *El Nacional,* a Julio Barroeta Lara en 1979, al ser entrevistado con motivo del Premio Henrique Otero Vizcarrondo al mejor artículo de opinión del año anterior.

En 1982 sale de la imprenta un nuevo libro de ensayos, respondiendo al sistema que se ha hecho común a lo largo de su vida intelectual: cada cierto tiempo hace un alto en el camino y selecciona un conjunto de ensayos, artículos, discursos, conferencias y los salva de la dispersión hemerográfica. *Fachas, fechas y fichas* es fruto del mismo procedimiento. En el conjunto destacan los ensayos de tema hispanoamericano, así como varios de sustancia bolivariana y rodrigueana. También recoge sus páginas acerca del arte cinético venezolano en París (Soto y Cruz-Diez), a la vez que vuelve sobre una de sus recurrencias temáticas: El Dorado. Se detiene en aspectos vinculados con el futuro del mundo hispanoamericano y el destino de la lengua española, mientras acomete un curioso texto de matices autobiográficos en el que recuerda la publicación de su primer libro, con motivo de los cincuenta años de su aparición.

Con motivo del Bicentenario del Natalicio de Simón Bolívar, Uslar publica *Bolívar hoy*, que sigue y completa la edición de 1972: *Bolivariana*, y es designado por el Congreso Nacional para pronunciar el discurso en el acto que el Poder Legislativo dispone para la celebración.

> Desde el primer momento de su acción se distinguió por la claridad y la audacia de su pensamiento. Si no hubiera hecho otra cosa que escribir las ideas y apreciaciones que nos dejó sobre el mundo americano, figuraría, sin duda, entre los más originales pensadores de su tiempo. Tenía además un don excepcional de escritor. La prosa de sus cartas y discursos está entre las mejores que se escribieron en su hora. Nadie tuvo como él el don de la expresión enérgica, penetrante y significativa. Su lenguaje refleja como un espejo fiel su temperamento y sus angustias. Se expresa con síntesis y contrastes fulgurantes. No valen menos sus palabras que sus grandes hechos (Uslar Pietri, 1996: 493).

Como vemos, Uslar destaca las virtudes civiles de Bolívar a la par que las militares, entre ellas la de la escritura, sin duda la máxima con que puede expresarse el pensamiento de un hombre. En este discurso, como en todos los que le dedicó nuestro autor, las virtudes ciudadanas son más destacadas que las militares.

El año de 1983 se inicia con el llamado «Viernes Negro» del 18 de febrero, en el que el modelo económico venezolano hizo agua. Aquella economía montada sobre el propósito de la sustitución de importaciones y la producción petrolera, que permitía aceptar una industria subsidiada y protegida por aranceles y créditos blandos, se vino a pique ante la caída estrepitosa de los precios del barril de petróleo. Las elecciones de diciembre las ganó un médico de larga vida partidista en AD, Jaime Lusinchi, frente al veterano Caldera, a quien fue imposible que los electores no le cobraran el gobierno de su copartidario Herrera Campíns. Ya

Venezuela tiene para esta época quince años viviendo en un esquema bipartidista, desde que durante el primer gobierno de Caldera (1969-1974) se consolidaran en el parlamento dos fuerzas políticas mayoritarias: AD y Copei.

La Universidad Simón Bolívar le otorga el Doctorado *honoris causa* a Uslar y la Universidad de Los Andes en Mérida hace lo mismo. La Academia Nacional de la Historia le rinde un homenaje y se publica el libro colectivo: *El valor humano de Arturo Uslar Pietri*. La obra es dirigida por el historiador Tomás Polanco Alcántara y contiene un hermoso soneto de Luis Pastori y ensayos y notas de Miguel Ángel Asturias, Oscar Beaujon, Ramón Escovar Salom, Rafael Fernández Heres, Luis Beltrán Guerrero, Domingo Miliani, Guillermo Morón, Ignacio Quintana, Ángel Rama, Rafael Caldera, Ramón Díaz Sánchez, Pedro Grases y José Luis Salcedo Bastardo. El poema de Pastori, con su gracia característica, lo retrata de cuerpo entero:

> Aunque es raro un otoño en primavera,
> hay hombres que no tienen estaciones;
> como son tus pensares y abstracciones,
> hondura adentro y claridad afuera.
>
> Si la lanza en la hazaña es la primera
> que la meta perfila en tus acciones,
> también pusiste guerra a otras legiones
> para vencerlas con razón entera.
>
> Manoa y su aborigen poderío
> remozan tu raíz nefelibata,
> profeta sin edad, ardido y frío.
>
> Ojalá que la patria que te nombra
> florezca siempre bajo tu corbata,
> que es donde el corazón tiene más sombra.

Entre los ensayos recogidos, el de Fernández Heres referido a Uslar y la educación es de los más valiosos, ya que estudia y examina documentos de cuando nuestro autor fue ministro de Educación, y se adentra en su pensamiento pedagógico como no se había hecho antes. Algo similar en cuanto al valor de su aporte lo ofrece el texto de Escovar Salom sobre la vida política de Uslar y, también, una suerte de puesta al día de su faceta de narrador la entrega Miliani, al continuar con la exégesis de su obra, que inició en los años sesenta en México, cuando se doctoraba en literatura, y se especializó en el análisis de la obra uslariana.

El primer mandatario de la República, Jaime Lusinchi, lo designa presidente de la Comisión Presidencial para el Estudio del Proyecto Educativo Nacional, tarea que desempeña con fervor hasta que concluye entregándole al gobierno un rosario de recomendaciones que, lamentablemente, no fueron tomadas en cuenta en su totalidad. Nuevo elemento que se sumó al desencanto con que Uslar observaba el acontecer nacional.

Durante este año, Radio Caracas Televisión lleva a la pantalla tres cuentos de Uslar adaptados para este formato. «Simeón Calamaris», «El Enemigo» y «El Cachorro», son seguidos por los «amigos invisibles» con atención. Por otra parte, *Valores humanos*, la cita semanal de Uslar con los televidentes, cambia de canal y pasa a ser transmitida por RCTV, pero ya estaba cerca de concluir su ciclo histórico.

Instituciones, publicaciones y cuerpos colegiados comienzan a prever en sus programaciones el cumpleaños que el año siguiente tendrá lugar: ochenta años del hijo de Arturo y Helena, aquel muchacho que comenzó transcribiendo la carta que ofrecía el restaurante de un hotel en Maracay, con la máquina de escribir que le regaló su padre y que sería el instrumento principal de su vida. En sus teclados redactó toda su obra creadora fundamentada en la imaginación; su faceta epistolar se materializó mediante el dictado directo y otra, la de conferencista, gracias a la grabación de sus disertaciones y su posterior corrección por parte de su autor, aunque es fama que Uslar solía hablar ya con los signos de puntuación incorporados. Para sus cuentos, novelas, poemas, obras de teatro, artículos, crónicas de viajes y ensayos, la relación entre la máquina y sus largos dedos sobre el teclado era indispensable, en silencio y soledad.

Ochenta años y el homenaje nacional (1986-1989)

Con motivo de los ochenta años de nuestro autor, el 16 de mayo diversas publicaciones organizaron un *dossier* sobre su vida y obra. Fue el caso del Papel Literario de *El Nacional*, las Páginas Culturales de *El Universal*, y las revistas *Imagen* y *Bohemia*; en todas se examinaron las distintas facetas de su trabajo de escritor y también las del hombre público. El Congreso Nacional, por su parte, convoca a una sesión solemne el día 15, y se escucha un discurso del senador Carlos Canache Mata en el que se pasea por la vida y obra del homenajeado, y luego el presidente del cuerpo le da la palabra a Uslar, quien ofrece un discurso que se titula «Un soldado de la esperanza». En buena parte de la disertación el orador se dedica al análisis del tema de la deuda externa, a la lacerante contradicción que significó haberla contraído en tiempos de bonanza petrolera. Es un tema del momento: estamos en 1986 y la crisis del modelo económico recién se manifestó en 1983.

Sobre el modelo de desarrollo que imperó en Venezuela, el orador delineó un panorama esclarecedor:

> El modelo económico de desarrollo, adoptado por casi toda la América Latina después de la Segunda Guerra Mundial, está hoy en crisis. Son muchos los que hablan de su agotamiento irremediable. Se multiplican los congresos, estudios y simposios en los que, bajo distintas formas, se investigan las causas de este fracaso tan costoso (Uslar Pietri, 1998: 166).

El modelo al que alude es el de la ISI (industrialización sustitutiva de importaciones), un modelo de raigambre socialdemócrata que imperó, ciertamente, en casi toda América Latina y que la Cepal (Comisión Económica para América Latina) contribuyó a trazar en sus líneas centrales, como dijimos antes. Al orador no se le escapa –era imposible que ocurriera– que en el caso venezolano el modelo tendería a crear un Estado cada vez más grande, con una economía cada vez más intervenida y centralizada, dados los ingentes recursos petroleros administrados directamente por este a través de la empresa estatal PDVSA. Pone el dedo en la llaga cuando señala que, en medio de este cuadro, se ha pretendido darle aire a una economía de mercado, empeño imposible de materializar plenamente. También, muy a tono con su tiempo, se esmera en fustigar la corrupción administrativa, la riqueza fácil, el azar, el tamaño desmesurado del Estado y demás calamidades que sacuden a la Venezuela de aquellos días, distintas a las de hoy, acaso menos dramáticas.

    Al día siguiente, el Poder Ejecutivo le rinde homenaje en el Palacio de Miraflores, ámbito en el que se le ofrece un almuerzo y la presentación de una edición especial de mil ejemplares fuera de comercio de *Las lanzas coloradas*, con ilustraciones de Pedro León Zapata, diseño gráfico de John Lange y la coordinación de Simón Alberto Consalvi. Entonces, el presidente de la República, Jaime Lusinchi, lo elogia con sus palabras, mientras Uslar responde con gratitud. Estuve aquel día en Miraflores, y puedo dar fe de que el clima de alegría y reconocimiento que se vivía era sincero. Se comentaba, además, que enaltecía al partido de gobierno, que antaño había sido el partido que lo despojó de sus bienes, acusándolo de enriquecimiento ilícito, y que lo había enviado al exilio. El acto, al igual que el nombramiento con que lo distinguió Betancourt en 1959, enviándolo a Washington como embajador plenipotenciario para la inauguración de la estatua de Bolívar en la capital norteamericana, constituía ya no un desagravio, como se interpretó entonces, sino el señalamiento de su valor humanístico y de su obra literaria, reconocida por quienes antes lo adversaron acremente.

En aquella fecha lo entrevisté para la revista *Imagen*, publicación en la que me desempeñaba como jefe de redacción. Tenía yo veintisiete años y le formulé unas preguntas que solo se explican por mi juventud, pero que produjeron respuestas memorables. Entre ellas, esta que ahora traigo a cuento:

> AUP: Le quiero decir que para mí el gran problema es el tiempo porque hago demasiadas cosas, hago mucho más de lo que debería hacer. Hago un programa de televisión semanal, escribo 72 artículos anuales y usted sabe que esos artículos míos están sindicalizados, se están publicando en 30 diarios de habla española. Después escribo un artículo mensual para la agencia EFE en un espacio que ellos llaman Grandes Firmas y, además, escribo cuatro artículos anuales para la revista Visión. Doy conferencias y escribo libros, voy a actos públicos, de modo que estoy agobiado. ¿Cómo hago? ¿Me convierto en un caballo de circo?
> RAL: Es desesperante.
> AUP: Sí, es una pesadilla.
> (Arráiz Lucca, 1989: 32).

La enumeración de actividades da cuenta de una energía excepcional a los ochenta años, pero también de la realización de una tarea exigente, que se fundamentaba en una voluntad de trabajo titánica, más que en el principio solitario del placer. No digo que este estuviese ausente, pero el agobio también lo estaba. Por ello, cuando le pregunté acerca del género literario en que se sentía más cómodo, me respondió que en ninguno, haciéndome saber que no era el virtuosismo el que lo llevaba a escribir distintos géneros, sino una suerte de dolorosa responsabilidad, de inquietante necesidad de expresar sus puntos de vista.

En este año celebratorio, Uslar acomete el poemario por segunda y última vez. El título del libro, *El hombre que voy siendo*, lo toma de un verso del largo poema que ha escrito motivado por la obra de Jesús Soto, ya referido. En esta entrega de veintisiete poemas, ya el orden no es cronológico ni se ofrecen con fecha de escritura los textos, como sí ocurrió en *Manoa*. De allí puede inferirse que fueron escritos entre 1972 y 1985, ya que, de haber sido alguno escrito antes, lo habría incluido en su poemario príncipe.

El poema que abre el libro, «David», representa una nueva reflexión de nuestro autor sobre la naturaleza del poder. Este tema lo había abordado en el cuento «La pluma del arcángel» y en muchos artículos y ensayos. Esta vez, el mito de David y Goliat es poetizado claramente, resaltando el carácter efímero del poder, así como las posibilidades del ingenio frente al poderío. Luego, tres poemas dedicados al tiempo dan cuenta de una vieja obsesión heracliteana que siempre tocó a su puerta. Ulises, Eneas, el búho de Palas, Sir Francis Drake, Américo Vespucio, la biblioteca de Alejandría, la lagartija de Delos, Aristarco, son algunos de los temas y figuras históricas que poetiza, mientras entrega un insólito poema sobre la soledad del poderoso, del rico que juega en la bolsa de valores, emblematizado por el personaje de J.P. Morgan, el legendario empresario y banquero norteamericano. Debe haber sido la primera, y la única vez, que un poeta venezolano selecciona a este personaje para poetizar la soledad y el poder. En otro texto recuerda al amigo ya ausente: Miguel Ángel Asturias, y pasa revista a la juventud parisina de ambos. También le dedica a su esposa un poema con motivo de un aniversario de matrimonio. Es, seguramente, el único texto confesional de su amor por la compañera de toda su vida, un poema hermoso; para muchos, extraño en el conjunto de su obra, tan tejida con hilos de la historia y menos con los de su propia biografía; mucho menos con telas de su vida amorosa.

Entre todos, un poema esplende por su «toma de partido» por la palabra y el sentido de la vida intelectual; se titula «Con la sola palabra», y lo cito completo, dada su importancia:

Lección de Borges y de Eliot,
lección de aquel hombre callado
que le entregó la vida a la palabra.

Lo demás es lo vano, lo torpe, lo inane,
lo que agobia, redunda y atosiga,
despojo de despojos deslavados.

Del tumulto sin voz y sin sentido,
del cetro de latón del rey leproso,
de la cadena de oro y de la feria,
irse libre y sereno.

Quedarse solo a solas
con lo que a solas se halla
y se oye,
metido en el adentro, en el meollo,
en el magma nutricio y oscuro,
con la sola palabra,
no con el eco, ni el rumor, ni el ruido,
con la sola palabra milagrosa.

(Uslar Pietri, 1986: 55).

Aquí el lector advierte sin dificultad que se formula un elogio de las condiciones de la vida intelectual profunda: soledad y silencio, dos presupuestos que contribuyen con la expresión de la palabra, con el afloramiento del magma espiritual que subyace en toda actividad creadora. También se proclama la necesidad de apartarse de la feria del mundo, de sus trámites y sonidos, para escuchar la voz interior: loa del claustro, de la biblioteca y del recogimiento, entonada por un hombre que vivió en los dos mundos, que se entregó al foro en el Congreso Nacional; que se entregó a las muchedumbres durante una campaña presidencial, y que en su vejez anuncia su opción por el silencio y la soledad como condición previa al surgimiento de la palabra precisa.

Falta señalar que la palabra poética de Uslar es limpia, despojada de cualquier guiño barroco, que no se cuece en ninguna combinatoria que aleja al referente de su posible expresión poética. Su lenguaje, sin llegar a ser conversacional, es directo, insuflado por una nostalgia particular y, como en toda su obra, manifestación de una cadencia musical que hace del verso una cascada de palabras que no hay manera de imaginar distintas. Pertinencia y claridad.

En este mismo año publica *Godos, insurgentes y visionarios*, un libro enteramente dedicado al tema hispanoamericano en el que incluye tanto ensayos como transcripciones editadas de conferencias dictadas en Bogotá y México. Los textos representan otra vuelta de tuerca en la indagación que fue central en su vida intelectual: qué es Hispanoamérica, de dónde venimos y hacia dónde vamos como comunidad histórica. Bolívar y Rodríguez, de nuevo, atraviesan sus páginas. Allí están como suerte de dos alas de la totalidad nacional: las armas y la voluntad política (Bolívar), la educación y la formación de republicanos para el trabajo (Rodríguez). No deja de ser curioso que a Uslar le haya seducido tanto el modelo educativo esbozado por Rodríguez, nunca verdaderamente puesto en práctica, que siempre quedó como suspendido en el limbo de las utopías, de las deudas pendientes. En oposición, no señaló con el mismo entusiasmo el de Andrés Bello, que sí se materializó en la Universidad de Chile y que se expresó en una obra verdaderamente monumental. En esto, probablemente, pesó singularmente el influjo del personaje de Rodríguez, como también el hecho de que Bello no propusiera un modelo pedagógico revolucionario, sino que se aviniera con la experiencia probada de su tiempo, ciertamente de menor interés futurista que lo que asomaba Rodríguez. No quiero decir que no se interesó por la obra de Bello; por el contrario, este mismo año recoge cuatro ensayos sobre el caraqueño y los publica con el título *Bello, el venezolano*. Lo que digo es que el entusiasmo no fue el mismo, cosa para la que tenía el más claro derecho. Por otra parte, la escritura ensayística de Uslar en *Godos, insurgentes y visionarios* ofrece su acostumbrado fulgor, sus giros de gran exactitud y belleza.

Cuadernos Lagoven encarga al estudioso de la obra de Uslar, Efraín Subero, la organización de una antología de su obra venezolanista; se titula *Medio milenio de Venezuela*, obra que luego es reeditada por Monte Ávila Editores. Allí se congregan sus visiones sobre la conquista, la gesta independentista, los personajes centrales y colaterales del período republicano inmediato y los mitos nacionales: el petróleo, el mesianismo, el peso del azar, la improvisación y demás simplificaciones de una realidad compleja, nunca suficientemente comprendida. En la introducción, firmada por el autor, se encuentran varias afirmaciones sumamente valiosas. Entre ellas esta, de una claridad meridiana:

> El primer equívoco surgió del hecho de haber llamado Nuevo Mundo al continente americano. Lo que hubo en realidad fue el encuentro, por primera vez, entre los europeos y los americanos, pero ambos eran tan viejos como el hombre y representaban dos vertientes de la misma familia, la de los mongoloides y la de los caucasoides (Uslar Pietri, 1991: 17).

Más adelante, en la misma introducción, el autor entrega un párrafo de singular importancia para comprender sus propósitos literarios. Dice, refiriéndose al tema de la identidad latinoamericana:

> Este ha sido un tema constante y obsesivo en mi obra de escritor. Toda ella puede considerarse como la expresión de una búsqueda de esa realidad, a veces subyacente y borrosa, y de esa identidad frecuentemente contradictoria y elusiva. Llegar a saber lo que somos, partiendo del cómo somos y del cómo hemos pretendido ser, no es tarea fácil. Sin embargo, al final de ella podría estar la respuesta definitiva que concilie nuestras profundas contradicciones y apacigüe nuestra angustia existencial (Uslar Pietri, 1991:18).

Podría añadirse que esa búsqueda uslariana del ser latinoamericano se fraguó en dos ámbitos, el nacional y el continental, pero que en ambos primó el mismo fervor por el hallazgo de la sustancia y la combinatoria hispanoamericana.

En el último mes de este año de reconocimientos unánimes, el Instituto de Cooperación Iberoamericana de Madrid le dedica su «Semana de Autor», seminario de cuatro días en el que se examinó la totalidad de su obra, al menos en sus vertientes fundamentales. Este seminario de gran prestigio le fue dedicado antes y después a la obra de Borges, de Octavio Paz y de otros escritores hispanoamericanos de valía. Entonces fue el turno de Uslar, quien durante cuatro días escuchó lo que un conjunto de conocedores de su trabajo tenían que decir, y al final él mismo, conmovido, expresó su asombro, en muchos casos, sobre el conocimiento que de ella se tenía, y su complacencia, en todos, por el interés que se había colocado en su trabajo. Nuevo reconocimiento peninsular a una obra literaria cuya vertiente novelística comenzó en Madrid, con la publicación de *Las lanzas coloradas*, cincuenta y cinco años antes.

De vuelta en Caracas a comienzos de 1987, nuestro autor corrige las pruebas de un nuevo «ajuste de cuentas» con un universo que le llamó desde muy joven la atención: las artes visuales. La Fundación Eugenio Mendoza, de cuyo comité cultural formó parte Uslar durante muchos años, publica su libro *Giotto y compañía*, en el que recoge un grupo de ensayos sobre arte universal y venezolano. El libro es prologado por Pedro Grases, por Alfredo Boulton y por el propio autor. En el párrafo final de sus palabras prologales, dice: «Acercarme a tratar de conocer la obra de esos artistas ha sido una de las más valiosas experiencias de mi vida. Es doloroso que algún hombre pueda pasar ciegamente la vida sin intentarlo» (Uslar Pietri, 1987: 11).

Para Uslar era motivo de desconcierto, y dolor, la indolencia del prójimo ante los hechos creadores del mundo. El hecho de que a alguien no lo acompañara la curiosidad para emprender la tarea de la investigación y la búsqueda del conocimiento lo desconcertaba y entristecía; por ello el dolor que le produce que alguien pase por la vida sin abrir los ojos, y abrir los ojos y ver es uno de los actos más dignificantes del ser humano, un acto de crecimiento. Giotto, Massacio, Leonardo, Miguel Ángel, el Greco, el pintor de El Tocuyo, Rubens, Velásquez, Goya, el barroco, Tovar y Tovar, Gauguin, Toulouse-Lautrec, Matisse, Gaudí, Picasso, Miró, Reverón, Narváez, Soto, Rauschenberg, el arte ingenuo, son algunos de los temas y creadores que estudia. El arco temporal que se traza es amplio, ya que entre sus primeros ensayos sobre arte y los últimos han pasado casi sesenta años.

A lo largo del año nuestro autor ha aceptado ser entrevistado por Margarita Eskenazi con miras a publicar un libro de conversaciones, cosa que ocurre al año siguiente, cuando se publica *Muchos hombres en un solo hombre*, título que recuerda la frase de Borges al presentar a Uslar en Buenos Aires. La periodista Eskenazi, de origen argentino y radicada en Caracas, casada con venezolano, en su país natal había cultivado el género de la entrevista, de modo que emprendió la tarea con propiedad. El resultado del trabajo es un documento valioso para la comprensión de la vida y obra del escritor, así como del contexto en el que le tocó vivir.

El año de 1989 es de particulares satisfacciones para Uslar: la Fundación Polar publica la *Contribución a la biblio-hemerografía de Arturo Uslar Pietri*, investigación adelantada por Astrid Avendaño y Javier González, mientras la Universidad Metropolitana le confiere el Doctorado *honoris causa*, junto a su viejo amigo, el humanista Pedro Grases. Por otra parte, después de cinco años de intenso trabajo de coordinación, Uslar ve publicado, en Madrid, el libro *Iberoamérica, una comunidad*, obra que había comenzado a trabajarse en 1984, cuando el Instituto de Cooperación Iberoamericana constituyó una comisión integrada por Enrique Barba (Argentina), José Manuel Pérez Prendes (España), Joaquim

Veríssimo Serrão (Portugal), Silvio Zavala (México) y Uslar para el diseño de un libro que diese cuenta del proceso hispanoamericano, desde las distintas facetas que lo integran.

En el contexto nacional, como se recuerda, tuvieron lugar los hechos de estallido popular en febrero, quince días después de la asunción de la Presidencia de la República por parte de Carlos Andrés Pérez. Meses después de los hechos, el gran periodista español de televisión, Joaquín Soler Serrano, en entrevista con Uslar, buscaba una interpretación del fenómeno que comenzó a llamarse el Caracazo. Entonces, el intelectual explicó:

> Se ha dicho que fueron medidas dictadas por el Fondo Monetario Internacional. Pero lo que hace el FMI es expresar una filosofía, que es la filosofía de los países desarrollados, los países del norte del mundo. O sea las condiciones básicas para que pueda funcionar una economía de mercado. Las medidas que tomó el gobierno de Carlos Andrés Pérez figuraban en esa filosofía del FMI, y yo pienso que eran necesarias. A mi modo de ver, Carlos Andrés Pérez actuó en ese sentido con mucho valor, con un precio muy riesgoso, con el gran peligro de un saldo de anti-popularidad. Pero él se lanzó a hacerlo, y lo hizo. Sin preparación alguna. Y sin previsión de lo que podría venirle encima. El y su gobierno deberían haber explicado mucho, y muy claramente al país, a todo el mundo, por qué se hacía eso. Y debieran haberse anunciado cuáles eran las compensaciones que el Estado daba a cambio (Soler Serrano, 1990: 284).

Con el pasar de los meses, la voz de Uslar subía de tono, y su prédica en contra de la corrupción, del tamaño del Estado, de la economía rentista, de la crisis del sistema de partidos se hacía cada día más severa. Venezuela entraba en una zona de turbulencia grave para su sistema político; ya el económico venía haciendo agua desde 1983. Pérez gobernaba en contra de su partido, con académicos de inspiración liberal, e implementaba una reforma política de extraordinarias consecuencias: la descentralización administrativa y política del país, a través de las elecciones directas de gobernadores y alcaldes. Sin embargo, esta reforma esperada y deseable traía como consecuencia un cataclismo dentro de los partidos, entre ellos AD, que no supo reaccionar rápido ante el cambio y comenzó a ver la erosión de su capital político. El bipartidismo estaba herido de muerte; así se demostraría en las elecciones de 1993, y las instituciones republicanas sumamente resentidas en sus estructuras y funcionamiento. Abonábamos el terreno para lo que sucedió después: intentos autoritarios, de corte militarista, que solo pudieron aflorar cuando el sistema se debilitó dramáticamente. Ya en pleno desarrollo la crisis nacional, el país escuchaba con atención casi de embeleso la voz de Uslar: suerte de *pater familiae* o de tótem de la tribu que señalaba el camino con su crítica enérgica, crítica que asombraba a muchos porque provenía de un hombre de ochenta y tres años, que no descansaba en el papel que sus compatriotas venían asignándole: el de conciencia nacional.

Dos premios internacionales, el episodio de «los Notables» y la publicación de sus dos últimos libros (1990-1994)

Entre tres y cuatro años le tomó a nuestro autor la investigación y la escritura de su última novela, *La visita en el tiempo*, la única de sus siete novelas que no trabaja un personaje ni un entorno americano. Los hechos suceden en España en el siglo XVI, y la novela se articula en el seguimiento de la peripecia vital de don Juan de Austria. La obra fue publicada por la editorial Norma, en Bogotá, en el año 1990. Casi al mismo tiempo en que es publicado el libro, Uslar recibe la noticia de haberle sido conferido el Premio Príncipe de Asturias de las Letras, por la valoración de la totalidad de su vasta obra. Entonces, viaja a Madrid en abril, a recibir de manos del príncipe de Asturias (hoy rey de España) el galardón con el que se le distingue. El jurado estampa en el acta sus razones: «Creador de la novela histórica moderna en Hispanoamérica, cuya incesante y fructífera actividad literaria ha contribuido severamente a vivificar nuestra lengua común, iluminar la imaginación del Nuevo Mundo y enriquecer la continuidad cultural de las Américas».

Es el segundo venezolano en obtener este reconocimiento internacional; el primero fue el doctor Jacinto Convit, en el rubro de Investigación Científica y Técnica, en 1987. En las otras áreas (Concordia, Deportes, Artes, Comunicación y Humanidades, Ciencias Sociales, Cooperación Internacional) ningún otro venezolano, para entonces, había sido distinguido. También este año le es entregado el Premio Rafael Heliodoro Valle de México, pero no viaja a recibirlo, sino que le es entregado en la Embajada de México en Caracas. Por su parte, el gobierno de Francia lo condecora con la Legión de Honor. Como vemos, el año es pródigo en reconocimientos internacionales, mientras la novela es muy bien recibida por parte de la crítica.

Como dije antes, la obra es la única en el conjunto de su faceta novelística que no ocurre en América y que no trabaja un personaje venezolano o vinculado estrechamente con Venezuela. Los hechos de Juan de Austria ocurren en España, en el Mediterráneo y en Los Países Bajos del norte de Europa. Está escrita con un ritmo vertiginoso, de frases cortas, desarrollando un lenguaje sorprendente en un anciano. También sorprende la investigación que está detrás de ella, investigación basada en fuentes secundarias, pero sumamente completa y acuciosa. He escrito un prólogo para la más reciente edición de la obra, de modo que no tengo otra alternativa que citarme. Digo:

> Desde las primeras páginas el lector es invitado a buscar respuestas para varias preguntas que acechan al personaje central, entonces niño: ¿Quién soy? ¿Quién es mi padre? ¿Cuál es mi destino? ¿Para qué vine al mundo? El lector advierte, naturalmente, que si las preguntas del niño y luego del adolescente y el joven son particulares, propias de su drama personal, son extrapolables y, a partir de allí, se hacen

ontológicas, universales, metahistóricas. Preguntas que el lector también se ha formulado desde su singularidad, probablemente menos acuciosa que la de Juan de Austria, o quizás igualmente urgente, no sabemos. En todo caso, el lector acompaña las pesquisas del protagonista, lo sigue con interés hasta que la verdad brilla causándole estupor: es hijo del Emperador.

La vida cortesana y su naturaleza intrigante, el poder de las mujeres cercanas al poder, los favoritos de la Corona, los consejeros políticos, los hombres de armas y los de palacio, van sumándose a una suerte de coro que danza en escena alrededor del personaje central, dando cuenta de un mundo de suposiciones en el que el pensamiento del Rey, el que tiene la última palabra, es una suerte de piedra filosofal. Y todo ello con el trasfondo de una búsqueda denodada: la gloria al precio que sea, es decir, al precio de la vida que se entrega para alcanzarla, y como eje de la gloria, el honor, bastión supremo.

Con un lenguaje que sorprende, en un hombre que escribió la novela entre sus ochenta y dos y ochenta y cuatro años, enfrascándose en una investigación de fuentes secundarias acuciosa, con el fervor de un joven que devela un misterio, la novela mantiene en vilo al lector. Frases cortas, sentenciosas a ratos, precisas siempre, el diálogo respira a sus anchas en la obra. En ella se sigue la peripecia vital de Juan de Austria con detalle, y no se pasa por alto la composición costumbrista de su tiempo, y ello incluye usos, arquitectura, alimentos, vestidos, todos los factores de la vida cotidiana de la época, así como los extraordinarios: signados por el fasto del poder imperial. Los hechos ocurren, no huelga señalarlo, durante el siglo XVI español, y entre ellos esplende la batalla naval de Lepanto, aquella en la que las fuerzas bélicas turcas fueron derrotadas por las españolas.

Así como Uslar entrega en *Oficio de difuntos* un rico retrato psicológico del general Juan Vicente Gómez, sobre la base del conocimiento directo y familiar del personaje, en esta oportunidad el retrato es igualmente rico y agudo, pero sobre la base de la investigación histórica y la penetración en el entorno y las causas del protagonista. Dándole voz a la máscara de Juan de Austria, el autor traza sus rasgos principales con naturalidad, sin olvidar que también se propone delinear un fresco de su tiempo y circunstancia, cosa que logra perfectamente. De hecho, no son pocos los lectores que, al leer la última línea del libro, dudan acerca de si han leído una biografía, una investigación histórica o, propiamente, una novela. Esta duda constituye un elogio de la obra: sólo suelen sembrarla textos radicalmente verosímiles.

Junto al protagonista de la novela, la figura del consejero de palacio Antonio Pérez, y la indescifrable del Rey, prenden fuego al fogón de la desconfianza en que transcurre la vida desdichada de Don Juan de Austria. El personaje borroso de la madre, inmersa en un océano de sospechas sobre su moral, emerge al final y sacude al hijo hasta el llanto, entre la vergüenza y la desolación. Esta vida signada por el drama, con muy pocos momentos de solaz, narrado sin aspavientos por Uslar, avanza en su *tempo* vertiginoso hacia la muerte. En verdad, el lector queda con hambre, y ello no ocurre porque las viandas literarias no hayan sido las mejores, sino porque han sido estupendas y no queda satisfecho el apetito y quiere más, mucho más (Uslar Pietri, 2005: 7).

La novela fue presentada al concurso que otorga el Premio Internacional de Novela Rómulo Gallegos y ganó su VII edición, según veredicto firmado el 25 de julio de 1991 por los cinco miembros del jurado: el escritor colombiano Manuel Mejía Vallejo, ganador del concurso anterior; Ramón González Paredes, en representación de la Academia Venezolana de la Lengua; Eduardo Casanova, en representación de la Asociación de Escritores Venezolanos; Gustavo Luis Carrera, por el Consejo Nacional de la Cultura (Conac) y el escritor puertorriqueño José Luis González. Se presentaron ciento treinta y ocho novelas y resultó favorecida la de Uslar, constituyéndose en el único venezolano, hasta entonces, en ganar este galardón internacional que otorga Venezuela desde que el gobierno de Raúl Leoni, en 1964, creara el premio, y se otorgara por primera vez en 1967, cuando resultó ganadora la novela *La casa verde* de Mario Vargas Llosa.

Al momento de recibir el premio de manos del presidente de la República, Carlos Andrés Pérez, el 2 de agosto de 1991, Uslar Pietri improvisó unas palabras que quienes las escuchaban no podían creer que estaba improvisando. Hizo el elogio de Rómulo Gallegos, apuntando con precisión la validez de sus aportes novelísticos y republicanos, y disertó sobre el arte de escribir, sin dejar de hacer alguna breve mención a sus años y a la conciencia de estar al final de su trabajo literario. El auditorio del Centro de Estudios Latinoamericanos Rómulo Gallegos bullía en su conciencia de estar rindiéndole homenaje a uno de los grandes venezolanos.

Fue una noche apoteósica para Uslar, que de manera ínfima aliviaba el dolor reciente por la pérdida de su hijo Arturo, quien había tomado la decisión de no estar más en este mundo en marzo del mismo año de 1991. Había nacido en 1940, contaba con cincuenta años y una breve obra ensayística y teatral que era expresión de una voluntad de conocimiento desproporcionada, que lo llevó a cultivar una extraordinaria biblioteca como si fuera un jardín. Días después de su muerte, el padre escribió en su acostumbrada columna Pizarrón:

> Era un empeño de riesgo, una inclinación constante a la insatisfacción, un rechazo tácito y firme de toda resignación cobarde y de toda transacción fácil. La idea nietzscheana de que el hombre es algo que debe ser sobrepasado reverberaba en él con nobleza. Era un cilicio constante. Ya se lo advertía entonces: «Lo veo caminar por la terrible soledad propia con ojos conmovidos que no pueden ser los suyos, y en la más excelsa y peligrosa compañía. Es su camino».
> Era ávido de saber y penetrar y, al mismo tiempo, desbordante de generosidad y pródigo de todo lo que podía dar a los demás. Descanse en paz ahora para siempre, él que tan poco descansó y tan poca paz se dio a sí mismo en la vida (Uslar Pietri en Uslar Braun, 1991: II).

En paralelo con estos episodios literarios y familiares, la participación política de Uslar en la vida nacional fue *in crescendo* con la conformación de un grupo que la prensa comenzó a llamar «los Notables». La primera carta pública de este grupo es del 10 de agosto de 1990, dirigida al presidente de la República, al Congreso Nacional y a los partidos políticos. En ella avalan el trabajo de la Copre (Comisión Presidencial para la Reforma de Estado) y exhortan a implementar sus proposiciones con rapidez, antes de que sea tarde. Parten de la base según la cual el sistema político instaurado en 1958 no da para más, y se hace necesario un cambio radical: el paso de una economía rentista a otra productiva, reforma del sistema electoral, reducción del tamaño del Estado, legislación específica que regule a los partidos políticos y reforma del sistema judicial.

Luego, en carta pública del 3 de diciembre, reconocen que los partidos políticos han reaccionado favorablemente a sus planteamientos, pero les parece insuficiente todo lo que se ha hecho. Los firmantes de estas dos primeras cartas son los mismos, salvo que entre una y otra han fallecido los doctores Arnoldo Gabaldón y Martín Vegas. Entonces firmaban: Arturo Luis Berti, Alfredo Boulton, Miguel Ángel Burelli Rivas, María Teresa Castillo, Jacinto Convit, Tulio Chiossone, José Ramón Duque Sánchez, Ignacio Iribarren, Eloy Lares Martínez, Ernesto Mayz Vallenilla, Domingo F. Maza Zavala, José Melich Orsini, Hernán Méndez Castellanos, Pedro Palma, Rafael Pizani, Carlos Guillermo Rangel, José Vicente Rangel, Rafael Alfonzo Ravard, Elías Rodríguez Azpúrua, Isbelia Sequera Tamayo, José Santos Urriola y Arturo Uslar Pietri.

La reacción de los partidos políticos ante la segunda carta no fue de beneplácito, sino enconada, de modo que la tercera carta pública de los Notables traía consigo un tono más admonitorio y una lista de firmantes más amplia. Fue fechada el 30 de julio de 1991, y en ella explican que la situación del país es tan grave que se requiere la declaratoria de una situación de emergencia nacional por parte del Congreso Nacional de la República. Sostienen, en pocas palabras, que la magnitud de la crisis es superior a lo que se ha hecho para resolverla y que ya es un problema de orden nacional urgente.

El 20 de septiembre de 1991 ocurre otra «vuelta de tuerca» y la carta es dirigida, exclusivamente, a los magistrados de la Corte Suprema de Justicia, a quienes se les insta a renunciar, de manera de poder nombrarse un Poder Judicial que fuese garantía de independencia frente a los otros poderes del Estado. Una segunda carta, firmada el 24 de febrero de 1992 –veinte días después de la primera intentona de golpe de Estado por parte de los tenientes coroneles conjurados–, insistía en su solicitud de renuncia. Esta tomaba otro cariz a partir de los hechos recientes, que profundizaban la crisis que los Notables advertían. El clima nacional en torno a la composición de la Corte Suprema de Justicia, en verdad, no era el más favorable, de modo que la solicitud, aunque parezca a la distancia increíble, tuvo respuesta: los propios magistrados renunciaron y le abrieron la puerta a otras designaciones de magistrados por parte del Poder Legislativo. Los firmantes de esta carta, por lo demás, ya pasaban de cinco mil, que se fueron sumando espontáneamente.

La nueva composición de los magistrados de la Corte Suprema de Justicia accedió a examinar la solicitud que introdujera José Vicente Rangel en la Fiscalía General de la República, y que el titular del despacho, Ramón Escovar Salom, presentara ante el máximo tribunal. En ella se solicitaba la separación del cargo por parte del presidente de la República, en razón del destino que se le había dado a la partida secreta. Esto ocurrió el 20 de mayo de 1992, cuando la Corte Suprema de Justicia, presidida por Gonzalo Rodríguez Corro, le ordena a Carlos Andrés Pérez la separación del cargo. Durante quince días el presidente de la República fue el presidente del Congreso Nacional, Octavio Lepage, hasta que el propio Congreso eligió a Ramón J. Velásquez como presidente de la República para que terminara el período constitucional que Pérez había iniciado en febrero de 1989 y culminaría en febrero de 1994.

Si el trabajo de «los Notables» se hubiese reducido a alcanzar la destitución de Pérez, pues el encargo estaba hecho. Si, por el contrario, se proponían provocar una sacudida en las bases ya muy frágiles del sistema político partidista, pues también el trabajo estaba hecho, porque la Presidencia de la República la alcanza

Rafael Caldera al frente de un movimiento que representaba el antipartidismo o la antipolítica, como también se le ha llamado. Ignoraba aquel grupo de Notables que con su trabajo estaban sembrándole el camino a la epifanía de la antipolítica y el antipartidismo, que no fue Irene Sáez Conde, como algunos soñaron, sino Hugo Chávez Frías, quien vino a sepultar el sistema que ellos querían cambiar radicalmente. En el fondo, podemos prever las consecuencias inmediatas de nuestras acciones, pero no las ulteriores.

Toda esta escalada epistolar se acompañó de ruedas de prensa convocadas por los Notables, en las que el vocero principal fue Uslar siempre, y con entrevistas que el escritor aceptaba con diversos medios escritos y televisivos. En una de ellas, en *El Nacional* de diciembre de 1991, advirtió que el estado de gravedad de la vida institucional venezolana era de tal magnitud que no le extrañaba que tuviera lugar un golpe de Estado, cosa que ocurrió en febrero del año siguiente, a menos de dos meses de la declaración. La sintonía entre una mayoría del país y Uslar era profunda, y se alimentaba del hecho de ser el escritor una figura de avanzada edad, que no podía aspirar a detentar el poder y que hacía un llamado sincero de salvación nacional.

Por motivos que el destino solo puede explicar, a Uslar Pietri le tocó padecer en lo personal la instauración de la Venezuela que emerge después del 18 de octubre de 1945 y, a su vez, ser uno de los sepultureros del sistema partidista en que derivó la democracia representativa que se propusieron los constituyentes de 1947 y de 1961, entre ellos él mismo, que participó de manera muy activa en la Comisión Redactora de esta Constitución Nacional. Pero esto no tiene nada de extraño, si tomamos en cuenta que todos los hechos políticos centrales del siglo XX venezolano tuvieron a Uslar entre sus protagonistas, en un sentido o en otro.

Recapitulo: la primera carta de los Notables es de agosto de 1990; durante 1991 tuvieron lugar otras, además de los señalamientos de ineficiencia al Poder Ejecutivo, al Judicial y a los partidos políticos. Esta fuerza fundamentalmente moral, más los desaciertos políticos del gobierno de Pérez y la separación cada vez mayor entre el gobierno y el partido Acción Democrática, minaron la institucionalidad y le abrieron espacio a una intentona militar a comienzos de 1992. Esta trajo de nuevo a escena a Rafael Caldera, quien figuraba ascendentemente en las encuestas antes del 4 de febrero de 1992. Una vez modificada la composición de la Corte Suprema de Justicia, la salida de Pérez de la Presidencia de la República era cuestión de tiempo. Así fue, y le sobrevino el breve gobierno de Ramón J. Velásquez, la convocatoria de elecciones en 1993 y el esperado triunfo de Caldera, cuya popularidad se montó sobre la ola del antipartidismo y la antipolítica, al punto de separarse de su partido y lanzarse con organización propia y el apoyo de partidos de izquierda. En la composición del gobierno de Caldera figuraron, al frente de los ministerios más importantes, un integrante explícito del grupo de los Notables, el canciller Burelli Rivas, y quien había sido la pieza clave en la separación del cargo por parte de Carlos Andrés Pérez, el ex fiscal general de la República, Ramón Escovar Salom, como ministro de Relaciones Interiores. Sin embargo, pasados pocos meses de andadura del gobierno de Caldera, las críticas de Uslar a su gobierno no se hicieron esperar. El viejo observador crítico no había envainado la espada.

Hoy en día es prácticamente unánime la impresión de que el grupo de los Notables presidido por Uslar cometió un error grave con la promoción de la destitución de Pérez. Incluso muchos piensan, con buenas razones, que la inestabilidad política de las últimas décadas tiene su origen en aquel hecho infortunado del juicio a Pérez y su separación del cargo. En cualquier caso, no se recuerdan estos hechos como un ejemplo de pedagogía política ni de implantación de una reciedumbre moral. Por lo contrario, cada día se hace más evidente que se trató de una jugada política para despojar a Carlos Andrés Pérez de la Presidencia de la República, desarticulando la composición de la Corte Suprema de Justicia ante la solicitud del fiscal general Escovar Salom. Quien encabezó todo este movimiento fue Uslar y, la verdad sea dicha, no es el capítulo más feliz de sus aportes políticos a Venezuela. En nada se benefició el país de aquella jugada; por lo contrario, fue como terminar de abrir la caja de Pandora.

En noviembre de 1992, Uslar publica un libro de gran significación política e histórica que, lamentablemente, no se ha leído con la debida atención. Se titula *Golpe y Estado en Venezuela* y en él entrega un largo ensayo de análisis político e histórico de la Venezuela del siglo XX, a partir de la fecha más importante de esta centuria: el 18 de octubre de 1945. En el texto Uslar da su versión de los hechos y, sobre todo, su interpretación de los mismos, añadiéndole a lo ya conocido la lectura que hace de las intentonas del año 1992. Le atribuye al petróleo, como siempre lo hizo, la condición epicéntrica nacional. El valor del ensayo no estriba en que desarrolle alguna posición inédita hasta entonces, sino en que por primera vez ofrece un dilatado análisis sobre la historia política contemporánea de Venezuela, cosa que antes había hecho fragmentariamente a través de sus artículos semanales. Además, el ensayo constituye, visto a la distancia, una suerte de testamento político, en la medida en que por única vez, cuando contaba ochenta y seis años, se aventura a tejer un texto analítico, sobre este particular, de largo aliento.

La segunda parte del libro, ciertamente, recoge un conjunto de artículos de su columna Pizarrón y, además, un apéndice documental con todas las cartas públicas del llamado grupo «los Notables». Una lectura simple llevaría a pensar que nuestro autor concluía su vida ajustando cuentas con el grupo político que cortó la suya de raíz en 1945, pero esto no es exactamente así. Ninguna alegría le producía a Uslar ver confirmadas sus sospechas en la realidad, ni le agradaba el papel de sepulturero del sistema de partidos instaurado a partir de 1958, entre otras razones porque él también formó parte de ese sistema, sin que por ello endosara sus faltas. Por lo contrario, bastantes veces las señaló, mientras se hacía copartícipe de la Venezuela política que emergió del 23 de enero de 1958. Por ello su análisis se remonta al pasado, y busca las causas de la crisis venezolana en nuestra relación con el petróleo y el tamaño que llegó a alcanzar el Estado alimentado por esta fuente, lo que condujo a la creación de un país rentista, en donde los recursos de la renta los administra el Estado, mientras la nación se sumerge en la pobreza.

Los sucesos políticos vertiginosos en Venezuela en 1993 incluyen la separación del cargo por parte de Carlos Andrés Pérez en mayo, la designación de Ramón J. Velásquez en junio, la elección de Rafael Caldera en diciembre, la crisis bancaria entre diciembre de 1993 y enero de 1994. La actividad de los llamados «Notables» amainó después de febrero de 1992, mientras en 1993 cada uno de sus integrantes regresó a su trinchera natural. La de Uslar, como lo había sido desde 1945, fue la literatura, con la circunstancia de haber perdido la vista en gran proporción, lo que le llevaba a leer con una suerte de gran lupa que colocaba sobre el libro que estaba estudiando, cosa que le hacía muy difícil el trabajo literario. La misma pérdida paulatina de la vista lo colocaba en situación de gran dificultad para escribir él mismo en su máquina, circunstancia que comenzó a limitarlo severamente. En cuanto a su columna semanal Pizarrón, estos escollos operativos se salvaban gracias a la práctica del dictado a su secretaria de muchos años, Oly Guerrero, que trabajaba con nuestro autor desde los tiempos en que fue embajador en París, veinte años atrás, y ella le servía como asistente. La admiración de Oly por el doctor Uslar se acercaba a la devoción y trabajó con él de manera eficientísima hasta el último día de su vida.

Su último libro publicado encierra una posibilidad y una imposibilidad. El título abre con un ensayo sobre el cerro de plata de Potosí, y sabemos por confesión suya que pensó en adelantar una novela sobre el tema, pero la vista le falló y los años se le vinieron encima. Sospecho, por otra parte, que el documento que iba a nutrir ese trabajo era *Historia de la Villa Imperial de Potosí. Riquezas incomparables de su famoso cerro. Grandeza de su magnánima población. Sus guerras civiles y casos memorables,* cuyo autor era el potosino Bartolomé Arzans de Orsúa y Vela. Esta obra, que inexplicablemente permaneció inédita durante siglos, fue publicada en esos años por la Universidad de Brown, en Rhode Island, gracias al empeño de Lewis Hanke y el historiador boliviano Gunnar Mendoza. En verdad, puede decirse con propiedad que el tema de Potosí era uslariano por naturaleza: una ciudad que creció desmesuradamente alrededor de la extracción de una mina de plata, que alcanzó las mayores cotas de riqueza y que, así como emergió, desapareció de inmediato cuando la mina se agotó. De ciudad imperial a rastrojo fantasma. De la riqueza minera, que no es fruto de la paciencia y el trabajo del cultivo, a la nada de la pobreza. Este círculo, como sabemos, fascinaba a Uslar al punto que lo trabajó muchas veces en su obra literaria. De haber podido emprender la novela, habría cerrado el círculo temático de su trabajo con un caso paradigmático. No fue así, pero allí está el ensayo en donde trasluce el entusiasmo que le provocaba el tema.

En el conjunto destacan los temas uslarianos típicos: el mestizaje americano, la generación de la independencia, la venezolanidad, constituyéndose en un libro de despedida, en el que su universo ensayístico propio, con sus obsesiones temáticas y sus recurrencias simbólicas, está presente de manera paradigmática. Sin embargo, no estoy seguro de que Uslar haya estructurado el libro con la conciencia de que se trataba de su último título; de haber tenido conciencia de ello, probablemente habría redactado una introducción breve apuntando esa circunstancia. Quizás, no puedo asegurarlo, ya que nuestro autor no fue proclive a rendirles tributo a estos hechos: una extraña humildad lo hacía conducirse levemente en estos parajes de despedidas o clausuras de períodos.

Recogiendo las velas (1995-2001)

En 1995 la salud de su esposa se resiente y la visión de nuestro autor sigue nublándose, de modo que no viaja a Francia con ocasión del Coloquio de Literatura y Cultura Venezolanas organizado por La Sorbona y el Consejo Nacional de la Cultura de Venezuela, en donde se le rinde homenaje. Su presencia en la Venezuela política amaina en su intensidad, pero continúa teniendo la última palabra cuando de asuntos centrales se trata, y lo entrevistan en la televisión o la prensa con relativa frecuencia. Comienza un repliegue, que se agudiza con la enfermedad de su compañera de toda la vida.

Hacia finales de año, el 27 de noviembre, fallece su primo hermano y entrañable amigo Alfredo Boulton Pietri. Entonces le dedica un emocionado Pizarrón de despedida, señalando sus méritos en el mundo de la historiografía de las artes visuales venezolanas, de la que fue pionero, y en el mundo de la fotografía, arte en el que fue un virtuoso. Boulton había nacido en 1908, de modo que fue un contemporáneo de Uslar y su amigo desde la adolescencia. Esta muerte lo sacudió particularmente, entre otras razones porque la amistad entre ambos se había mantenido sin fisuras durante casi ochenta años y porque se frecuentaban semanalmente, con naturalidad y alegría: «Alfredo fue más que un hermano para mí, toda la vida; fue una amistad sumamente estrecha, muy franca y muy clara; era un hombre excelente, de muy buena calidad humana» (Arráiz Lucca, 2001: 40).

Para esta fecha, otros de sus amigos cercanos se habían ido. Miguel Ángel Asturias había muerto en 1974, Eugenio Mendoza en 1979, Alejo Carpentier en 1980, Francisco Narváez en 1982, Miguel Otero Silva en 1985, Carlos Eduardo Frías en 1986, José Joaquín González Gorrondona en 1988 y Florencio Gómez moriría un mes después de Boulton en 1995. Los ocho eran sus estrictos contemporáneos: Asturias había nacido en 1899, Mendoza en

1906, Carpentier en 1904, Narváez en 1905, Otero Silva en 1908, Frías en 1906, González Gorrondona en 1910 y Gómez en 1908, de modo que de los amigos de toda su vida, idos ahora Boulton y Gómez, le quedaban Germán Arciniegas, que moriría en 1999, y Rafael Domingo Revenga, quien murió dos meses antes de Uslar, en diciembre de 2000, y había nacido en 1908. Por otra parte, su prima y amiga de siempre, Margot Boulton de Bottome, lo sobrevivió dos años, falleciendo en 2003. También lo sucedió Antonia Palacios, quien falleció después de él en 2001, y le sobrevivió María Teresa Castillo, amiga de todas las horas y símbolo de esa generación, quien falleció en 2012, a los ciento cuatro años.

El año 1996 fue de celebraciones y muertes. El Congreso Nacional reunió a ambas cámaras en sesión solemne e invitó a Juan Liscano a ser el orador de orden en el homenaje. También, en esos mismos días cercanos al 16 de mayo, el entonces presidente de la República, Rafael Caldera, le ofrece un almuerzo en Miraflores. Al responder el discurso de Liscano, afectuoso y profundo, Uslar hizo gala de un humor que a medida que se acercaba a la muerte fue emergiendo. Comenzó su disertación señalando: «Vengo hoy aquí, ante el Congreso de la República, con motivo de haber alcanzado la hazaña fisiológica de los noventa años».

Pero no solo el humor brotó en aquella tarde del 16 de mayo, sino que ofreció un resumen verdaderamente lúcido de la historia de Venezuela. El discurso íntegro es una pieza memorable, pero un párrafo merece reproducirse por su exactitud y su capacidad de síntesis. Esta, sin la menor duda, como creo haberlo dicho antes, fue una de las virtudes intelectuales más notorias de Uslar. Dijo:

> Ningún otro país pagó tan caro la independencia, se destruyó tan profundamente, se deshizo y se sacrificó como Venezuela. Eso explica nuestro siglo XIX. No quedó nada de las instituciones del pasado, toda la estructura social quedó adulterada, las instituciones quedaron sin efecto. En muchos sentidos fue una regresión cultural e histórica y lo que surgió fue la anarquía y el caudillismo que caracterizaron nuestro

siglo XIX y que vinieron a terminar a comienzos de este siglo. Ese es otro rasgo muy importante que los venezolanos no tenemos en cuenta y que nos distingue de todo el resto de la América Latina, así como nos distingue la tardía integración nacional en la época de la Colonia.

El nuevo homenaje dio pie para algunas revisiones acerca de su obra y personalidad. Primero Diego Bautista Urbaneja publicó en *El Diario de Caracas* un artículo que desde el título ofrecía un sesgo admirativo y crítico a la vez. «Uslar noster» se titulaba el análisis. Otro trabajo, de mayor extensión y propósito, lo publicó el historiador Manuel Caballero. Se titula «Los noventa mundos de Arturo Uslar Pietri», parafraseando a Julio Cortázar, y lo encabeza señalando:

> Desde hace muchos años, Arturo Uslar Pietri debería estar curado de espanto en materia de elogios: los ha recibido todos. Sin embargo, hubo uno que, confiesa, llegó a nublarle los ojos. Fue cuando un poeta ciego (a quien la muy galicana iglesia literaria de *La Pléiade* canonizó junto con Cervantes como el más grande escritor de la lengua española), Jorge Luis Borges, lo presentó en Buenos Aires con las siguientes palabras... (Caballero, 2004: 9).

Las palabras de Borges que hemos citado antes no es necesario repetirlas ahora. Sí conviene recordar que el ensayo de Caballero supone una lectura muy distinta a la que el mismo lector crítico había hecho en los años sesenta, cuando comentaba una de las dos novelas de la trilogía incompleta de Uslar. Ahora, el panorama que analizaba el historiador era amplio y el juicio dispuesto a valorar, sin prejuicios de ninguna naturaleza. No digo que antes los tuviera, pero la lucha ideológica de aquellos años ha podido sesgar su lectura.

El profesor de la Universidad Simón Bolívar Francisco Barbadillo publica *Los artículos de Pizarrón –aproximación al pensamiento de Arturo Uslar Pietri–*, con el sello editorial de la Presidencia de la República. Se registran artículos entre 1948 y 1994.

El también profesor Gustavo Luis Carrera recibe en sus manos, este mismo año de 1996, la edición que había preparado para el Fondo de Cultura Económica de México. *La invención de América mestiza* se titula, y está organizada con base en criterios geográficos, en cuanto a los intereses de la obra de Uslar: la universalidad, la hispanidad, la americanidad y la venezolanidad. La obra cumple con su propósito: introduce al lector en un universo intelectual amplísimo, del que Carrera ha extraído lo más significativo, para entregarlo como puerta abierta hacia los lectores.

El año concluye con la muerte de Isabel Braun Kerdel de Uslar el 19 de diciembre. Había nacido en 1913, de modo que contaba ochenta y tres años al momento de fallecer. La soledad fue rodeando al escritor, llevándose a sus seres queridos antes que a él. Su salud, salvo la vista y cierta debilidad en las rodillas, era perfecta. Sin embargo, la cercanía del fin lo conduce a escribirle una carta a su hijo Federico el 17 de marzo de 1997 que, dada su importancia, transcribo completa:

Señor
Federico Uslar Braun
Presente

Mi hijo muy querido:

Creo conveniente ratificarte por escrito lo que tantas veces te he dicho de palabra con respecto a las circunstancias posteriores a mi fallecimiento.
No deseo que mis restos sean llevados a ningún edificio público y que de la funeraria se trasladen directamente al cementerio. Agradezco profundamente las manifestaciones de condolencia que se quieran hacer a mi memoria, pero insisto en que no revistan la forma de ceremonia pública.
Con respecto a mi casa de habitación considero que sería absurdo quererla conservar, por muchas razones y, entre otras, por el hecho mismo de que lo más importante que hay en ella, que es mi biblioteca, está

donada públicamente hace tiempo a la Universidad Metropolitana y debe ser trasladada a su propia biblioteca para ser incorporada a ella y para que pueda ser ofrecida y consultada por el mayor número de personas dentro de las facilidades normales de una biblioteca universitaria. Dejarla en casa sería absurdo y la condenaría, prácticamente, al desuso y a la esterilidad.

Por otra parte, el conjunto de mis papeles, correspondencia y archivo, ya ha sido trasladado en gran parte a la Fundación Polar, que les va a dedicar un recinto adecuado que pondrá ese acervo documental al alcance de todos los estudiosos que deseen consultarlo.

Esto confirma el hecho de que la casa, privada de mi biblioteca y de mis papeles, quedará reducida a un cascarón y que, por lo tanto, carecería de todo sentido práctico quererla conservar intacta.

Para todo lo que tenga que ver con las ediciones presentes y futuras de mis libros debe conservarse la relación muy afectuosa y eficaz que he mantenido con la Agencia Literaria Carmen Balcells, de Barcelona, ratificándole a Carmen Balcells mi inmensa gratitud por el interés constante que ha puesto en la difusión de mi obra.

No creo necesario decirte más nada porque nadie mejor que tú me conoce y sabe perfectamente aquello con lo que podría estar de acuerdo y aquello con lo que no podría estar.

Te bendice tu padre,

Arturo Uslar Pietri

Nuestro autor sobrevive en casi cuatro años a esta misiva. Mientras llega la muerte, Philippe Dessommes Flórez traduce al francés una selección de su cuentos, *Les vainqueurs*, luego *Insurgés et visionnaires d'Amerique Latine* y *El camino de El Dorado,* todas para la editorial *Criterion*, entre 1994 y 1997. Por otra parte, en este último año Astrid Avendaño publica su exhaustivo estudio político sobre Uslar, *Entre la razón y la acción,* mientras Jorge Marbán hace énfasis en la obra literaria en *La vigilia del vigía, vida y obra de Arturo Uslar Pietri.*

Durante los últimos meses del año 1997, Uslar venía tomando la decisión de suspender su columna de opinión en *El Nacional.*

Finalmente, escribió el último Pizarrón el 4 de enero de 1998. «Una larga jornada» se tituló aquel artículo memorable, que sorprendió y sacudió a su fieles lectores. En páginas anteriores hicimos la relación de los lapsos de esta columna, no los repetiré ahora. Simplemente, leamos las últimas líneas de esta breve pieza, imantada por la humildad y la sabiduría:

> Por muy largos años he mantenido esta columna, con un claro sentido de propuesta y de obligación, hasta llegar a formar parte importante de mi existencia. La interrumpo hoy porque he entrado, inevitablemente, en esa dura etapa de la vida, que es el repliegue.
> Todo ello constituye un cambio muy importante para mí, que espero que algún no tan remoto ni ocasional lector comparta sinceramente.

Otra vuelta de tuerca en la soledad. Ya esos «amigos invisibles» que también eran sus lectores semanales dejarán de recibir sus mensajes. Este año en Colombia la editorial Norma publica la totalidad de sus cuentos. Con este motivo responde a una pregunta de un periodista en un diario caraqueño, y señala que no es posible escribir historias si no las escribe uno. Aludía a que el hecho de dictar relatos era un método imposible para él, que toda su vida literaria había escrito él mismo en su máquina. Antes, en otra oportunidad, había señalado que la escritura literaria emergía en plena soledad, que para él era imposible involucrar a un tercero en el hecho. Tampoco fue costumbre de Uslar contar con asistentes de investigación. Él mismo adelantaba las investigaciones en su biblioteca, bien hubiese sido para un programa de televisión, una conferencia, un ensayo o las novelas históricas que suponían días de trabajo de sabueso, en busca de la información. Le gustaba investigar y sostenía que era un trabajo que se hacía en soledad, sin terceros que fuesen en su auxilio.

Durante el año 1998, la campaña electoral presidencial fue seguida con angustia por Uslar. Hacia el final decidió apoyar la candidatura de Henrique Salas Römer, a quien consideraba una mejor opción que la de Hugo Chávez. El dolor por la crisis venezolana fue dando sus primeros pasos en su psique hacia el estadio de desesperación con que la vivió en sus últimos dos años de existencia. El drama nacional fue ocupando espacio en su vida, ya apartado totalmente de la escritura, tornándose en una invasión masiva del ánimo, que lo acercaba ostensiblemente a la depresión. Las elecciones que ganó Chávez significaron para Uslar una agudización de su dolor venezolanista. Sabía que la tragedia nacional sería peor, mucho peor.

Por otra parte, le es conferido el Premio Alfonso Reyes, pero dado que el viaje a México era imposible en sus condiciones, lo recibe en la embajada de este país en Caracas. Entonces, pronuncia unas palabras de agradecimiento con emoción. En esos mismos días, el Centro de Estudios Latinoamericanos Rómulo Gallegos le otorga a una sala de exposiciones su nombre, mientras la Biblioteca Ayacucho publica un nuevo tomo de sus ensayos hispanoamericanistas intitulado *Nuevo mundo, mundo nuevo*. Este año de 1999 muere su único hermano, Juan Uslar Pietri, aquel niño que había nacido casi veinte años después de él, y que se había desarrollado como diplomático e historiador, disciplina esta última a la que contribuyó con aportes verdaderamente valiosos. La *Historia de la rebelión popular de 1814* (1962) y la *Historia política de Venezuela* (1968) son dos de las obras sustanciales del historiador.

También en diciembre de este año sufre una pérdida física que comportaba otra de orden espiritual. Su casa de Caraballeda, en la avenida costanera, frente al mar, fue severamente afectada por la tragedia de Vargas. El agua y el lodo inundaron toda la casa, y hasta un automóvil quedó incrustado en el salón comedor. Muy poco, casi nada de lo que había allí se pudo recuperar. La residencia quedó en ruinas y, con ella, décadas de recuerdos para Uslar. Casi todos los fines de semana, durante muchos años, solía irse a la casa de la playa con su esposa a leer, a descansar frente al mar, a recibir la visita de sus hijos y amigos. Fue su espacio de descanso, a orillas del Caribe, absolutamente íntimo, pero también fue su lugar de trabajo: cuántas obras no surgen del ocio creador, del *dolce far niente* indispensable para el surgimiento del relato o la trama de un ensayo. A las pérdidas afectivas que lo cercaban, se sumaba ahora esta, de orden físico y metafísico: el refugio de toda su vida adulta se lo llevaban las aguas, exactamente lo contrario de la sequía que fue protagonista de dos de sus cuentos principales. Su hijo Federico estaba a su lado siempre, como el último bastión de un mundo en desaparición.

En agosto del año 2000 quien escribe regresó a Venezuela, después de un año de trabajo en la Cátedra Andrés Bello en Saint Antony's College de la Universidad de Oxford. Traía en mente la idea de entrevistar dilatadamente al escritor. Así se lo hice saber y el doctor Uslar accedió inmediatamente, de modo que comenzamos a grabar en septiembre y concluimos en noviembre. Trabajé todo diciembre en la edición del libro y se lo entregué en enero. Oly Guerrero leyó el manuscrito para Uslar en presencia de su hijo Federico y le satisfizo el trabajo. Me devolvieron el manuscrito para su publicación a mediados de enero. *Arturo Uslar Pietri: ajuste de cuentas* salió en abril de 2001, dos meses después de su muerte.

Durante tres meses acudí dos y tres veces por semana a su casa a entrevistarlo, en las tardes, ya que las mañanas seguían siendo para dictar la correspondencia y leer la prensa nacional con aquella gran lupa con la que se asistía en los últimos años, y la prensa internacional que siempre recibió y leyó con interés, fascinado por los tópicos más diversos. Había ido por primera vez a su residencia en 1986, con motivo de una entrevista que sostuvimos cuando cumplió ochenta años. En la casa ahora, como antes, se respiraba un clima de paz y armonía que solo puede emanar de un hombre con una personalidad signada por el equilibrio. Antes, la presencia silenciosa de la señora Uslar le añadía algo todavía más de peso al equilibrio reinante; ahora su ausencia se notaba, por más que su presencia de antes fuese tan expresamente leve. Lo que sí se respiraba ahora en el ambiente que el escritor imantaba con sus palabras era un dejo de tristeza, a ratos depresión, a ratos una visión sin esperanzas del país en que vivíamos. No había perdido el equilibrio en cuanto a la expresión de sus emociones, pero sí pesaba la depresión final, que solo mitigaban la presencia de su hijo Federico y la visita de los que nos acercábamos con alguna frecuencia. Por otra parte, la tristeza no lo había alejado de un rasgo de su personalidad, indiscutible: la claridad de su pensamiento y la diafanidad de sus sentimientos. Con Uslar todo quedaba claro, clarísimo, iluminado por una luz que, para muchos, podía ser ruda, y para otros, precisa. Nunca premeditadamente hiriente. Uslar no hería, porque en su psique no hallaban morada permanente el resentimiento ni la envidia. Era imposible que estas bajas pasiones prosperaran en un hombre con su hoja de vida, entregado al trabajo, con un saldo de realizaciones a favor, muy superior al de deudas pendientes o fracasos. Pero no herir premeditadamente no significaba que no expresara con toda claridad sus ideas y sus observaciones; prueba de ello es el juicio que ofrece sobre el presidente de la República, teniente coronel Chávez, quien para entonces aún no contaba con dos años en el ejercicio del poder. Ante mi pregunta, señaló:

> Un delirante, ignorantísimo, dice disparates, qué desgracia, el país no logra encaminarse. Pero era muy difícil que Venezuela pudiera encontrar su camino, trató de encontrarlo con López y con Medina, después vino el 18 de octubre y los gobiernos militares y esto se fue, se perdió. Este hombre habla con una arrogancia y una suficiencia increíbles, a él se le han pegado algunas frases que ha oído, como esa del liberalismo salvaje, eso lo llena de felicidad. No puede haber liberalismo salvaje, el liberalismo es la flor de la civilización, el tolerar la divergencia (Arráiz Lucca, 2001: 39).

Nuestro escritor le atribuía su longevidad a causas genéticas, ya que sus padres habían llegado a ancianos ambos, aunque ninguno de los dos a la edad suya. No podía atribuirle su longevidad en perfectas condiciones a la práctica de algún deporte, ni siquiera a la rutina de unos ejercicios, ya que ninguna de las dos tareas formó parte de su vida jamás. Repetía con gracia que siempre había comido chocolate negro en cantidades cercanas a los doscientos o trescientos gramos diarios, y que allí podría anidar la clave de sus años. La verdad es que al final de los almuerzos que compartí con él, le acompañé en el mismo gusto por el chocolate negro, sin azúcar, que sigo ingiriendo con mucha frecuencia, y algunas veces en su recuerdo. Esperanzado, también, con la idea de llegar a su edad y en sus condiciones, gracias al chocolate amargo.

A Uslar le había sido diagnosticado un cáncer en la próstata, que inmediatamente hizo metástasis y para el que a su edad, obviamente, no había nada que hacer desde el punto de vista médico. Tenía los días contados. Las últimas semanas permaneció en «el alto de la casa»; ya las piernas no le daban para bajar y subir las escaleras. Una tarde de comienzos de febrero me pidió Juan Liscano que lo llevara a visitarlo. Se alegró muchísimo de ver a su amigo de tantos años. Aquella conversación no fue fácil: Liscano estaba afectado de salud y había perdido el ímpetu de la voz, mientras Uslar padecía grandes dificultades para escuchar. En medio de los intentos por comunicarse yo hacía el incómodo papel de amplificador, o de traductor de lo inaudible. Tres semanas después de aquel diálogo los dos habían muerto. El punto de partida del diálogo, como suele ocurrir entre venezolanos, fue la pésima situación política del país. A ambos los cubría un manto de melancolía que se potenciaba con los rigores de la vejez, pero la memoria y la lucidez de ambos esplendían con juventud.

El lunes de carnaval, 26 de febrero de 2001, Uslar sufrió una baja de tensión arterial. El médico fue a su casa a examinarlo y prescribió unas medicinas. Le comentó a su hijo que su padre se encontraba muy afectado; por ello, Federico tomó la decisión de ir a su apartamento a buscar ropa para mudarse a la casa de La Florida. Estaba en camino cuando su padre falleció, sin entrar en coma, sin perder la conciencia. Llamó a Lola Morillo, la señora de la limpieza de su casa que tantísimo lo quería, para que le ayudara acomodándole la almohada; entonces le dijo que se sentía cansado, muy cansado, muy cansado. El reloj marcaba las ocho de la noche.

Con su muerte se ausentaba una de las mentes mejor dotadas para la advertencia de los elementos esenciales de un asunto y la consecuente formulación del nudo que él encerraba. Se iba un hombre dueño de la palabra escrita en dimensiones excepcionales, así como extraordinaria fue su capacidad para expresarse oralmente. Se iba un maestro de la facultad de resumir, de decir mucho con pocos vocablos; quizás por ello su obra cuentística sea de magnitudes magistrales. Esa misma facultad para comprender y reducir los problemas a su nuez más descarnada lo acompañó en su aventura ensayística, bien sea en aquellos ensayos de largo aliento o en esas piezas breves, con frecuencia perfectas, que fueron sus artículos de prensa. Se ausentaba la más recia voluntad por construir un corpus ficcional alrededor de la llamada novela histórica, denominación esta última con la que él mismo no estaba de acuerdo. Se despedía un hombre longevo, cuya personalidad pública y privada estuvo signada por un apolinismo al que propendía naturalmente su manera de ser. Se iba un hombre sereno, en quien las bajas pasiones no hallaron vivienda prolongada, mientras sí lo hicieron la voluntad de trabajo, el fervor por comprender y la gloriosa curiosidad, que le hizo menos ajena la vastedad del universo.

Bibliohemerografía

ANDERSON IMBERT, Enrique (1992). *El realismo mágico y otros ensayos.* Caracas, Monte Ávila Editores.
ANGARITA ARVELO, Rafael (1928). «El libro de las separaciones y de las revelaciones». Caracas, *El Universal*, 16 septiembre.
ARAUJO, Orlando (1972). *Narrativa venezolana contemporánea.* Caracas, Editorial Tiempo Nuevo.
ARRÁIZ LUCCA, Rafael (1989). *Grabados.* Caracas, Academia Nacional de la Historia, Colección El Libro Menor.
_____. (2001). *Arturo Uslar Pietri: ajuste de cuentas.* Caracas, Los Libros de El Nacional.
AVELEDO, Ramón Guillermo (2001). «Ciudadano invisible: Arturo Uslar Pietri en la construcción de la democracia venezolana». En: *Todo Uslar.* Caracas, Editorial Panapo.
AVENDAÑO, Astrid (1996). *Arturo Uslar Pietri: entre la razón y la acción.* Caracas, Oscar Todtmann Editores.
BARBADILLO, Francisco (1996). *Los artículos de Pizarrón.* Caracas, Ediciones de la Presidencia de la República.
BETANCOURT, Rómulo y OTERO SILVA, Miguel (1929). *En las huellas de la pezuña.* Santo Domingo, Edición de autores.
BOULTON de BOTTOME, Margot (1992). *Una mujer de dos siglos.* Caracas, Academia Nacional de la Historia.

CABALLERO, Manuel (2004). *Dramatis personae-doce ensayos biográficos*. Caracas, Alfadil Ediciones.

CADENAS, Rafael Augusto (1986). «Uslar niño». Caracas, *Revista Bohemia*, edición n.° 1192, 12 de mayo.

CATALÁ, José Agustín (1982). *23 de enero de 1958: reconquista de la libertad*. Caracas, Ediciones Centauro.

_____. (1998). *Golpes militares en Venezuela 1945-1992*. Caracas, Ediciones Centauro.

ESKENAZI, Margarita (1988). *Uslar Pietri: muchos hombres en un solo hombre*. Caracas, Editorial Caralex.

FAJARDO, Luis Carlos (seudónimo de Carlos Eduardo Frías) (1981). *Luis Carlos Fajardo y sus personajes*. Caracas, Ediciones de ARS.

HARWICH VALLENILLA, Nikita (1999). «La red comercial corsa y el desarrollo de la producción de cacao en el oriente venezolano (1830-1930)». En: *Venezuela en Oxford: 25 años de la Cátedra Andrés Bello en el St. Antony's College de la Universidad de Oxford*. Caracas, Banco Central de Venezuela.

LEAL, Ildefonso (1981). *Historia de la UCV (1721-1981)*. Caracas, Ediciones del Rectorado de la UCV.

LISCANO, Juan (1996). *Homenaje parlamentario al escritor Arturo Uslar Pietri. Discursos del escritor Juan Liscano y del homenajeado*. Caracas, Congreso de la República.

MARBÁN, Jorge (1997). *La vigilia del vigía*. Caracas, Foncied.

MÁRQUEZ RODRÍGUEZ, Alexis (1986). *Arturo Uslar Pietri y la nueva novela histórica hispanoamericana*. Caracas, Contraloría General de la República, Colección Medio Siglo.

MILIANI, Domingo (1969). *Uslar Pietri: renovador del cuento venezolano*. Caracas, Monte Ávila Editores.

PEÑA, Alfredo (1978). *Conversaciones con Uslar Pietri*. Caracas, Editorial Ateneo de Caracas.

PICÓN, Delia (2004). *Mariano Picón Salas y sus amigos*. Caracas, Universidad Católica Andrés Bello.

POLANCO ALCÁNTARA, Tomás (2002). *Arturo Uslar Pietri: biografía literaria*. Barcelona (España), Ediciones G.

SAMBRANO URDANETA, Oscar (1959). *Letras venezolanas*. Trujillo, Biblioteca Trujillana de Cultura.

SANTAELLA, Juan Carlos (1992). *Manifiestos literarios venezolanos*. Caracas, Monte Ávila Editores.

SILVA, Ludovico (1983). *Ensayos temporales –poesía y teoría social–*. Caracas, Academia Nacional de la Historia, Colección El Libro Menor.

SOLER SERRANO, Joaquín (1990). *Venezolanos a fondo*. Caracas, Editorial Planeta.

SOTILLO, Pedro (1928). «Comentarios bibliográficos: Barrabás y otros relatos». *El Universal,* Caracas, 14 de septiembre.

SUBERO, Efraín (1973). *Bibliografía*. Caracas, UCAB.

USLAR BRAUN, Arturo (1991). *Hasta cien hombres*. Caracas, Monte Ávila Editores Latinoamericana.

USLAR PIETRI, Arturo (1924). *Todo es subjetividad*. Caracas, Tipografía Vargas.

_____. (1929). *El principio de la no imposición de la nacionalidad y la nacionalidad de origen. (Tesis de grado para optar al título de doctor en Ciencias Políticas)*. Caracas, Tipografía Vargas.

_____. (Entre septiembre de 1929 y diciembre de 1930). *Cartas a Josefina Vallenilla Lanz*.

_____. (junio de 1930). *Carta a Rafael Rivero Oramas*.

_____. (4 de junio de 1931). *Carta a Alfredo Boulton*.

_____. (1945). *Sumario de economía venezolana para alivio de estudiantes*. Caracas, Centro de Estudiantes de Derecho, UCV.

_____. (1953). *Obras selectas*. Madrid, Editorial Edime.

_____. (1955). *Pizarrón*. Madrid, Ediciones Edime.

_____. (1959). *Materiales para la construcción de Venezuela*. Caracas, Ediciones Orinoco.

_____. (1960). *La ciudad de nadie*. Buenos Aires, Editorial Losada.
_____. (1962). «Política para inocentes». *Revista Nacional de Cultura*, n.º 151-152. Caracas.
_____. (1964). *La palabra compartida*. Caracas, Pensamiento Vivo Editores.
_____. (1969). *En busca del Nuevo Mundo*. México, Fondo de Cultura Económica.
_____. (1971). *Vista desde un punto*. Caracas, Monte Ávila Editores.
_____. (1972). *Valores humanos*. Caracas-Madrid, Editorial Edime.
_____. (1973). *Moscas, árboles y hombres*. Barcelona, Editorial Planeta.
_____. (1979). *Fantasmas de dos mundos*. Barcelona, Editorial Seix Barral.
_____. (1982). *Fechas, fichas y fachas*. Caracas, Editorial del Ateneo de Caracas.
_____. (1986). *Bello, el venezolano*. Caracas, Ediciones de La Casa de Bello.
_____. (1986). *33 cuentos*. Caracas, Ediciones de Petróleos de Venezuela.
_____. (1986). *El hombre que voy siendo*. Caracas, Monte Ávila Editores.
_____. (1987). *Giotto y compañía*. Caracas, Fundación Eugenio Mendoza.
_____. (1990). *Cuarenta cuentos*. Caracas, Monte Ávila Editores.
_____. (1991). *El globo de colores*. Caracas, Monte Ávila Editores.
_____. (1992). *Golpe y Estado en Venezuela*. Bogotá, Editorial Norma.

_____. (1994). *Del cerro de la plata a los caminos extraviados*. Bogotá, Editorial Norma.

_____. (1996). *La invención de América mestiza*. México, Fondo de Cultura Económica.

_____. (1997). *Las nubes*. Caracas, Monte Ávila Editores.

_____. (1998). *Oraciones para despertar*. Caracas, Monte Ávila Editores Latinoamericana.

_____. (2002). *Las lanzas coloradas, primera narrativa*. París, Colección Archivos n.º 56, Edición crítica de François Delprat.

_____. (2004). *Oficio de difuntos*. Caracas, Biblioteca Uslar Pietri, Los Libros de El Nacional.

_____. (2005). *La visita en el tiempo*. Caracas, Biblioteca Uslar Pietri, Los Libros de El Nacional.

VARIOS AUTORES (1997). *Diccionario de Historia de Venezuela*. Caracas, Fundación Polar.

VARIOS AUTORES (1964). *Entrevista con Uslar Pietri en el Cendes*. Caracas, (aún inédita).

VARIOS AUTORES (1997). *Conversación con Arturo Uslar Pietri*. Caracas, Cedice, n.º 61.

VARIOS AUTORES (1984). *El valor humano de Arturo Uslar Pietri*. Caracas, Academia Nacional de la Historia.

VARIOS AUTORES (1987). *El debate político en 1936. El pensamiento político venezolano del siglo XX. Documentos para su estudio*. Tomo 15. Caracas, Congreso de la República.

_____. (1987). *Gobierno y época de la Junta Revolucionaria. El pensamiento político venezolano del siglo XX. Documentos para su estudio*. Tomo 68. Caracas, Congreso de la República.

VARIOS AUTORES (1983). *Discursos Académicos*. Tomo IV. Caracas, Academia Venezolana de la Lengua.

VELÁSQUEZ, Ramón J. (1976). *Aspectos de la evolución política de Venezuela en el último medio siglo*. En: *Venezuela moderna*, Caracas, Fundación Eugenio Mendoza.

Uslarianas

Arturo Uslar Pietri: itinerario de una vocación[1]

Voy a seguir el recorrido de la vocación literaria de uno de los venezolanos de mayor presencia en la vida nacional a lo largo del siglo XX. Su obra imanta la centuria desde 1928, año de publicación de *Barrabás y otros relatos*, hasta el 26 de febrero de 2001, día de su muerte. Me atendré a un método simple: cada vez que nuestro autor abra una ventana genérica en la línea del tiempo que traza su cronología, la rastrearé en su totalidad. Así, valoraremos primero su corpus cuentístico, luego el novelístico, el de las crónicas de viajes, el ensayístico, el del artículo de opinión, el teatral y, finalmente, el de la poesía.

La precocidad del joven Uslar es un hecho fuera de toda sospecha. El primer texto publicado por el adolescente se titula «El plátano o el banano» y fue acogido por el diario *El comercio* de Maracay el 28 de agosto de 1920. Catorce años tiene entonces el hijo de Arturo y Helena. Vive en Maracay y estudia bachillerato en el Colegio Federal de Varones; el demonio de la literatura lo ha inoculado, así como a su entrañable amigo Carlos Eduardo Frías, y acaba de ocurrir el episodio de la máquina de escribir. Me refiero a la insistencia con la que solicitó de su padre el regalo del instrumento, para luego conseguir del administrador del restaurante del

---

[1] Discurso de orden pronunciado en el paraninfo del Palacio de las Academias con motivo del acto de conmemoración del natalicio de Uslar Pietri, 2006, en acto convocado por todas las academias nacionales.

Hotel Maracay un encargo laboral, el primero de su vida: la transcripción diaria del menú a máquina, tarea por la que el muchacho comenzó a devengar diez bolívares semanales.

Durante los años de 1923, 1924 y 1925 la firma del joven va apareciendo en *Billiken, El Universal, El Nuevo Diario, El Meridiano, Cultura Venezolana* e, incluso, en el semanario taurino *De Pitón a Pitón*, donde firmaba con el curioso seudónimo de «Don Critias, el exiguo». Ya para 1924 estudia Derecho en la Universidad Central de Venezuela y vive, como todos los alumnos interioranos, en una pensión. En 1928 ha tomado la decisión de publicar un libro de cuentos, seguramente entusiasmado por la publicación de la revista *Válvula*, de cuyo único número, publicado en enero, fue el redactor de su histórico editorial, así como de otras notas de redacción. Recoge su primer relato publicado, «El gato con botas», en 1926; los entregados a revistas y periódicos en 1927 y 1928, y añade cuatro que permanecían inéditos. En septiembre de 1928 sale de la imprenta del legendario Juan de Guruceaga el primer libro de un joven de veintidós años que va a graduarse de abogado al año siguiente, en julio de 1929, fecha en la que tomará rumbo hacia París, ciudad en la que vivirá hasta 1934.

A *Barrabás y otros relatos* le seguirá *Red*, en 1936. Luego se abrirá un largo paréntesis que coincide con el desempeño de funciones públicas del autor, hasta que publica *Treinta hombres y sus sombras*, en 1949. Se abre otro dilatado hiato y publica *Pasos y pasajeros*, en 1966. De nuevo un largo intervalo y publica su último libro de relatos: *Los ganadores*, en 1980. Como vemos, su obra cuentística consta de cinco libros en los que se recogen setenta y un relatos. Esta trayectoria comienza en 1928 y cierra en 1980. ¿Entre este año y el de su muerte, veintiún años después, el autor no escribió relatos? Pues no; los esfuerzos literarios de sus últimos veinte años estuvieron concentrados en dos novelas, ocho libros de ensayos y un poemario.

Concuerdo con la mayoría de la crítica que señala que los aportes de Uslar para el desarrollo del cuento hispanoamericano son fundamentales. Me remito a lo dicho por Domingo Miliani, en relación con su ópera prima:

> Por los temas, por la incidencia constante de metáforas vanguardistas, por la utilización de puntos de vista orientados a independizar a los personajes de la omnisciencia tiránica de un narrador autor, aquel libro introdujo en el arte de narrar en Venezuela, procedimientos técnicos y expresivos que no se habían intentado con anterioridad (Miliani, 1984: 210).

No obstante lo afirmado por Miliani, al momento de hacer la antología de su obra cuentística son pocos los relatos que los críticos han escogido de su primer libro («Barrabás», «La caja», «La tarde en el campo» y «La voz»), mientras en *Red* y en *Treinta hombres y sus sombras* se hallan sus relatos más celebrados y seleccionados por la crítica continental. Me refiero a «La lluvia» y «La siembra de ajos», en *Red*; y a «El venado» y «El gallo», en *Treinta hombres y sus sombras*. Ocurre, también, que la crítica se ha detenido menos en sus dos últimos libros de relatos, donde también se hallan joyas del género, como «La pluma del Arcángel» y «Los ganadores», piezas de despojo casi minimalista, en las que el autor llega al relato desnudo, alcanzando una suerte de ascesis sobre la base de sus propios recursos narrativos.

De los cinco libros publicados no hay uno que no contenga un texto antologizable; quizás la mayor cantidad de relatos memorables está recogida en *Red* y *Treinta hombres y sus sombras*, y quiero insistir en que *Los ganadores* es un libro que espera por ser leído. En él, su autor, al cerrar el ciclo abierto cincuenta y dos años antes, anuncia una escritura que habría dado para otra vida larga. Puerta que cierra y que abre.

Para estudiar la cuentística uslariana un documento es valiosísimo: el cuestionario-prólogo que sostuvo el profesor Efraín Subero con el autor. En este tesoro, Uslar se anima a confesarle a Subero el origen de veintiséis de sus cuentos, con lo que el interesado se vale de una infidencia que enriquece la comprensión de su proceso creador. Es probable que añada poco a la lectura, pero sí mucho al entendimiento de los motivos que disparaban en el narrador la voluntad de escribir. En esa entrevista de 1986, que precede a la selección de *33 cuentos* que Subero adelantó (la más equilibrada que se ha hecho de su obra cuentística), el autor, ya octogenario, confiesa: «A mí me cuesta mucho escribir un cuento o una novela. Probablemente una novela es menos exigente, menos apremiante. El cuento es un género muy difícil de lograr. En cambio una novela tiene mucho de donde aferrarse» (Uslar Pietri, 1986: 33).

Cierro esta ventana señalando que la obra cuentística de Uslar es un patrimonio hispanoamericano y forma parte fundamental de un espacio escritural en el que los aportes nacionales a la lengua española han sido principales. Los cuentos de Uslar integran ese sistema selecto del que forman parte los relatos de Julio Garmendia, Guillermo Meneses, Antonia Palacios, Gustavo Díaz Solís, Oswaldo Trejo, Salvador Garmendia, José Balza, Francisco Massiani y Ednodio Quintero, nómina con la que el lector más exigente satisface sus apetitos y no padece disgustos de ninguna índole.

La ventana que abre el narrador con la publicación de su primera novela en 1931 se cerrará en 1990 con la aparición de su séptima novela, la única que no gira alrededor de un tema venezolano. Entre *Las lanzas coloradas* (1931) y *El camino de El Dorado* (1947) median dieciséis años, tiempo en el que entrega un libro de cuentos (*Red*) y se afana en las tareas del hombre público. Será después del 18 de octubre de 1945 cuando pueda regresar a la exigente estructura y escritura de una novela. Tanto *Un retrato en la geografía* (1962) como *Estación de máscaras* (1964) forman parte de una trilogía inconclusa –que se titularía *Laberinto de fortuna*– que el desánimo contribuyó a que el autor no terminara. La crítica fue muy severa con estas novelas, no sin razón. Será *Oficio de difuntos* (1976) la que satisfaga las demandas de sus lectores exigentes. De inmediato se enfrascó en otra aventura novelística, *La isla de Robinson* (1981), y luego concluyó con *La visita en el tiempo* (1990). Me consta que tomó notas para una novela que no pudo iniciar, que giraría alrededor de un tema que lo llamaba con insistencia: las minas de Potosí.

Gracias a la última entrevista que sostuve con él, *Arturo Uslar Pietri: ajuste de cuentas*, se conoce el origen de *Las lanzas coloradas*. En aquellos meses finales del año 2000, confesó:

> Yo siempre he sido muy venezolano, y me preocupaba la llegada de 1930, que era el año del Centenario de la muerte de Bolívar, y me preocupaba qué íbamos a hacer los jóvenes venezolanos con ese centenario. Entonces le escribí a Rafael Rivero, que se ocupaba de cine, a ver si hacíamos una película. En aquellos días yo había visto una película que me había impresionado mucho, de un autor ruso, que se llamaba *Tempestad en Asia*, y entonces pensé que podríamos hacer algo parecido, una película sin protagonistas, como una rememoración o como el descubrimiento de nuestra civilización. Pero aquellos sueños no terminaron en nada y, bueno, el guión que era *Las lanzas coloradas* se convirtió en una novela (Arráiz Lucca, 2001: 12).

La novela le hizo conocer el éxito de inmediato. No solo fue celebrada en España, plaza donde fue editada, sino que fue traducida al alemán y al francés, publicándose ambas versiones en 1932 y 1933. Sin embargo, la crítica venezolana la recibió con un injusto silencio. De ello se quejó amargamente su autor en cartas enviadas a su primo hermano Alfredo Boulton, recogidas en la biografía que escribí sobre el personaje. La fecha de publicación de la novela en Venezuela es elocuente: 1946, quince años después de la edición española, y después de la chilena. ¿Comenzaban a prosperar las mezquindades y los prejuicios alrededor de nuestro autor? Sí, creo que sí; fueron tan precoces como el escritor.

Visto a la distancia, nada más lógico que un venezolanista como Uslar comenzara su proyecto novelístico con el tema del nacimiento de la república. La violencia, la confusión, la injusticia, el dolor, todo el clima de parto de un país que busca liberarse y al hacerlo rompe, quema, destroza, está en la obra. Con imágenes plásticas elocuentes y una velocidad a veces vertiginosa, la novela se abre paso y enlaza el espíritu moderno con el de la novela histórica. Y aunque el propio autor lo discutió, su obra novelística íntegra forma parte del proyecto muy hispanoamericano de novelar la historia: suerte de intento por salirse de los cánones de la historiografía científica para adentrarse en el laberinto de las licencias literarias. En este campo, los aportes de Uslar son evidentes y reconocidos. De hecho, la argumentación del jurado que le otorgó el Premio Príncipe de Asturias se fundamenta en lo que su obra significa para la novela histórica hispanoamericana.

De todas sus novelas, *El camino de El Dorado* es la que más se ciñe a la relación histórica de los hechos. Tanto es así, que el lector podría preguntarse si se trata de una ficción o de un texto historiográfico. En verdad, el lenguaje es literario e, incluso, muchos pasajes de la obra son de una fuerza poética asombrosa, renovada. Recuérdese que quien escribe acaba de ser aventado al exilio, que está recuperando su oficio de escritor en la soledad del cubículo de profesor en la Universidad de Columbia, en Nueva York. Este hombre, de cuarenta años, ha hallado la oportunidad de investigar a un personaje que ya antes ha aparecido en sus cuentos: el Tirano Aguirre, y es así como sigue su peripecia desde su llegada a Perú en 1537, hasta su muerte en Barquisimeto en 1561, cuando es ajusticiado por las fuerzas de Diego García de Paredes. La lectura de la obra señala las virtudes de un investigador que ha recuperado con creces sus facultades de narrador. La primera etapa de su vida política concluyó y le ha devuelto al escritor el tiempo y el espacio para continuar tejiendo su obra.

Las dos novelas publicadas a principios de la década de los años sesenta, ya mencionadas, no logran cuajar en el ánimo de sus exigentes lectores. Curiosamente, el propio Uslar, sin saberlo, se da la respuesta de lo que ocurre. Le escribe una carta, en 1962, ahora pública, a Mariano Picón Salas, donde le explica qué se propone con las obras. Allí está la clave:

> Hace pocos días te mandé mi última novela *Un retrato en la geografía*. Es una tentativa de hacer novela sin héroe, sin la intervención de autor, sin anécdota hecha, con un simple testimonio directo de gentes y situaciones en que se expresan seres y estares de Venezuela. Me gustaría saber lo que piensas (Picón, 2004: 465).

Desconozco la respuesta de Picón Salas; sospecho que no tuvo lugar, que se hizo el silencio. Todo indica que el propósito del autor no se avenía con el género.

Con *Oficio de difuntos* puede afirmarse que Uslar abre la puerta de la novela de profundidad psicológica, sin abandonar el ámbito de la historia nacional. El personaje del general Gómez es dibujado con pertinencia, intentando descifrar la magia de su poder, el extraño influjo que produjo su manera silenciosa de gobernar. Un afortunado contrapunteo con la figura antónima de Cipriano Castro va perfilando el retrato del dictador. Le sirve, también, la máscara del padre Solana, a todas luces antifaz del muy famoso por sus furores eróticos y sus poemas, el presbítero Carlos Borges. La novela trabaja un espacio de transición entre la Venezuela rural y la urbana, entre la agrícola y la petrolera. En otras palabras, la Venezuela del general Gómez. Con todo y el conocimiento personal de la nación por parte del autor que urde la novela, lo más significativo de ella es la indagación psicológica en los personajes, y muy particularmente en la figura de Juan Vicente Gómez. La crítica es celebratoria. El silencio de la década anterior no se hace presente. Quizás entusiasmado por el éxito del trabajo, nuestro novelista emprende de inmediato la investigación indispensable para saldar una vieja deuda: comienza a escribir *La isla de Robinson*. La escribe en París, la misma ciudad donde tejió *Las lanzas coloradas*. De sus siete novelas, tres fueron escritas fuera de Venezuela: dos en la capital de Francia y otra en Nueva York.

En mi biografía de Uslar Pietri me detengo a examinar la extraña paradoja de un hombre apolíneo y su fascinación por un personaje excéntrico: Simón Rodríguez. El tema es fascinante, y desde aquí los remito a las páginas dedicadas a pensar sobre este cortocircuito. Al margen de los desafueros de Rodríguez, que fueron muchos, y de los que tanto se quejó el Mariscal Sucre desde Bolivia, a Uslar lo sedujeron sus aciertos, naturalmente. Entre ellos, especialmente el de la necesidad de una educación para el trabajo, suerte de *leitmotiv* de la prédica pedagógica uslariana. En todo caso, la estructura de *La isla de Robinson* es una ofrenda en el altar de la novela que trastoca la linealidad del tiempo, así como una indagación acerca de la naturaleza de la relación entre el maestro y el alumno.

La última novela del escritor es de tema ibérico: *La visita en el tiempo*. Se inicia con la pregunta que estremece al niño Juan de Austria y que va a hallar respuesta por el camino de la vida, en ruta hacia su destino trágico, no sin antes penetrar en el laberinto de las cortes, en los vericuetos del poder, donde los egos hinchados reducen las dimensiones del espacio. Aquel mundo de intrigas, de chismes, de odios soterrados, de asesores políticos va siendo dibujado por Uslar con un lenguaje de maestro, con la rara facultad de decir con resonancia: hay tanta sustancia en lo sugerido como en lo dicho. La novela fue escrita por un hombre entre los ochenta y dos y los ochenta y cuatro años, y no se halla ni un ápice de vejez ni de cansancio. Es la obra de un joven narrador que ha llegado a la madurez más plena.

El interés de nuestro autor por el personaje de don Juan de Austria es antiguo, pero no había llegado la oportunidad de trabajarlo. Nótese que el novelista fue dándole cuerpo a sus fantasmas juveniles: el coro fantasmal de la guerra de independencia, el Tirano Aguirre, Gómez, Simón Rodríguez y, finalmente, esa encarnación de las preguntas centrales del hombre que fue Juan de Austria: ¿quién soy?, ¿de dónde vengo?, ¿cuál es mi destino?

La tercera ventana que abrió Uslar fue la de las crónicas de viajes. *Las visiones del camino* (1945) recoge sus primeros periplos por Europa en su primera estadía. Luego, a su regreso a Venezuela, después del exilio neoyorquino, emprende varios viajes con el fotógrafo Alfredo Boulton. De la experiencia surge un hermoso libro de crónicas de viajes y fotografías: *Tierra venezolana* (1953). Diáfano fruto del fervor venezolanista que a ambos creadores constituía.

Antes, en 1950, coloca el punto final a uno de sus mejores ensayos, que erróneamente el propio Uslar ubicó dentro de sus crónicas de viajes. Me refiero a esa excepcional interpretación antropológica y cultural de Nueva York que se titula *La ciudad de nadie*. Permítanme la confesión, que sé que muchos de sus lectores comparten: el primer gran texto de nuestro autor que leí con embeleso, con profundo placer, casi aplaudiendo de emoción, fue este ensayo único en el que las facultades observadoras de Uslar son llevadas a su epifanía y la eficiencia de su escritura llega al colmo. Después de la lectura de esta joya, fue cuando penetré confiado en que iba hacia la tierra incógnita de un escritor con densidad. Por supuesto, las cotas a las que llega Uslar en este ensayo no son siempre alcanzadas con posterioridad, pero muchas de sus páginas no desdicen de estas. Lo extraño con este texto es que no lo publica de inmediato, sino tres años después de escrito, en 1953, dentro de sus *Obras selectas*, y será en 1960 cuando se decida a publicarlo junto con otras crónicas, pero privilegiando el ensayo, confiriéndole el título del volumen. Sospecho, y cómo lamento que no esté entre nosotros para preguntárselo, que no estaba seguro de la recepción venezolana del ensayo: un manto de silencio se había posado sobre sus anteriores crónicas de viajes.

Después de la publicación de *La vuelta al mundo en diez trancos* (1971), el viajero recogió todas sus crónicas y las publicó bajo el título *El globo de colores*. Entonces, en las palabras prologales adelantó una de las confesiones más sorprendentes de entre las pocas con las que condescendió. Dijo, en un párrafo insuflado por el fulgor poético:

> Está en estas páginas el testimonio reiterado de una inagotable curiosidad por la tierra y la gente. Nada me ha atraído más, ni siquiera los libros, que entrar por un camino nuevo y llegar a una ciudad desconocida. La confrontación continua entre lo que llevamos y lo que encontramos produce una prodigiosa variedad de contrastes y reajustes. Todo lo que nos parecía tan familiar se hace de pronto teatro y novedad. La calle, el habla, los trajes, el alimento, la sensación tan compleja, de cercanía de lejanía, de estar junto a un hombre de otro mundo (Uslar Pietri, 1991: 7).

Aunque después de 1975, fecha de la publicación de *El globo de colores*, siguió viajando, no continuó desarrollando el género. Sus fuerzas estuvieron concentradas en otros desafíos de la escritura.

La cuarta ventana que abrió Uslar terminó por ser la más abundante: el ensayo. Treinta y un libros de ensayos se advierten en su bibliografía. Muchos de ellos están compuestos en su totalidad por artículos de su columna Pizarrón. Otros incluyen artículos de la columna y conferencias, disertaciones públicas transcritas y editadas. También se da el caso de recopilaciones ensayísticas de textos expresamente escritos para determinada ocasión. En su vasta obra ensayística hallamos sus obsesiones temáticas de manera expresa y reiterada.

Si bien su primer libro de ensayos gira en torno al tema económico, y en él se recogen algunas de sus piezas más lúcidas sobre la economía venezolana –*Sumario de economía venezolana para alivio de estudiantes* (1945)–, este libro permaneció solitario, en su exclusiva temática, en el conjunto de su obra. La literatura fue objeto especial en *Letras y hombres de Venezuela* (1948) y en *Breve historia de la novela hispanoamericana* (1955); luego compartió espacio en sus libros con otros temas que lo llamaban con urgencia. La sustancia de lo propiamente hispanoamericano fue obsesión y eje, al punto que muchos de sus títulos se estructuraron alrededor de este derrotero temático. Podemos hablar de dos centros iniciales, Venezuela e Hispanoamérica, desde donde partieron las naves interpretativas para detenerse en una variedad de intereses múltiple y asombrosa, pero no por ello dispersa.

Sin desmerecer sus más valiosos libros de ensayos del comienzo, *Letras y hombres de Venezuela* (1948), *De una a otra Venezuela* (1949), *Las nubes* (1951); sin dejar de lado dos títulos luminosos de su etapa intermedia, *Del hacer y deshacer de Venezuela* (1962) y *Oraciones para despertar* (1967), son dos libros de su última etapa donde encuentro sus ensayos más hondos: *Fantasmas de dos mundos* (1979) y *Godos, insurgentes y visionarios* (1986).

Los ensayos del primero fueron escritos en París entre 1975 y 1979, en un momento cúspide de la lucidez del autor, y entre ellos está lo mejor que Uslar urdió sobre la naturaleza de lo hispanoamericano, en diálogo con autores continentales, inmerso en la trama de una cultura. Seguramente contribuyó con la obra estar lejos de la provincia natal, no dejarse invadir por las cuitas locales, disponer de tiempo y sosiego para la lectura y la escritura, al margen de las necedades del patio. El segundo señalado, en la misma línea luminosa del anterior, entrega ensayos importantísimos en el conjunto de su trabajo. Entre ellos, aquel que aclara el origen del término «realismo mágico», concepto feliz que se debió a su invención para designar lo relativo al mundo hispanoamericano.

No olvido señalar que en 1987, y gracias a la iniciativa de Pedro Grases en la Fundación Eugenio Mendoza, se recogieron todos sus ensayos sobre artes visuales con el título de *Giotto y compañía*. Este aspecto de su obra, aunque parece colateral, no lo es: cualquiera que rastree las vinculaciones de su trabajo literario con otras manifestaciones del arte hallará que son las artes visuales las principales. El rayo poético de muchas de sus páginas narrativas y ensayísticas viene de la familiaridad con la imagen. No pasaron en vano las muchísimas tardes en que fatigó los pasillos de los museos parisinos en compañía de su entrañable amigo Francisco Narváez.

Y así como Uslar fue maestro del ensayo de mediana extensión, también lo fue del breve, del que estaba destinado al periódico, pero no por ello condescendía con formas pasajeras o con la interpretación cotidiana de la noticia. No le era ajeno el mundo, pero tampoco se cocinaba a diario en él. El artículo de opinión, pues, también fue ámbito para la escritura ensayística y muchas veces alcanzó rasgos de maestría en el difícil aprovechamiento del espacio para la entrega de la sustancia. Su espíritu y sus naturales virtudes contribuían decididamente con el desempeño del trabajo: bastaba oírlo hablar por televisión para comprender que era un hombre estructurado por un poder desproporcionado para la síntesis, para llegar a la nuez de los asuntos sin perderse en meandros. Lo ayudaba una memoria fotográfica que le servía para fijar concentradamente lo que rezaba en los libros, en las revistas, en los periódicos. Memoria, capacidad de síntesis e inteligencia, es decir: facultad para relacionar unos ámbitos mentales con otros, para establecer relaciones, para urdir; todo ello se ponía en marcha, como una carreta indetenible, al momento de escribir un Pizarrón para *El Nacional*.

Las etapas de Pizarrón son tres. Una primera, con frecuencia quincenal o semanal, entre junio de 1948 y julio de 1954, fecha en la que abandona la columna. La retoma con frecuencia irregular entre febrero y abril de 1958, abandonándola de nuevo. Y una tercera y última, que se inicia el 2 de mayo de 1966 y concluye el 4 de enero de 1998, con una frecuencia semanal ininterrumpida durante treinta y dos años. No tengo contabilidad a mano sobre estos menesteres, pero debe ser Pizarrón una de las presencias más prolongadas del periodismo de opinión venezolano.

Una penúltima ventana abierta por Uslar fue la del teatro. Escribió en 1956 *El día de Antero Albán* y fue montada por el teatro universitario en 1957. Este mismo año entregó para el montaje *El dios invisible*. Al año siguiente recoge sus piezas teatrales ya montadas, más otras en espera de interpretación: *La Tebaida* y *La fuga de Miranda*. En 1960 publica su obra más celebrada: *Chúo Gil y las tejedoras*. En la primera trabaja el tema, ya entonces uslariano, del azar y la riqueza fácil como salida por la tangente de la venezolanidad. En la segunda se inquiere por las fuerzas ocultas que suelen gobernarnos, mientras en *La Tebaida* aborda el tema de la identidad. La pieza mirandina gira sobre una hipótesis: la huida del prócer de la prisión de La Carraca. En *Chúo Gil* se esmera en penetrar en la selva de las murmuraciones de una comunidad y su espesura mitológica.

El propio Uslar alguna vez refirió que su incursión teatral se debía a una convocatoria que le hizo la gente de teatro a un grupo de escritores venezolanos. Se necesitaban obras de tema nacional. Nuestro autor respondió, pero no continuó con la tarea más allá de aquella experiencia puntual de finales de la década de los años cincuenta y principios de los sesenta. Sin embargo, *Chúo Gil y las tejedoras* se montó de nuevo a principios de los años noventa y el éxito de público no se hizo esperar.

La última ventana de nuestro recorrido es la de la poesía. Primero *Manoa* (1972), luego *Escritura* (1979) y, finalmente, *El hombre que voy siendo* (1986). El poema más lejano, recogido en *Manoa*, data de 1932, lo que significa que el escritor venía cultivando en secreto un discurso paralelo: el de la palabra poética. A varios de estos poemas los motivó la perplejidad cósmica del agnóstico que confesaba ser Uslar. Más aún: algunos traslucen una angustia por *religare* de tal magnitud que se tornan en un mentís de su propio agnosticismo. Es el caso del hermosísimo poema intitulado «Acción de gracias» del que cito unas estrofas:

> Gracias porque pudimos ser más contrahechos y pobres,
> más torcidos y mezquinos,
> más estúpidos y sordos,
> más olvidadizos y avarientos,
> más llenos de pulgas y de envidias.

> Gracias porque pudimos soñar y dormir
> y reclinar la cabeza tormentosa
> en el seno de una dulce mujer.
>
> Gracias porque tuvimos agua y pan
> y una lumbre para la tiniebla,
> y no anduvimos hambrientos y a oscuras
> con las manos ávidas
> buscando frutas en la sombra.

Su segunda creación poética es un libro en conjunto con su admirado Jesús Soto. *Escritura* se titula, texto que luego es recogido en su último poemario: *El hombre que voy siendo*. En este poemario esplende la única confesión de su amor por Isabel Braun de Uslar, su esposa. Se trata de un poema conmovedor, escrito con motivo de un aniversario de bodas. La poesía fue para Uslar una suerte de río subterráneo y paralelo al central, en el que pudo expresar lo que no habría podido decir en otro género. Me refiero a sus perplejidades existenciales, sus dudas cósmicas, su confesado amor e, incluso, formulaciones sintéticas sobre la naturaleza humana, sobre todo en su faceta más álgida, la vinculada con la anatomía del poder.

Hemos llegado al final del recorrido. Podemos sentarnos en un salón de la casa de Uslar con todas las ventanas abiertas. El viento corre por entre los anaqueles de su biblioteca. Se escuchan los ladridos de un pastor alemán que merodea por el jardín buscando una presa imposible. Ahora habla un hombre solitario, tocado por el cáncer y lúcido, dramáticamente lúcido. Busca las respuestas en la selva de su portentosa memoria. La vida se le está yendo de las manos; por eso se las toma muy fuertemente y discurre asido a ellas, como quien se aferra a un mástil antes de sumergirse para siempre.

Bibliografía

ARRÁIZ LUCCA, Rafael (1989). *Grabados*. Caracas, Academia Nacional de la Historia, Colección El Libro menor.
_____. (2001). *Arturo Uslar Pietri: ajuste de cuentas*. Caracas, Los Libros de El Nacional.
MILIANI, Domingo (1969). *Uslar Pietri: renovador del cuento venezolano*. Caracas, Monte Ávila Editores.
PICÓN, Delia (2004). *Mariano Picón Salas y sus amigos*. Caracas, Universidad Católica Andrés Bello.
USLAR PIETRI, Arturo (1986). *33 cuentos*. Caracas, Ediciones de Petróleos de Venezuela.
_____. (1991). *El globo de colores*. Caracas, Monte Ávila Editores.

De Romualda a Manduca, n.° 102

SE CUMPLEN NOVENTA Y NUEVE AÑOS del nacimiento del hijo de Arturo Uslar Santamaría y Helena Pietri Paúl, en una casa de la Caracas vieja, entre las esquinas que titulan este artículo en homenaje a su memoria. En fecha similar, pero en 1986, cuando Uslar Pietri cumplía ochenta años, fui hasta su casa de La Florida a entrevistarlo. Entonces ambos ignorábamos que aquella sería la primera conversación grabada de las muchas que tuvieron lugar después.

En un momento del diálogo, aquel caballero que sentía que tenía el tiempo contado y, sin embargo, viviría quince años más, me dijo:

> Lo que a mí me ha mantenido vivo ha sido que siempre tengo un proyecto abierto, un presente actual viviente y exigente, el tema presente sin volverse hacia el pasado y sin estar imaginando futuros hipotéticos sino ¿qué hago yo ahora con esta hora que me han regalado y que tengo aquí?

Esta observación, que habla de su actitud de estar «aquí y ahora», como suelen tanto el cristianismo como el budismo recomendar que se esté, me vino a la memoria en estos días en que avanzo en la escritura de su biografía. Y ello ocurrió porque me acompaña en estos días un bellísimo poema de Uslar que se titula, extrañamente para su confesado agnosticismo, «Acción de gracias». Este texto luminoso forma parte de su primer poemario, *Manoa* (1972), en el que recoge sus poemas de juventud y madurez. El poema que traigo a cuento es de 1965, cuando don Arturo alcanza cincuenta y nueve años. En él da gracias al creador («Señor iracundo, remoto e invisible») por lo que la vida le ha dado, por el trato que ha recibido de sus adversarios, que todavía no le han clavado un puñal, sino que lo han castigado con palabras; entrega sus gracias por las calamidades físicas que no padeció, por la pobreza que no logró limitarlo, por la dicha de recostar su cabeza en el pecho de la mujer querida; da gracias por la vida, por el regalo de existir. El poema, como el lector puede intuir, es conmovedor y, para muchos, realmente inesperado en relación con la imagen que se hicieron de Uslar, a quien se acostumbraron a ver como un hombre lejano e inaccesible, tocado por el aura de la eternidad.

No puede llamarnos la atención que nuestro autor trabajara el tema de la divinidad, de la existencia de Dios, de la religión, especialmente en su poesía. Es natural. Reservó para ella el tema sobre el que tenía menos certezas, el asunto que lo acercaba más al vacío. En otro poema, «Oficio de víspera», Uslar entabla un diálogo con Dios y le advierte que no sabe si lo oye, si significa algo la voz de un solitario en medio de la infinitud de las galaxias, pero que sin embargo le habla. Le confiesa que tiene miedo de morir, que se siente solo, y le pide amparo, misericordia. Le comenta que ha levantado un hogar, que no está preparado para irse, hasta que finalmente afirma:

> Tengo necesidad de hablarte,
> de gritar tu viejo nombre remoto
> y decirte las torpes palabras
> del hijo al padre
> que todos han dicho
> para pedir amparo y misericordia
> ante la fría sombra que se avecina,
> ante la soledad y el miedo,
> ante la adivinada noche de la nada,
> como si encendiera una lámpara
> para que el viento la apagara.

Esta fragilidad estremecedora, que para muchos que solo han visto mármol en vez de piel resulta desconcertante, siempre acompañó al escritor, aunque muy pocas veces afloró en su obra. Lo hizo, paradójicamente, en el género menos leído de su vasta producción intelectual, precisamente aquella zona en la que el espíritu suele abrirse, como confidencia, como epifanía de la individualidad. Para colmo de recogimiento, la edición de *Manoa*, la única que se hizo, constó de cuatrocientos ejemplares, fuera de comercio, con lo que la vocación intimista quedó establecida, y la divulgación de la faceta más estremecedora de su personalidad, la que lo completaba ante sus lectores, quedó en el cofre de la intimidad. Con motivo del centenario de su nacimiento, que se avecina, la publicación de toda su poesía es una tarea necesaria.

En la entrevista que aludí al comienzo de estas líneas, el propio Uslar explicó su relación con la poesía; entonces dijo:

> Hay cosas que a mí me interesa decir que las he dicho en el ensayo, en la ficción, pero que para llegar a lo que sería la síntesis final, el summum, el extracto, la clave final, no hay otra manera de encontrarlo sino con la poesía, y por eso lo hago como una salida final, como un escape de una cosa que no hallo cómo decir de otra manera.

Sobre los hechos y las personas se posa una nube de malentendidos que va prefigurando el mito de su personalidad. Los mitos, es harto sabido, están para ser revisados, y para deconstruir todo lo que de simplificación hay en ellos. Buena parte de la tarea de quienes nos dedicamos a la investigación estriba en revisar debajo de las alfombras, sacudir las cortinas, desconfiar de lo que va estableciéndose. Sustituir la mitología por la historia. De lo contrario, es imposible comprender.

2005

Arturo Uslar Pietri: centenario y centro

MAÑANA 16 DE MAYO DE 2006 SE CUMPLEN cien años del nacimiento de Arturo Uslar Pietri. Vino al mundo a las dos de la madrugada, en la casa número 102, situada entre las esquinas de Romualda y Manduca. Su familia paterna respondía a una línea de hombres de actividad militar desde que su bisabuelo, Johann von Uslar, partiera de Europa para integrar las filas del Ejército Libertador, seducido por las peripecias bolivarianas. La rama materna contaba con el prestigio del general Juan Pietri, su abuelo. Sin embargo, jamás tuvo entre sus sueños el joven Uslar empuñar un fusil. Lo suyo fueron las letras, el servicio público y la educación. Fue un civil, sin que por ello despreciara la gesta militar; no fue un hombre dominado por el peso del resentimiento: negar todo lo que se distingue, lo diferente.

Su vida dilatada hace difícil para el biógrafo ubicar una sola posición a lo largo de su existencia. Asumió distintas interpretaciones. Fue un hombre mucho más flexible y comprensivo de lo que cierta visión estereotipada desliza. En 1943 defendía el papel del Estado como actor económico de primera importancia. En las décadas de los ochenta y los noventa, ante la invasión estatal de todos los órdenes de la economía, abogaba por una delimitación de los campos de acción de las fuerzas privadas y las públicas. Los izquierdistas lo vieron con simpatía durante el gobierno de Medina Angarita, mientras la derecha lo tuvo como estandarte durante muchos años. En verdad, era un hombre dominado por la sensatez; de allí que tirios y troyanos tocaran a su puerta cuando la casa ardía.

En homenaje a su obra y en aras de la investigación de su legado intelectual, la Universidad Metropolitana ha creado el Centro de Estudios Latinoamericanos Arturo Uslar Pietri. La iniciativa ha partido de Hernán Anzola, presidente del Consejo Superior de la institución, y ha hallado en el rector, José Ignacio Moreno León, un entusiasta. El espacio se ha podido construir gracias al aporte de la Fundación Banco Occidental de Descuento (BOD), presidida por Víctor Vargas Irausquín, y formará parte del conjunto arquitectónico de la Biblioteca Pedro Grases. La semilla de esta feliz iniciativa data de 1987, fecha en la que Uslar Pietri donó a la Universidad Metropolitana su biblioteca, compuesta por dieciocho mil volúmenes, muchos de ellos con anotaciones al margen por parte de su usuario, con lo que los estudiantes e investigadores de hoy y de mañana podrán tener acceso a los textos y al recorrido de su lector primigenio.

Hoy, también, las siete Academias Nacionales le tributan un homenaje, con un Discurso de Orden de quien esto escribe. Allí me concentro exclusivamente en su obra literaria y me detengo a dialogar con las líneas centrales de su obra, compuesta por siete novelas, cinco libros de cuentos, treinta y un volúmenes de ensayos, seis libros de crónicas de viajes, tres poemarios, cinco obras de teatro, alrededor de mil ochocientos noventa artículos de su columna Pizarrón y cerca de dos mil programas de televisión. Uno de los mejores libreros de Caracas, Andrés Boersner, sostiene que esta magnitud es explicable en razón del agnosticismo de Uslar. La hipótesis no es despreciable: si no se tiene ninguna certeza del más allá, no hay otro espacio que el tiempo histórico, el aquí y el ahora. Una suerte de angustia motorizaba a nuestro autor, es cierto, y ese desasosiego encontró en el extraño equilibrio de su personalidad, su voluntad y su disciplina una alianza que lo condujo a llevar una vida plena de realizaciones en distintos órdenes. En otros, sin duda, se llevó a la tumba el sabor de lo inconcluso.

Estos y muchos otros nudos intento deshacer en la biografía que acaba de publicar la Biblioteca Biográfica Venezolana del diario *El Nacional*. Allí le tomo el pulso a su fascinación por la personalidad de Simón Rodríguez, es decir: el inusual fervor de un hombre apolíneo por otro que estuvo al borde de la fragmentación de la personalidad, y que era el exacto contrario de la suya. También visito las circunstancias de un hombre hecho para la vida intelectual, que se inclinó en el altar de la vida política llevado por la voluntad de querer cambiar la realidad de su tiempo. Intento seguir los pasos de un venezolano que fue dueño, como ningún otro en su momento, de la mayor capacidad de síntesis, tanto para la ubicación del nudo de los dilemas y los problemas, como para las posibles soluciones de los mismos. En cuanto a esto último, como corresponde con el arquetipo en que fue tallándose su personalidad, su prédica se tornó admonitoria en la misma medida en que pasaban los años y se hacía imposible su realización. De allí que el dramatismo de sus últimos días se haya ido ahondando, alimentado además por una larga despedida, como dicen que Dios les reserva a su mejores hijos, aunque en ellos la razón haya privado sobre las gloriosas simplificaciones de la fe.

2006

Una consigna nacional

EL EDITORIAL DEL DIARIO *Ahora* del 14 de julio de 1936 apareció sin la firma de su autor, el joven de treinta años Arturo Uslar Pietri, quien había comenzado a trabajar en el diario desde el momento mismo de su fundación, en enero de 1936, redactando muchos de los editoriales durante los seis meses que laboró en el rotativo. Estos seis meses, por otra parte, son fundamentales para la historia contemporánea de Venezuela. No solo tuvo lugar la manifestación pública del 14 de febrero de 1936, suficientemente documentada y estudiada, sino que se presentó el llamado Plan de Febrero de 1936, con lo que por primera vez un gobierno estructuraba un moderno plan de trabajo. Y todo esto ocurría en medio de un hervidero de creación de movimientos políticos extraordinario, entre ellos ORVE (Organización Revolucionaria Venezolana), fundada por Mariano Picón Salas y Alberto Adriani, e integrada también en el comienzo por Uslar Pietri y Rómulo Betancourt que, como es de suponer, no estuvieron más de pocas semanas formando parte de la misma organización.

En abril, el general López Contreras designa al muy joven Alberto Adriani ministro de Hacienda, y este invita a Uslar Pietri a integrar el equipo del ministerio, invitación que se materializa el 15 de julio, un día después del último editorial que escribió el joven redactor. De modo que al día siguiente de la publicación del editorial comienza la vida de funcionario público de Uslar. Esta se inicia con la jefatura de la sección de economía del Ministerio de Hacienda en julio y se detiene momentáneamente en agosto, ya que muere Adriani en las circunstancias por todos conocidas, en una alcoba del Hotel Majestic, y Uslar pasa a trabajar en la Cancillería de inmediato, a las órdenes del canciller Esteban Gil Borges. Allí se desempeñó como director de Información y luego como director de Política Económica. En enero de 1939 es designado director del Instituto Técnico de Inmigración y Colonización y, en julio, ministro de Educación. En mayo de 1941 es nombrado secretario general de la Presidencia de la República; en mayo de 1943, ministro de Hacienda; en enero de 1944 vuelve a la Secretaría y en julio de 1945 es nombrado ministro de Relaciones Interiores. Estando allí, lo sorprendió el 18 de octubre de 1945.

Como el lector colige de la relación anterior, la publicación del editorial que se ha popularizado como «Sembrar el petróleo» determina el día exacto en que Uslar ingresa a la administración pública, y allí estará por un lapso de nueve años, tiempo en el que lo perdimos para la literatura y lo ganamos para las funciones de Estado. Curiosamente, si el 18 de octubre de 1945 es la fecha crucial de la Venezuela moderna, para Uslar es el punto de inflexión fundamental de su vida: si no ocurre, su obra literaria habría quedado, muy probablemente, en un suspenso dilatado, pero al ocurrir lo entregó a una nueva y amarga experiencia: el exilio, la humillación y, por otra parte, al regreso a las aulas y al cubículo del investigador. En otras palabras, a las delicias (y exigencias) de la vida intelectual. Salvación y perdición.

Del célebre editorial suele citarse el párrafo final, en el que se acuña la consigna archifamosa; pero me llama más la atención otro, en el que el diagnóstico de la Venezuela de 1936 es tan parecido al actual que produce escalofríos leerlo. Dice:

> La riqueza pública venezolana reposa en la actualidad, en más de un tercio, sobre el aprovechamiento destructor de los yacimientos del

subsuelo, cuya vida no solamente es limitada por razones naturales, sino cuya productividad depende por entero de factores y voluntades ajenos a la economía nacional. Esta gran proporción de riqueza de origen destructivo crecerá sin duda alguna el día en que los impuestos mineros se hagan más justos y remunerativos, hasta acercarse al sueño suicida de algunos ingenuos que ven como el ideal de la hacienda venezolana llegar a pagar la totalidad del Presupuesto con la sola renta de minas, lo que habría que traducir más simplemente así: llegar a hacer de Venezuela un país improductivo y ocioso, un inmenso parásito del petróleo, nadando en abundancia momentánea y corruptora y abocado a una catástrofe inminente e inevitable.

Uslar preveía esta catástrofe de parasitismo e improductividad con un Estado recogiendo altos impuestos mineros, pero las cosas llegaron mucho más allá: se estatizó la industria petrolera, se les cerraron las puertas a las industrias nacionales en el negocio petrolero y, como sabemos, la dependencia del oro negro no solo es total, sino que hace de cualquier presidente de la República en Venezuela un reyezuelo que acumula más poder que cualquier otro mandatario sobre la tierra.

2006

Arturo Uslar Pietri: un clásico moderno

EN ENERO DE 1996 el reconocido latinoamericanista Karl Kohut organizó, en la Universidad de Eichstätt (Alemania), un coloquio sobre la literatura venezolana. En sus palabras inaugurales se refirió a Uslar Pietri como el «Néstor venezolano». En la mitología clásica, Néstor representa el arquetipo del viejo venerable, que ha vivido la ancianidad dilatadamente y es prudente, sabio, desempeña naturalmente el papel de consejero, posee el don de la elocuencia, es memorioso y se presta a la conciliación. De todos los atributos nestorianos que Uslar desarrolló, los de conciliador y memorioso no calzan con exactitud, no porque algunas veces no se entregara en brazos del recuerdo o porque no fungiera de centro conciliador, sino porque la voz crítica y el interés por la actualidad pesaban más en su espíritu que la melancólica rememoración o la evasión de los conflictos. Los otros atributos, sin duda, llevaron al profesor Kohut a llamarlo con propiedad el «Néstor venezolano».

Para 1996 la obra literaria de Uslar casi había concluido; tan solo dos años más escribiría su columna semanal Pizarrón y el prestigio que lo elevaba a suerte de conciencia nacional imperaba desde cerca de veinte años atrás. De hecho, la perspicacia habitual de Juan Nuño lo había identificado en 1986, con motivo de sus ochenta años, como el «tótem de la tribu» y, ciertamente, lo era. Incluso desde las alturas del poder del Estado se reconoció su condición nestoriana. Entonces gobernaban Acción Democrática y Jaime Lusinchi, sus adversarios históricos, y exaltaron con un acto en el Palacio de Miraflores la obra y las virtudes del gran venezolano, lo que antes habría sido un anatema.

Como vemos, el reconocimiento del valor de la obra uslariana no fue tarea póstuma. Quizás ello pudo ocurrir porque nuestro autor debe ser el único entre nosotros que publicó una novela de valores perdurables cuando apenas contaba veinticinco años y había entregado un libro de relatos que modificó el panorama cuando no llegaba a los veintitrés. Esta precocidad asombrosa colocó a este joven a las puertas del poder político cuando ya era dueño de unos logros literarios significativos. Y así fue como a su condición de hombre de letras se le fue sumando la de hombre de Estado, y pudo darse el extraño caso según el cual un joven de treinta y nueve años es aventado al exilio político habiendo sido ya para entonces ministro de varias carteras y segundo de a bordo de un gobierno reconocido favorablemente por muchos.

Cuando el joven Uslar regresa al país en 1950, ha recuperado la tarea de escribir y de impartir clases, ha caído de las alturas de la notoriedad hasta el anonimato de un cubículo de profesor en el Departamento de Español de la Universidad de Columbia y, muy particularmente, se ha encontrado con la investigación, el estudio y la palabra escrita después de metabolizar la experiencia decisiva del hombre público. Esto, que excepcionalmente podría alguien abonarlo a su cuenta al final de sus días, el joven caraqueño lo hacía sin siquiera llegar a los cuarenta y cinco años.

El contrapunteo entre la vida intelectual y la del político fue una constante en su itinerario. Y si la pública no le hubiera brindado los hiatos que le dio, la intelectual no habría arrojado los frutos que ahora celebramos. Él mismo, no sin una pizca de ironía, afirmaba que le debía a Rómulo Betancourt y a su partido el haberlo devuelto al mundo de los libros. Para el 18 de octubre de 1945, si revisamos su bibliografía, veremos que no ha publicado un libro desde 1936: nueve años de silencio literario conducen a creer que se ha abandonado la tarea; y de no ocurrir la violenta interrupción, habría podido ser así. A partir del exilio neoyorquino la escritura comienza a emerger de nuevo: una novela y un libro de ensayos confirman su vocación, y a partir de entonces no habrá paréntesis dilatado alguno y los géneros se multiplicarán hasta que la vista, en sus últimos años, le dificulte la tarea del investigador. En el futuro escribirá teatro y poesía; el ensayo se tornará en abundante y profundo; cinco novelas más cerrarán el círculo de las siete que concluyó; nuevos libros de relatos serán entregados a los lectores y, a partir de 1948, una columna periodística que cerrará en 1998, cincuenta años después, con cerca de 1890 artículos publicados. A este prodigio de la voluntad creadora se sumó la hechura, durante treinta años, del programa televisivo *Valores humanos*, suerte de ejercicio redondo de la pedagogía mediática de su tiempo.

¿De dónde emanaba tanta fuerza? ¿De cuál manantial puede brotar semejante torrente? Se ha señalado que el fervor laboral de Uslar Pietri se funda en su confesado agnosticismo y, ciertamente, la observación es aguda. Quien no tiene fe en una vida más allá de la circunscrita por su condición humana vive al borde de la extenuación de sus capacidades, entregado a la única tarea posible: el mundo del aquí y el ahora de su tiempo. Sin duda, la vasta obra uslariana no puede ser fruto de un amor a Dios que el autor no profesó, lo que deja íngrima la semilla de la filantropía, la única que puede explicar la magnitud de la tarea. En el fondo, es otro amor que, siendo humano, bien pueden los creyentes atribuírselo al mismo Dios.

Decir que un autor fue un polígrafo puede señalar una voluntad creadora, pero no unos logros. Por ello señalar su condición poligráfica sería insuficiente; se impone apuntar que en el campo del relato su obra inicial fue renovadora en el plano continental; que para la llamada «novela histórica» su aporte fue de primera línea –de hecho, es el primero en abordarla desde una perspectiva moderna en *Las lanzas coloradas*–, y que el género ensayístico continental cuenta con sus incisivos y documentados análisis para esclarecer el camino de lo hispanoamericano. Pero las líneas que preceden hablan de un autor literario, y Uslar no fue solo un artífice de la literatura, sino que su cultura y su afán lo llevaron a trazar líneas globales, comprehensivas, que solo podían trazarse desde una visión compleja y completa de los asuntos humanos. Fue un político, en la medida en que ninguno de los asuntos de la *polis* le fue ajeno. Y fue un hombre de la cultura, en el sentido de que toda obra del hombre está inmersa en un tejido de realizaciones que Uslar se empeñó en conocer.

De la vastedad de intereses que apunto, esta exposición biblio-hemerográfica-objetual-fotográfica se organiza sobre la base de los cinco nichos de realización que enmarcan la vida de este venezolano excepcional, los mismos que estructuran el Centro de Estudios Latinoamericanos Arturo Uslar Pietri de la Universidad Metropolitana, a saber: Literatura, Historia Nacional y Universal, Economía y Petróleo, Política y Gobernabilidad, y Educación y Comunicación. A ellos, dada la naturaleza de la muestra, se suma el del ámbito familiar y amistoso, que evidentemente no es espacio de la materialización de su vida intelectual, pero sí de raigal importancia para la comprensión del personaje.

Es evidente que la exposición no agota al personaje y que constituye un esfuerzo extraordinario de la Fundación Banco Provincial, pero sí representa una puerta abierta hacia esa suerte de sistema planetario Uslar Pietri, un sistema compuesto por diversos cuerpos celestes, con distintas tonalidades de brillos y coloraturas. Intentar comprender su vida y su obra no es otra cosa que abrir la puerta del laberinto de la Venezuela del siglo XX, tiempo del que nuestro autor fue protagonista. De hecho, Pedro Berroeta lo llamaba «Uslar, el inevitable». Y, ciertamente, no hay manera de visitar la historia política e intelectual del país sin hallar sus múltiples aportes. Si revisamos el siglo XIX y el XX va a ser muy difícil, si no imposible, hallar una obra y un personaje de sus características. Estudiarlo es el tributo y el acto de reconocimiento más prístino que podemos colocar sobre la mesa de sus frutos. A esa tarea estamos invitados.

2005

Arturo Uslar Pietri y la historia venezolana

SIN HABER SIDO PROPIAMENTE UN HISTORIADOR, Uslar Pietri trabajó con la sustancia de la historia venezolana e hispanoamericana en sus obras literarias de ficción, así como en sus ensayos de interpretación de la realidad. Pasemos revista a este itinerario intelectual y hagámoslo genéricamente. Antes, ofrezcamos un mínimo esquema de su tránsito vital.

Nació y murió en Caracas el 16 de mayo de 1906 y el 26 de febrero de 2001, respectivamente. Vivió noventa y cuatro años. Se graduó de abogado en la Universidad Central de Venezuela, pero se dedicó al servicio público, a la literatura, a la televisión, a la publicidad, al periodismo, a la docencia universitaria. Vivió en París en dos oportunidades, entre 1929 y 1934, y luego entre 1975 y 1979. En Nueva York transcurrió su exilio político, entre 1945 y 1950.

Fue agregado civil de la Embajada de Venezuela en Francia, presidente de la Corte Suprema de Justicia del estado Aragua, jefe de la Sección de Economía del Ministerio de Hacienda, director de Información de la Cancillería, director del Instituto de Inmigración y Colonización, ministro de Educación, secretario general de la Presidencia de la República, ministro de Hacienda, ministro de Relaciones Interiores, senador, candidato a la Presidencia de la República, embajador de Venezuela ante la Unesco. Solo le faltó alcanzar la Presidencia de la República.

Como periodista, se desempeñó como redactor del diario *Ahora* y como columnista, durante cincuenta años, de *El Nacional* (Pizarrón), diario del que fue director. Sostuvo durante más de treinta años un programa pedagógico en televisión (*Valores humanos*). Fue profesor en la Universidad Central de Venezuela –donde fundó la Cátedra Libre de Economía, que dio origen a la Facultad de Economía– y en la Universidad de Columbia, en Nueva York, durante su exilio. Fue creativo de la publicidad ARS, donde no pocos lemas y campañas se debieron a su ingenio. Como vemos, una vida pletórica de tareas que desempeñó a la par de su tarea de escritor, que es la que nos ocupa. Volvamos a ella.

Si bien la totalidad de sus relatos ocurren en ámbitos de la Venezuela rural, apenas uno trabaja un tema propiamente histórico. Nos referimos a «Fuego fatuo», un cuento que forma parte de su segundo libro de relatos, *Red* (1936), y que tiene por personaje a Lope de Aguirre, conocido popularmente como «el Tirano Aguirre». Este personaje sanguinario, en rebelión contra la Corona española, es el primer mito venezolano de la etapa postcolombina de nuestra historia. A Uslar lo sedujo desde muy joven y, como veremos luego, le consagró su segunda novela: *El camino de El Dorado* (1947). Aunque en sus cuentos puede escucharse el eco de las guerras de independencia o federal, algunos integrantes de montoneras alzando la voz, y puede olerse el olor a pólvora, la verdad es que el único relato en el que hallamos una referencia específica a un personaje histórico y su peripecia es en este de Aguirre.

En sus tres poemarios (*Manoa*, 1972; *Escritura*, 1979; *El hombre que voy siendo*, 1986) tan solo hallaremos un poema que se centra en los hechos de un personaje de nuestra historia; se trata de un texto sobre Américo Vespucio. Entre sus cinco obras de teatro publicadas, recogidas en dos libros, una de ellas se titula *La fuga de Miranda. Tema y letra para una cantata* (1960). Trabaja con la prisión y muerte de Miranda en el arsenal de La Carraca, además de con la hipotética fuga, del generalísimo, de esta cárcel.

Es una pieza breve. Con el resto de su obra teatral ocurre lo mismo que con la cuentística: se escucha el eco de la Venezuela rural histórica. De sus seis libros de crónicas de viajes, uno recoge sus andanzas por el país; se titula *Tierra venezolana* (1953) y, si bien hay alusiones a hechos históricos en estas crónicas, no es la historia el epicentro, sino la experiencia viajera.

En sus novelas y ensayos sí vamos a hallar abundante sustancia histórica venezolanista e hispanoamericanista. De sus siete novelas, seis trabajan episodios y personajes de la historia política venezolana. La última que escribió, *La visita en el tiempo* (1990), tiene al peninsular Juan de Austria en el ojo del huracán. Como sabemos, en *Las lanzas coloradas* (1931) se gira en torno a la guerra de independencia; en *El camino de El Dorado* (1947) se le sigue la pista a la peripecia delirante de Lope de Aguirre. Se concentra en la última y dramática etapa de la vida del vasco, entre 1537 y 1561, período en que inicia su epopeya en Perú y culmina al caer muerto en Barquisimeto, por mano de Diego García de Paredes. *Un retrato en la geografía* (1962) y *Estación de máscaras* (1962) formaban parte de una trilogía que no concluyó, intitulada *Laberinto de fortuna*. La acogida de la crítica a estas dos novelas fue severa o helada y el autor se desanimó por completo para escribir la novela que faltaba. Ambas versan sobre la vida política venezolana entre la muerte de Gómez en 1935 y el 23 de enero de 1958. *Oficio de difuntos* (1976) tiene al general Gómez en el centro de la escena, mientras *La isla de Robinson* (1981) sigue los pasos del excéntrico Simón Rodríguez.

Como vemos, el período de conquista es trabajado con el seguimiento de la aventura de Aguirre; el final del período colonial y el de independencia con *Las lanzas coloradas* y Rodríguez; y el siglo XX con las dos de la trilogía inconclusa y *Oficio de difuntos*. No escribió novelas con personajes del siglo XIX pleno, salvo al final de la vida de Rodríguez. Es evidente que toda la obra novelística calza perfectamente en los parámetros de la llamada «novela histórica», aunque el propio Uslar no pensaba que estas ficciones fueran exactamente novelas. Al menos así lo afirmó en entrevistas sostenidas conmigo, recogidas en el libro *Arturo Uslar Pietri: ajuste de cuentas* (2001). Allí señala: «En general, las novelas mías no son novelas. En realidad, son reconstrucciones históricas…» (Arráiz Lucca, 2007: 46). Por supuesto, lo que Uslar quiere apuntar es que sus novelas se sustentan sobre la realidad histórica, punto de partida para la ficción. En otras palabras: el autor apela a la imaginación para darles vida a los personajes y los hechos, pero tanto unos como otros existieron. Cualquiera puede preguntarse: ¿por qué no trabajó estos períodos y estos personajes como historiador? Pues porque no lo era, simplemente. Era un narrador y un ensayista que, eventualmente, escribió obras de teatro y poemas.

No cabe la menor duda de que la historia política de Venezuela fue la sustancia temática primordial de la obra novelística de Uslar. Más aún, ahora que vamos a revisar su obra ensayística (la más abundante de su producción), podríamos llegar a afirmar que el eje temático de su obra es la historia política nacional y su consecuencia natural: la historia política hispanoamericana de los períodos colonial y republicano.

La obra ensayística de nuestro autor se compone de treinta y un títulos y, salvo dos de ellos (*Breve historia de la novela hispanoamericana*, de 1955, y *Giotto y compañía*, de 1987), en los otros veintinueve la historia está presente, tanto en su vertiente hispanoamericana como nacional. *Sumario de economía venezolana para alivio de estudiantes* (1945) recoge sus conferencias sobre temas económicos, para entonces muy poco trabajados en el país. En *Letras y hombres de Venezuela* (1948) se hallan sus primeros ensayos sobre las figuras históricas de Bolívar, Rodríguez, Bello, Vargas, Juan Vicente González, Acosta, Arístides Rojas, Pérez Bonalde y Teresa de la Parra. Como vemos, personajes de los dos ámbitos que llamaron su atención durante toda su vida: el poder y la literatura. En *De una a otra Venezuela* (1949) recoge sus artículos de 1947 y 1948: todos giran en torno a la vida política nacional.

En *Las nubes* (1951) se reúnen ensayos de diverso aliento, desde los breves artículos publicados en su columna Pizarrón del diario *El Nacional* entre 1949 y 1950, hasta algunos más dilatados. El libro señala el nacimiento de un universo temático que no abandonará nuestro autor hasta su último libro de ensayos: la naturaleza de lo hispanoamericano, la sustancia de la que estamos hechos los habitantes de esta zona del mundo. En *Las nubes*, por primera vez, el Uslar ensayista aborda el tema de manera sistemática, dedicándole la primera sección del libro.

En *Apuntes para retratos* recoge semblanzas sobre las figuras de Bolívar, Simón Rodríguez, Miranda, José Tomás Boves, su abuelo –el general Juan Pietri–, Alberto Adriani, Henri Pittier, Diego Nucete Sardi, su padre –Arturo Uslar Santamaría–, Nijinsky, Churchill, Nehru y, finalmente, Roosevelt. Como vemos, la figura de Simón Rodríguez se repite; ya había sido tratada en *Letras y hombres de Venezuela* y sería abordada de un todo en la novela, ya citada, que luego lo tuvo por protagonista. Del conjunto destacan, por su sentimentalidad, el largo ensayo sobre la vida y obra de Adriani, a quien había conocido de cerca en los tiempos en que este lo invitó a formar parte de la nómina del Ministerio de Hacienda, y el conmovedor artículo escrito con motivo de la muerte de su padre. En este libro, como en *Letras y hombres de Venezuela,* se hacía patente su interés, y en algunos casos devoción, por la historia y las letras venezolanas, dibujando perfiles que suponían una generosa entrega al estudio de la vida y la obra de estos hombres.

En *Del hacer y deshacer de Venezuela* (1962) recoge algunos de sus textos escritos entre 1954 y 1961, muchos de ellos fruto de la solicitud de una conferencia, algún prólogo o el discurso de incorporación a la Academia Nacional de la Historia. La mayoría de ellos versan sobre temas históricos nacionales, siempre comprendiendo lo nacional en una perspectiva hispana. Es un libro de ensayos importante: define todavía más el campo de investigación en el que se mueve el ensayista de largo aliento, no el articulista.

De 1967 es *Oraciones para despertar*, al que luego en dos ediciones sucesivas, en 1981 y 1998, le agrega otras disertaciones de tema venezolano. Luego, con motivo del cuatricentenario de la fundación de Caracas, el Concejo Municipal adelanta un programa de ediciones; entre ellas figura un libro de nuestro autor: *Las vacas gordas y las vacas flacas*, publicado en 1968. En él se recoge una selección de artículos de su columna Pizarrón y otros ensayos y discursos, en su mayoría de tema nacional.

En busca del nuevo mundo (1969) es editado por el Fondo de Cultura Económica de México y contiene sus reflexiones sobre el tema hispanoamericano en los años, para entonces, recientes. El crisol del mestizaje, los primeros viajeros de indias, la generación libertadora, la influencia determinante de España, los poetas de América y de la península son algunos de los temas del libro al que, en la coda, añade tres visiones viajeras sobre Holanda, Sicilia y Caracas. En este libro se lee:

> Desde el siglo XVIII, por lo menos, la preocupación dominante en la mente de los hispanoamericanos ha sido la de la propia identidad. Todos los que han dirigido su mirada, con alguna detención, al panorama de esos pueblos han coincidido, en alguna forma, en señalar ese rasgo. Se ha llegado a hablar de una angustia ontológica del criollo, buscándose a sí mismo sin tregua... (Uslar Pietri, 1969: 9).

Fantasmas de dos mundos (1979) fue íntegramente escrito en París entre 1975 y 1978, cuando el autor se desempeñaba como embajador de Venezuela ante la Unesco, durante el primer gobierno de Carlos Andrés Pérez, y no trabaja temas históricos venezolanos, más sí hispanoamericanos. En cambio, en *Fachas, fechas y fichas* (1982) sí vuelve sobre sus temas nacionales. En el conjunto destacan los ensayos de materia bolivariana y rodrigueana, a la vez que vuelve sobre una de sus recurrencias temáticas: El Dorado. Se detiene en aspectos vinculados con el futuro del mundo hispanoamericano y el destino de la lengua española, mientras acomete un curioso texto de matices autobiográficos en el que recuerda la publicación de su primer libro, con motivo de los cincuenta años de su aparición.

Con motivo del Bicentenario del Natalicio de Simón Bolívar, Uslar publica *Bolívar hoy*, que sigue y completa la edición de 1972: *Bolivariana*. Allí afirma, refiriéndose al Libertador:

> Desde el primer momento de su acción se distinguió por la claridad y la audacia de su pensamiento. Si no hubiera hecho otra cosa que escribir las ideas y apreciaciones que nos dejó sobre el mundo americano, figuraría, sin duda, entre los más originales pensadores de su tiempo. Tenía además un don excepcional de escritor. La prosa de sus cartas y discursos está entre las mejores que se escribieron en su hora. Nadie tuvo como él el don de la expresión enérgica, penetrante y significativa. Su lenguaje refleja como un espejo fiel su temperamento y sus angustias. Se expresa con síntesis y contrastes fulgurantes. No valen menos sus palabras que sus grandes hechos (Uslar Pietri, 1996: 493).

Godos, insurgentes y visionarios (1986) es un libro enteramente dedicado al tema hispanoamericano, en el que incluye tanto ensayos como transcripciones editadas de conferencias dictadas en Bogotá y México. Los textos representan otra vuelta de tuerca en la indagación que fue central en su vida intelectual: qué es Hispanoamérica, de dónde venimos y hacia dónde vamos como comunidad histórica. Bolívar y Rodríguez, de nuevo, atraviesan sus páginas. Allí están como suerte de dos alas de la totalidad nacional: las armas y la voluntad política (Bolívar), la educación y la formación de republicanos para el trabajo (Rodríguez).

Efraín Subero fue el encargado de la organización de una antología de su obra venezolanista; se titula *Medio milenio de Venezuela* (1986), obra que luego es reeditada por Monte Ávila Editores.

Allí se congregan sus visiones sobre la conquista, la gesta independentista, los personajes centrales y colaterales del período republicano inmediato y los mitos nacionales: el petróleo, el mesianismo, el peso del azar, la improvisación y demás simplificaciones de una realidad compleja, nunca suficientemente comprendida. En la introducción firmada por el autor se encuentran varias afirmaciones sumamente valiosas. Entre ellas esta, de una claridad meridiana:

> El primer equívoco surgió del hecho de haber llamado Nuevo Mundo al continente americano. Lo que hubo en realidad fue el encuentro, por primera vez, entre los europeos y los americanos, pero ambos eran tan viejos como el hombre y representaban dos vertientes de la misma familia, la de los mongoloides y la de los caucasoides» (Uslar Pietri, 1991: 17).

Más adelante, en la misma introducción, el autor entrega un párrafo de singular importancia para comprender sus propósitos de escritor. Dice, refiriéndose al tema de la identidad latinoamericana:

> Este ha sido un tema constante y obsesivo en mi obra de escritor. Toda ella puede considerarse como la expresión de una búsqueda de esa realidad, a veces subyacente y borrosa, y de esa identidad frecuentemente contradictoria y elusiva. Llegar a saber lo que somos, partiendo del cómo somos y del cómo hemos pretendido ser, no es tarea fácil. Sin embargo, al final de ella podría estar la respuesta definitiva que concilie nuestras profundas contradicciones y apacigüe nuestra angustia existencial (Uslar Pietri, 1991: 18).

Podría añadirse que esta búsqueda uslariana del ser latinoamericano se fraguó en dos ámbitos, el nacional y el continental, pero que en ambos primó el mismo fervor por el hallazgo de la sustancia y la combinatoria hispanoamericanas.

En noviembre de 1992 Uslar publica un libro de gran significación política e histórica que, lamentablemente, no se ha leído con la debida atención. Se titula *Golpe y Estado en Venezuela*

(1992) y en él entrega un largo ensayo de análisis político e histórico de la Venezuela del siglo XX, a partir de la fecha más importante de esta centuria: el 18 de octubre de 1945. En el texto Uslar da su versión de los hechos y, sobre todo, su interpretación de los mismos, añadiéndole, a lo ya conocido, la lectura que hace de las intentonas del año 1992. Le atribuye al petróleo, como siempre lo hizo, la condición epicéntrica nacional. El valor del ensayo no estriba en que desarrolle alguna posición inédita hasta entonces, sino en que por primera vez ofrece un dilatado análisis sobre la historia política contemporánea de Venezuela, cosa que antes había hecho fragmentariamente a través de sus artículos semanales. Además, el ensayo constituye, visto a la distancia, una suerte de testamento político, en la medida en que por única vez, cuando contaba ochenta y seis años, se aventura a tejer un texto analítico, sobre este particular, de largo aliento.

La segunda parte del libro, ciertamente, recoge un conjunto de artículos de su columna Pizarrón y, además, un apéndice documental con todas las cartas públicas del llamado grupo «los Notables». Una lectura simple llevaría a pensar que nuestro autor concluía su vida ajustando cuentas con el grupo político que cortó la suya de raíz en 1945, pero esto no es exactamente así. Ninguna alegría le producía a Uslar ver confirmadas sus sospechas en la realidad, ni le agradaba el papel de sepulturero del sistema de partidos instaurado a partir de 1958, entre otras razones porque él también formó parte de ese sistema, sin que por ello endosara sus faltas. Por el contrario, bastantes veces las señaló, mientras se hacía copartícipe de la Venezuela política que emergió del 23 de enero de 1958. Por ello su análisis se remonta al pasado, y busca las causas de la crisis venezolana en nuestra relación con el petróleo y el tamaño que llegó a alcanzar el Estado, alimentado por esta fuente que condujo a la creación de un país rentista, en donde la riqueza de la renta la administra el Estado, mientras la nación se sumerge en la pobreza.

En *Del cerro de la plata a los caminos extraviados* (1994) destacan los temas uslarianos típicos: el mestizaje americano, la generación de la independencia, la venezolanidad, constituyéndose en un libro de despedida, en el que su universo ensayístico propio, con sus obsesiones temáticas y sus recurrencias simbólicas, está presente de manera paradigmática. Sin embargo, no estoy seguro de que Uslar hubiera estructurado el libro con la conciencia de que se trataba de su último título. De haber tenido conciencia de ello, probablemente habría redactado una introducción breve apuntando hacia esa circunstancia. Quizás, no puedo asegurarlo, ya que nuestro autor no fue proclive a rendirles tributo a estos hechos; una extraña humildad lo hacía conducirse levemente en estos parajes de despedidas o clausuras de períodos.

Otros libros suyos son propiamente antológicos, *La otra América* (1974) y *La creación del nuevo mundo* (1992). En verdad, muchos de sus libros de ensayos lo son en el sentido de que combina ensayos de libros anteriores con inéditos. Por ello con frecuencia hallamos textos ya leídos con otros de reciente factura. Por otra parte, él mismo hizo una antología temática del tema petrolero; se titula *Venezuela en el petróleo* (1984), comienza con el editorial del diario *Ahora* «Sembrar el petróleo» y llega hasta ensayos de 1983. Son textos de política económica sobre la historia nacional.

Entre las selecciones hechas por críticos de su obra, la de Efraín Subero (antes mencionada) es de las más valiosas, *Medio milenio de Venezuela*, ya que la hace un conocedor de su obra y la organiza temáticamente. Lo mismo ocurre con la antología preparada por Gustavo Luis Carrera para el Fondo de Cultura Económica de México, *La invención de América mestiza* (1996), donde se organizan los textos de acuerdo con el ámbito que trabajan: universal, hispano, americano y venezolano, combinando todos los géneros. Por mi parte, publiqué una antología cronológica de su obra, *Arturo Uslar Pietri. Antología cronológica* (2005), recogiendo todos los géneros.

Entre los libros colectivos que reúnen trabajos sobre la obra uslariana se distinguen cinco: *El valor humano de Arturo Uslar Pietri* (1984), edición dirigida por Tomás Polanco Alcántara; *Todo Uslar* (2001), edición coordinada por Mauricio García Araujo; *Los nombres de Arturo Uslar Pietri* (2006), edición coordinada por Mariano Nava Contreras; *Arturo Uslar Pietri. Humanismo y americanismo. Memoria de las VII Jornadas de Historia y Religión de la UCAB*, edición coordinada por Tomás Straka, y *Arturo Uslar Pietri. Valoración múltiple* (2012), edición coordinada por Rafael Arráiz Lucca y Edgardo Mondolfi Gudat.

Hemos llegado al final de este breve viaje. Es evidente que la historia política, tanto hispanoamericana como nacional, fue el epicentro de la obra novelística, ensayística y periodística de Uslar, no así de su obra cuentística, poética y teatral. No exagera quien afirme que más allá de los géneros, el fervor venezolanista de su obra es el eje y motor, ya sea en su ocurrencia cuentística como en su vertiente histórico-política.

Especial mención debemos hacer del interés de Uslar por el período de conquista, sobre todo por el imán que representaron dos mitos para él: Aguirre y El Dorado. Curiosamente, otro personaje mitológico de otro tiempo le llamó la atención: Simón Rodríguez. Estas tres recurrencias, más la obsesión por entrar en el laberinto del mestizaje hispanoamericano y verle el rostro a la identidad (un tema muy de su tiempo), dominaron buena parte de sus esfuerzos por revisar la historia.

2015

Bibliografía

ARRÁIZ LUCCA, Rafael (2005). *Arturo Uslar Pietri. Antología cronológica.* Caracas, Banco Provincial.

_____. (2007). *Arturo Uslar Pietri: ajuste de cuentas.* Caracas, Los Libros de El Nacional, Biblioteca Uslar Pietri.

USLAR PIETRI, Arturo (1931). *Las lanzas coloradas.* Madrid, Editorial Zeus.

_____. (1936). *Red.* Caracas, Editorial Élite.

_____. (1945). *Sumario de economía venezolana para alivio de estudiantes.* Caracas, Ediciones del Centro de Estudiantes de Derecho de la UCV.

_____. (1947). *El camino de El Dorado.* Buenos Aires, Editorial Losada.

_____. (1948). *Letras y hombres de Venezuela.* México, Fondo de Cultura Económica.

_____. (1949). *De una a otra Venezuela.* Caracas, Ediciones Mesa Redonda.

_____. (1951). *Las nubes.* Caracas, Ediciones del Ministerio de Educación.

_____. (1952). *Apuntes para retratos.* Caracas, Cuadernos de la Asociación de Escritores de Venezuela, n.° 71.

_____. (1958). *El día de Antero Albán. La tebaida. El Dios invisible. La fuga de Miranda.* Caracas, Ediciones Edime.

_____. (1962). *Del hacer y deshacer de Venezuela.* Caracas, Ateneo de Caracas.

_____. (1962). *Un retrato en la geografía*. Buenos Aires, Editorial Losada.

_____. (1964). *Estación de máscaras*. Buenos Aires, Editorial Losada.

_____. (1967). *Oraciones para despertar*. Caracas, Ediciones del Cuatricentenario de Caracas.

_____. (1968). *Las vacas gordas y las vacas flacas*. Caracas, Ediciones del Concejo Municipal del Distrito Federal.

_____. (1969). *En busca del nuevo mundo*. México, Fondo de Cultura Económica.

_____. (1971). *Vista desde un punto*. Caracas, Monte Ávila Editores.

_____. (1972). *Bolivariana*. Caracas, Ediciones Horizonte.

_____. (1972). *Manoa*. Caracas, Editorial Arte.

_____. (1974). *La otra América*. Madrid, Alianza Editorial.

_____. (1975). *Viva voz*. Caracas, Ediciones de la C.A. Tabacalera Nacional.

_____. (1976). *Oficio de difuntos*. Barcelona, Editorial Seix Barral.

_____. (1979). *Fantasmas de dos mundos*. Barcelona, Editorial Seix Barral.

_____. (1981). *La isla de Robinson*. Barcelona, Editorial Seix Barral.

_____. (1981). *Educar para Venezuela*. Caracas, Gráficas Reunidas.

_____. (1982). *Fachas, fechas y fichas*. Caracas, Ateneo de Caracas.

_____. (1984). *Venezuela en el petróleo*. Caracas, Ediciones Urbina y Fuentes.

_____. (1986). *Medio milenio de Venezuela*. Caracas, Cuadernos Lagoven.

_____. (1986). *Godos, insurgentes y visionarios*. Barcelona, Editorial Seix Barral.

_____. (1987). *Giotto y compañía.* Caracas, Fundación Eugenio Mendoza.
_____. (1990). *La visita en el tiempo.* Bogotá, Editorial Norma.
_____. (1992). *Golpe y Estado en Venezuela.* Bogotá, Editorial Norma.
_____. (1992). *La creación del nuevo mundo.* Caracas, Editorial Grijalbo.
_____. (1994). *Del cerro de la plata a los caminos extraviados.* Bogotá, Editorial Norma.
VARIOS AUTORES (1984). *El valor humano de Arturo Uslar Pietri. Homenaje de la Academia Nacional de la Historia a su numerario.* Caracas, Academia Nacional de la Historia. Edición dirigida por Tomás Polanco Alcántara.
_____. (2001). *Todo Uslar.* Caracas, Universidad Metropolitana y editorial Panapo. Coordinación: Mauricio García Araujo.
_____. (2006). *Los nombres de Arturo Uslar Pietri. Una valoración multidisciplinaria.* Mérida, Universidad de Los Andes. Coordinación: Mariano Nava Contreras, prólogo: Rafael Arráiz Lucca.
_____. (2008). *Arturo Uslar Pietri. Humanismo y Americanismo.* Caracas, Fundación Konrad Adenauer y UCAB. Coordinación Tomás Straka.
_____. (2012). *Arturo Uslar Pietri: valoración múltiple.* Caracas, Fundación Banco del Caribe, Universidad Metropolitana, El Nacional. Compilación: Rafael Arráiz Lucca y Edgardo Mondolfi Gudat.

Cuatro novelas

Las lanzas coloradas

Arturo Uslar Pietri (1906-2001) concibió y escribió su novela inaugural en París, entre finales de 1929, cuando la soñó por primera vez, y enero de 1931. Entonces contaba con veinticinco años, se había graduado de abogado en la Universidad Central de Venezuela y se encontraba en la capital de Francia ejerciendo el cargo de agregado civil a la Legación de Venezuela. Allí estuvo entre 1929 y 1934, cuando regresa al país.

La génesis de *Las lanzas coloradas* fue establecida por su autor en conversación sostenida conmigo a finales de 2000, dos meses antes de morir, y recogida en el libro *Arturo Uslar Pietri: ajuste de cuentas* (Los Libros de El Nacional, Caracas, 2001). Inquirido sobre el particular, el escritor señaló:

> Yo siempre he sido muy venezolano, y me preocupaba la llegada de 1930, que era el año del Centenario de la muerte de Bolívar, y me preocupaba qué íbamos a hacer los jóvenes venezolanos con ese centenario. Entonces le escribí a Rafael Rivero, que se ocupaba de cine, a ver si hacíamos una película. En aquellos días yo había visto una película que me había impresionado mucho, de un autor ruso, que se llamaba *Tempestad en Asia*, y entonces pensé que podríamos hacer algo parecido, una película sin protagonistas, como una rememoración o como el descubrimiento de nuestra civilización. Pero aquellos

sueños no terminaron en nada y, bueno, el guión que era *Las lanzas coloradas* se convirtió en una novela.

Imposible no advertir en las páginas de la novela el espíritu plástico de sus escenas. Quizás esta confesión de Uslar explica la velocidad de muchos de los pasajes de la obra, así como lo que podríamos llamar su élan cinematográfico. Incluso podría especularse acerca de si el éxito inmediato de la obra –acogida por la crítica con aplausos y traducida sin dilación al alemán y el francés– no es tributario de su moderna estructura narrativa, pariente cercana o vecina de la cinematográfica. Pero estas hipótesis no es este el momento de ventilarlas, aunque sí de asomarlas a consideración de los lectores. En todo caso, la obra del joven precoz será la primera de siete novelas, todas centradas en la combinatoria de la llamada «novela histórica», creación que en Hispanoamérica tuvo en Uslar Pietri a uno de sus más eminentes cultores.

Si en *La visita en el tiempo* (1990) el narrador ubica la trama en la España del siglo XVI, siendo su única novela de tema no venezolano o continental; si en *La isla de Robinson* (1981) aborda el retrato de un personaje de tiempos independentistas que lo sedujo desde niño: Simón Rodríguez; si en *Oficio de difuntos* (1976) trazó el dibujo psicológico del general Gómez; si en *Un retrato en la geografía* (1962) y *Estación de máscaras* (1964) abordó la historia política contemporánea venezolana; si en *El camino de El Dorado* (1947) centró su afán en la peripecia del Tirano Aguirre, como personaje-ventana al período de conquista y colonización de América, en *Las lanzas coloradas* (1931), su primera novela, trabajó el clima humano y social del nacimiento del proyecto republicano, sus contradicciones, su violencia, sus episodios guerreros.

Visto a la distancia, parece imposible que la obra novelística de Uslar hubiera podido comenzar con otro tema y distinto tiempo y escenario. Es como si aquel hombre de mente organizada y visionaria se hubiese propuesto trabajar el principio de la vida republicana y sus antecedentes heroicos, para después sumergirse en otras obsesiones temáticas, pero siempre después de haber despejado el comienzo. La novela, presa del ímpetu juvenil de Uslar, fue concebida como un alegato fundado en el fervor. Él mismo se lo confiesa en carta del 4 de junio de 1931 a su entrañable primo hermano Alfredo Boulton Pietri:

> «Las lanzas coloradas» son un grito de amor doloroso. Amor total y vehemente por aquella tierra de que está hecho mi cuerpo, por aquel mundo que puebla mi espíritu, por aquellas cuitas que desgarran mi corazón. Que yo sepa no se ha hecho en Venezuela nada semejante, ni en la trascendencia de la evocación, ni en la sinceridad del sentimiento, ni en el dolor sin retórica de la descripción de las almas. Obra de comprensión infinita. Porque amo he comprendido. Porque ansiosamente adoro y sufro he podido ver y decir toda la divina simplicidad. Porque estoy transido de angustia he podido hacer mío todo aquel mundo. Mío para siempre. «Las lanzas coloradas» son mi título de propiedad.

Ya entonces brotaba en Uslar una característica de su estar sobre la tierra: su venezolanidad raigal, eje de su trabajo creador y de su tarea de hombre público. Esta impronta venezolanista fue acompañada, desde entonces, por una suerte de angustia interpelante, la del que ve con claridad lo que otros atisban en medio de la niebla. Si este sentimiento fue el motor de su primera novela, también lo acompañó a lo largo de toda su vida. De hecho, en aquellas tardes de finales del 2000 en que grabamos muchas horas de diálogo, siempre surgía Venezuela con el dolor del que lleva una espina clavada en el corazón.

La historia editorial de *Las lanzas coloradas* merece un texto que establezca su curiosa relación. Por lo pronto puede decirse que la primera edición es española, de la editorial Zeus, en 1931, y que se publica por primera vez en Venezuela en 1946, después de que su autor desempeñara altos cargos públicos y, sin embargo, no gestionara la edición de la obra valiéndose de sus prerrogativas. Al día de hoy ha sido traducida, en orden cronológico, al alemán, francés, inglés, checo, italiano, rumano, portugués, serbio y alguna otra lengua que se me escapa. No es común en la biografía de un autor que su novela más leída haya sido la primera que publicó, pero ese es el caso de Uslar Pietri y su ópera prima, una obra que desde su juventud fue como la primera piedra de su prestigio novelístico, además de compañera del largo camino de su autor hacia el papel de altísima y esclarecida voz de la tribu.

2006

El camino de El Dorado

Entre la publicación de *Las lanzas coloradas* y la segunda novela de Uslar Pietri, *El camino de El Dorado,* median dieciséis años. La primera es fruto de la estadía parisina del autor y fue publicada en 1931; la segunda también fue escrita fuera de Venezuela, entre 1946 y 1947, pero las circunstancias en la vida del novelista eran muy distintas. El joven que se instala en París, recién graduado de abogado a los veintitrés años, va a trabajar en la Embajada de Venezuela en Francia bajo las órdenes del embajador César Zumeta, mientras el que ejerce la docencia en la Universidad de Columbia en Nueva York es un hombre que ha sido expulsado de su país por razones políticas.

Entre una novela y otra el estudioso de la vida y obra de Uslar encuentra nueve años entregados al servicio público, desempeñando cargos de altísima importancia en el aparato del Estado durante los gobiernos de López Contreras y Medina Angarita. Esta ocupación, como es fácil inferir, sustrajo al escritor de sus tareas con la palabra, pero una vez desembarazado de las responsabilidades del hombre público, Uslar retoma de inmediato su trabajo intelectual. De ese nuevo aliento es fruto la novela que presentamos, escrita, al igual que la primera, fuera del país. Igual circunstancia será la que imante su quinta y sexta novelas, *Oficio de difuntos* (1976) y *La isla de Robinson* (1981), urdidas entre Caracas y, de nuevo, París, esta vez como embajador ante la Unesco, entre los años de 1975 y 1979.

En *El camino de El Dorado*, el autor trabaja la última etapa de la vida del «Tirano Aguirre», mote con el que fue conocido Lope de Aguirre, aquel vasco que estuvo en América tan de su cuenta que el rey de España le resultaba una entelequia. De hecho, el propio Aguirre le escribió desde Valencia, ya sin ningún recato, muy cerca del final de su epopeya, diciéndole: «Señor, que no puedes llevar, con título de Rey justo, ningún interés de estas partes, donde no aventuraste nada, sin que primero los que en él trabajaron sean gratificados». La etapa novelada por Uslar es la que va desde su llegada a Perú, hacia 1537, y hasta el 27 de octubre de 1561, cuando Diego García de Paredes lo sitia y es ajusticiado en Barquisimeto. Es la etapa en la que todos los horrores imaginables son cometidos por Aguirre y sus marañones, obsesionados por la búsqueda de El Dorado.

De todas las novelas «históricas» adelantadas por nuestro autor, es esta la que más se ciñe a la veracidad de los hechos, así como a la existencia de los personajes. A veces el lector, con justa curiosidad, puede preguntarse si tiene en sus manos una novela o un relato historiográfico. Quizás ayude a mitigar la perplejidad recordar que el lenguaje que pone en juego el autor es literario, que la crónica pretendidamente objetiva de los hechos cronológicos no es el norte del texto; pero tampoco alejarse de la más cruda realidad es propósito del que ofrece la relación. El lector, con frecuencia, hallará pasajes reflexivos que lo inclinarán a pensar que se está ante un ensayo, pero también recordará que la transgeneridad es propia de la modernidad y que habrá mucho de historia, otro tanto de novela y de ensayo y, también, esplenderá el fulgor de la palabra poética en un tejido tan híbrido como suele resultar la «novela histórica», cada vez que es colocada bajo la lupa en el laboratorio. Por su parte, el propio Uslar no se eximió de reflexionar sobre este tema que le fue siempre tan cercano. Eso hizo en uno de los ensayos de su libro, memorable por distintos motivos, *Fantasmas de dos mundos* (1979), en el que, después de tejer y tejer sobre el tema, concluye: «Es en este sentido que toda la novela es histórica por naturaleza, porque es una tentativa de contener un tiempo y mantenerlo vivo en términos de presente, aunque la acción que se relate haya ocurrido muchos siglos antes». Y al comienzo del texto ha dicho: «Tal vez el hecho mismo de que he escrito algunas ficciones que muchos se empeñan en calificar de novelas históricas me ha llevado a esta reflexión de un modo necesario». El «se empeñan» supone una toma de distancia, una molestia, con el señalamiento de «histórica» para sus novelas. No lo comparte. No obstante lo anterior, el tema sigue abierto porque por más que las novelas de Uslar sean ficcionales, esa ficcionalidad tiene sus matices. El fuego de la imaginación está más presente en *Las lanzas coloradas* que en *El camino de El Dorado,* donde la narración se ciñe más a los hechos, pero insisto en que ello no le resta ni un ápice a la obra. Por el contrario, la investigación histórica que adelanta el autor en esta segunda oportunidad novelística es considerable y, en muchos sentidos, asombrosa.

Otro valor de la obra que no puedo dejar de señalar es el trabajo del lenguaje. La precisión con que el narrador avanza en el río de sus descripciones llega a alcanzar cotas de lujo verbal y de fulgor poético. La atmósfera que instaura es tan convincente como el habla de los personajes de la época en que ocurren los hechos. Además, la estructura viajera del libro lo sumerge en la estructura de un mito. Aguirre emprende una epopeya en búsqueda de algo, como los héroes de la mitología clásica, y enfrenta todo tipo de «dragones» en su empeño, pero su alma no es la del héroe; la suya es ruin, despiadada, invadida por una codicia sin escrúpulos que lo conduce a causar la muerte y la desolación hasta terminar rendido por su propia medicina: «El que a hierro mata, a hierro muere». Y es aquí, en esta moraleja sobre la condición humana, donde el espíritu pedagógico –moralista en el mejor sentido del término– de Uslar alcanza su plenitud. En este antihéroe, que por segundos se parece al héroe, encuentra el escritor un personaje sobre el que puede reflexionar sobre la psique, sobre los resortes más recónditos del hombre en su tránsito hacia la finitud. Aunque parezca una perogrullada, en el sentido en que vengo hablando puede decirse que *El camino de El Dorado* es una de las novelas más uslarianas del autor. El lector podrá comprobarlo.

2004

Oficio de difuntos

La vasta obra literaria de Arturo Uslar Pietri (1906-2001) comprende cuentos, novelas, ensayos, poemas, obras de teatro, crónicas de viajes y artículos periodísticos. A lo largo de su dilatada existencia alcanzó a entregar a los lectores siete novelas, y puede afirmarse que varias de ellas enriquecieron, de manera determinante, el universo de la llamada «novela histórica». *Las lanzas coloradas* (1931), *El camino de El Dorado* (1947), *Un retrato en la geografía* (1962), *Estación de máscaras* (1964), *Oficio de difuntos* (1976), *La isla de Robinson* (1981) y *La visita en el tiempo* (1990) tienen como marco y sustancia la peripecia independentista venezolana, la aventura conquistadora española en América, la vida republicana nacional y, la última, un personaje central de la historia peninsular: Juan de Austria.

Oficio de difuntos se inscribe dentro de una tradición hispanoamericana y dentro de otra venezolana. La hispanoamericana encuentra en *Tirano banderas* (1926) de Ramón María del Valle Inclán una suerte de punto de partida, especialmente en su vertiente de sátira política, y luego se enriquece con *El señor presidente* (1946) de Miguel Ángel Asturias, *El recurso del método* (1974) de Alejo Carpentier, *Yo, el supremo* (1974) de Augusto Roa Bastos, *El otoño del patriarca* (1975) de Gabriel García Márquez y la reciente y extraordinaria *La fiesta del Chivo* (2000) de Mario Vargas Llosa. Por su parte, la tradición venezolana encuentra en las novelas de Rufino Blanco Fombona (*El hombre de hierro*, 1907, *El hombre de oro*, 1915), en *El doctor Bebé* (1917) de José Rafael Pocaterra, *Puros hombres* (1938) de Antonio Arráiz y *Fiebre* (1939) de Miguel Otero Silva, una línea de indagación en la figura del dictador, llámese Cipriano Castro o Juan Vicente Gómez, bien sea reconstruyendo su época o colocando la lupa en el perfil psicológico del jefe.

En relación con la tradición continental, la novela es escrita y publicada en la década de los setenta, período en el que surgió la mayoría de las obras que trabajaron el arquetipo del caudillo, pero en relación con la tradición venezolana la novela irrumpe muchos años después de que sus compañeros de generación trabajaran la dictadura gomecista. Esto se explica atendiendo a la biografía de Uslar. Se le hizo necesario dejar pasar muchos años antes de asumir la tarea, que probablemente se había trazado desde joven, de novelar la figura de Gómez y su tiempo, dadas las implicaciones familiares de semejante empresa. Fue mejor así: la novela no se deshace en negaciones ni en defensas del gomecismo, sino que avanza a pulso por entre la selva psicológica de un hombre telúrico que, inexplicablemente, gobernó el país durante veintisiete años.

A partir de la máscara del padre Solana, suerte de atormentada conciencia que se asoma al principio y al final de la novela, Uslar va dibujando un personaje central: Juan Vicente Gómez, y otro secundario: Cipriano Castro. Más que el relato exacto de las vicisitudes del poder que ambos ejercieron, al novelista le interesa el dibujo de una psicología que ejerce en un entorno determinado:

la Venezuela que transita del campo a la ciudad, del país agrícola al petrolero. De la epopeya que se inicia en la frontera andina con Colombia, a finales del siglo XIX, el narrador trae el hilo hasta la muerte de Gómez el 17 de diciembre de 1935. Pero, más que la relación de los hechos, de los que no se le escapan a Uslar ninguno de los sustanciales, lo significativo es el retrato. Particularmente elocuentes son los pasajes en los que Gómez habla hacia sus adentros, como conversando consigo mismo, en busca de las respuestas interiores que, finalmente, el personaje, Aparicio Peláez, exterioriza.

La Venezuela de aquellos años está allí, bien en primer plano o bien como telón de fondo. A diferencia de *Las lanzas coloradas*, en donde el autor hace del país y su historia el personaje central, en *Oficio de difuntos* el trabajo sobre el arquetipo del hombre fuerte pesa tanto que termina por apoderarse del ámbito creador, acercando la novela a la sustancia de una suerte de tratado sobre la venezolanidad de su tiempo, naturalmente signada por las relaciones de poder y, en muchos sentidos, por el pensamiento mágico. También, la novela acentúa el hecho notorio que significó el encuentro entre los andinos y los centrales, sobre todo en lo relativo a los usos sociales y las prácticas atinentes al poder, así como indaga en el laberinto en el cual un hombre silencioso y montañés termina gobernando un país desde sus centros urbanos, sin atender a sus usos y a su propio aire.

En *Oficio de difuntos*, como en casi toda la obra narrativa de Uslar, esplende un atributo que no se ha señalado suficientemente: la construcción poética del discurso narrativo. Cierto fluir dilatado y musical de las frases, en conjunción con un verbo que confía en la elocuencia de las palabras, imanta sus descripciones de un poder evocador, tan dulce como respetuoso.

La lectura que Uslar adelanta del gomecismo como fenómeno social y como acontecimiento psicológico de resonancias personales y colectivas es indispensable. Los venezolanos que le antecedieron en la tarea (Blanco Fombona, Pocaterra, Arráiz, Otero Silva) no habrían podido hacerlo sin la pasión del afectado, de modo que el trabajo estaba esperando por el narrador, y lo cumplió con creces. Necesitó tiempo y distancia para lograrlo: los lectores lo agradecemos.

2004

La visita en el tiempo

Los aportes de Arturo Uslar Pietri (1906-2001) a la novela histórica en Hispanoamérica fueron uno de los argumentos de mayor peso para el jurado del Premio Príncipe de Asturias de 1990, que le confirió el reconocimiento. Se le distingue en el veredicto como el «Creador de la novela histórica moderna en Hispanoamérica», y sus siete novelas dan fe de lo afirmado. La última, *La visita en el tiempo* (1990), es la única que no gira en torno a un personaje americano y tampoco ocurre en nuestro continente. Sin duda, calza perfectamente dentro de los rasgos que la crítica le atribuye a la novela histórica, pero no ocurre en estas tierras sino en la península ibérica, en los Países Bajos y en el Mediterráneo, ámbito en el que Juan de Austria, el personaje central, consumirá parte de sus años en el fragor de sus batallas. De modo que si la obra no es hispanoamericana por su ámbito, lo es enteramente hispana por su tiempo histórico y sus personajes.

En entrevista filmada y concedida a Claude Errécart en 1995, Uslar explica cómo nació en él el proyecto de adelantar el libro, y refiriéndose al personaje afirma:

> Un buen día, leyendo un mal libro, me di cuenta de que aquel había sido uno de los personajes más trágicos de la historia del mundo. Un personaje mucho más trágico que Hamlet, a quien se parece; un personaje mucho más trágico que Segismundo, de *La vida es sueño* de Calderón, a quien se parece, y un personaje que se parece al Don

Juan de Tirso de Molina; de modo que cuando me di cuenta de que todo eso estaba en aquel ser, me interesé y empecé a escribir un libro corto, pero los libros tienen su suerte, su destino, como decían los antiguos, y salió ese libro.

Desde las primeras páginas el lector es invitado a buscar respuestas para varias preguntas que acechan al personaje central, entonces niño: ¿quién soy? ¿Quién es mi padre? ¿Cuál es mi destino? ¿Para qué vine al mundo? El lector advierte, naturalmente, que si las preguntas del niño y luego del adolescente y el joven son particulares, propias de su drama personal, son extrapolables y, a partir de allí, se hacen ontológicas, universales, metahistóricas; preguntas que el lector también se ha formulado desde su singularidad, probablemente menos acuciosa que la de Juan de Austria, o quizás igualmente urgente, no sabemos. En todo caso, el lector acompaña las pesquisas del protagonista, lo sigue con interés hasta que la verdad brilla causándole estupor: es hijo del emperador.

La vida cortesana y su naturaleza intrigante, el poder de las mujeres cercanas al poder, los favoritos de la Corona, los consejeros políticos, los hombres de armas y los de palacio van sumándose a una suerte de coro que danza en escena alrededor del personaje central, dando cuenta de un mundo de suposiciones en el que el pensamiento del rey, el que tiene la última palabra, es una suerte de piedra filosofal. Y todo ello con el trasfondo de una búsqueda denodada: la gloria al precio que sea, es decir, al precio de la vida que se entrega para alcanzarla y, como eje de la gloria, el honor, bastión supremo.

Con un lenguaje que sorprende en un hombre que escribió la novela entre sus ochenta y dos y ochenta y cuatro años, enfrascándose en una investigación de fuentes secundarias acuciosa con el fervor de un joven que devela un misterio, la novela mantiene en vilo al lector. Frases cortas, sentenciosas a ratos, precisas siempre, el diálogo respira a sus anchas en la obra. En ella se sigue la peripecia vital de Juan de Austria con detalle y no se pasa por alto la composición costumbrista de su tiempo; ello incluye usos, arquitectura, alimentos, vestidos, todos los factores de la vida cotidiana de la época, así como los extraordinarios: signados por el fasto del poder imperial. Los hechos ocurren, no huelga señalarlo, durante el siglo XVI español, y entre ellos esplende la batalla naval de Lepanto, aquella en la que las fuerzas bélicas turcas fueron derrotadas por las españolas.

Así como Uslar entrega en *Oficio de difuntos* un rico retrato psicológico del general Juan Vicente Gómez sobre la base del conocimiento directo y familiar del personaje, en esta oportunidad el retrato es igualmente rico y agudo, pero sobre la base de la investigación histórica y la penetración en el entorno y las causas del protagonista. Dándole voz a la máscara de Juan de Austria, el autor traza sus rasgos principales con naturalidad, sin olvidar que también se propone delinear un fresco de su tiempo y circunstancia, cosa que logra perfectamente. De hecho, no son pocos los lectores que, al leer la última línea del libro, dudan acerca de si han leído una biografía, una investigación histórica o, propiamente, una novela. Esta duda constituye un elogio de la obra: solo suelen sembrarla textos radicalmente verosímiles.

Junto al protagonista de la novela, la figura del consejero de palacio Antonio Pérez, y la indescifrable del rey, prenden fuego al fogón de la desconfianza en que transcurre la vida desdichada de don Juan de Austria. El personaje borroso de la madre, inmersa en un océano de sospechas sobre su moral, emerge al final y sacude al hijo hasta el llanto, entre la vergüenza y la desolación. Esta vida signada por el drama, con muy pocos momentos de solaz, narrada sin aspavientos por Uslar, avanza en su *tempo* vertiginoso hacia la muerte. En verdad, el lector queda con hambre, y ello no ocurre porque las viandas literarias no hayan sido las mejores, sino porque han sido estupendas y no queda satisfecho el apetito y quiere más, mucho más.

Sabemos que entre los proyectos literarios que Uslar no pudo concluir estaba una octava novela que giraba en torno a la vida en Potosí, aquella ciudad de la plata que terminó desolada después de haberse secado sus fuentes minerales. Pero la vista le fallaba en demasía al anciano escritor y durante los años que van de la publicación de *La visita en el tiempo* a su fallecimiento, en 2001, emprendió la tarea semanal del artículo de prensa hasta 1998, concluyó dos libros de ensayos y dio su última batalla política: la constitución del grupo que la prensa denominó «los Notables», que condujo los hechos hacia la destitución de un presidente de la República y, me temo, hacia la elección del que le sucedió en el mando. Las exigencias investigativas de una nueva novela histórica no contaban con la destreza de sus ojos curiosos; por ello no emprendió la tarea. Si bien fueron duros los años finales del gran escritor (la muerte del hijo mayor y de la esposa), también fueron risueños en reconocimientos, unánimes en tal magnitud que muy pocas veces venezolano alguno los ha recibido con tal contundencia.

Pizarrón

EL PRIMER ARTÍCULO QUE PUBLICÓ Arturo Uslar Pietri en la prensa nacional se tituló «El plátano o el banano», y apareció en el diario *El Comercio* de Maracay el 28 de agosto de 1920. Entonces, el precoz joven Uslar sumaba catorce años. El último en publicar fue el de la despedida de su legendaria columna del diario *El Nacional* el 4 de enero de 1998, «Una larga jornada». Habían transcurrido setenta y ocho años y su autor contaba noventa y uno.

Antes de la fundación de *El Nacional*, el 3 de agosto de 1943, Uslar publicó con alguna frecuencia en revistas y periódicos del país. Las revistas *Billiken, Elite, De Pitón a Pitón*, entre otras, recibieron sus colaboraciones. También fue columnista regular de *El Nuevo Diario, El Universal, La Esfera* y *Ahora*. De este último fue su editorialista diario durante los primeros seis meses de 1936. Allí publicó su histórico editorial, «Sembrar el petróleo», el 14 de julio de aquel año fundamental para la historia política contemporánea del país.

El primer artículo para la columna Pizarrón fue publicado el 10 de junio de 1948 y se tituló «La falsificación de la realidad»; pero mejor autorícenme para citar un fragmento de la biografía que sobre el personaje escribí, que allí se establecen las etapas de la columna:

> Las etapas de esta columna fueron las siguientes: una primera en que escribe artículos con frecuencia semanal o quincenal y abarca de junio de 1948 a julio de 1954; una segunda con artículos de frecuencia

irregular entre febrero y abril de 1958; una tercera con artículos de frecuencia semanal entre el 2 de mayo de 1966 y el 4 de enero de 1998. En 1996, el profesor Francisco Barbadillo publica su investigación *Los artículos de Pizarrón* y contabiliza hasta 1994 la suma de 1765 piezas. Pero no es ésta, para la fecha, la suma total de sus artículos de opinión; los que publicaba en revistas latinoamericanas no fueron objeto de la contabilización de Barbadillo. De hacerlo, la suma habría sido otra, pero el objeto de la investigación era sólo Pizarrón.

Si la utilísima investigación del profesor Barbadillo contabiliza, hasta el 31 de diciembre de 1994, la suma 1765 artículos, y si le añadimos un promedio de 48 columnas durante tres años, más la íngrima de 1998, el total de Pizarrones es de 1890. De entre este universo considerable, he escogido 149 para esta selección. De casi todos los años he escogido algún artículo, pero no ha sido el criterio cronológico el que me ha guiado. Lo que me condujo a optar por cada uno de los textos seleccionados fue la inteligencia en él desarrollada, la brillantez de la escritura, la importancia del tema, el aporte esclarecedor del pensamiento de Uslar, empleado en la dilucidación del asunto tratado y, también, el tributo enriquecedor del artículo para el sistema cultural al que pertenecemos.

Doy por descontado que el lector acepta que la conciencia de Uslar fue una de las más despiertas de su tiempo. Estaba en el mundo atento a él, lo escudriñaba a diario; recibía prensa y revistas extranjeras semanalmente, buscaba los libros fundamentales recién publicados en Europa y América; atendía los asuntos políticos del país como si fuesen temas personales y, como fruto de esta criba, metabolizaba los temas y escribía, escribía. De allí que el universo de sus intereses fuese asombrosamente amplio, aunque de ninguna manera signado por la dispersión. Sus racimos temáticos eran frutos de un solo árbol: la comprensión del mundo y, en él, la especificidad hispanoamericana y venezolana.

Los racimos temáticos uslarianos comprenden a la educación, de manera enfática la que está enfocada hacia el trabajo. El petróleo, como eje de la venezolanidad socio-económico-cultural. El período de la independencia y la creación de la república, como expresión genésica, a través de sus personajes. La coartada de la riqueza fácil. La democracia como proyecto histórico. El mito nacional de El Dorado. El papel del Estado y de los actores económicos en una sociedad de hombres libres. El origen y el destino de Hispanoamérica como comunidad histórica. El encuentro entre dos mundos y el proceso de mestizaje. Las diferencias entre el Estado y la Nación. Las paradojas de Venezuela y la riqueza petrolera. Estos, *grosso modo*, son asuntos recurrentes para nuestro autor que el lector podrá seguir, en algunas de sus variables, a lo largo de cincuenta años de la columna Pizarrón.

Disciplina, atención a los hechos de su tiempo, investigación, una escritura eficiente, desde su claridad, son algunas de las tareas que Uslar Pietri puso en marcha durante medio siglo en la que, salvo prueba en contrario, ha sido la columna periodística de mayor duración en nuestra historia.

2006

Medio milenio de Venezuela

LOS SETENTA Y CUATRO TEXTOS que forman *Medio milenio de Venezuela* fueron seleccionados por el profesor e individuo de número de la Academia Venezolana de la Lengua Efraín Subero. Ya antes, el profesor Subero había coordinado la publicación de una bibliografía uslariana y era, sin la menor duda, un estudioso y conocedor de la obra escrita del caraqueño. Esta antología, que ahora se edita por tercera vez (la segunda edición llevó pie de imprenta de Monte Ávila Editores, en 1991), incluye ensayos, conferencias, discursos y artículos de la columna Pizarrón, escrita por Arturo Uslar Pietri durante cincuenta años en el diario *El Nacional*. La selección comprende doce capítulos temáticos, organizados después de contar con las piezas del mapa sobre la mesa de trabajo, a saber: Descubrimiento y geografía. Pequeño repertorio americano. Nuevo mundo. Temas coloniales. El mestizaje. Independencia. La gente. Sobre inmigración. La riqueza. La identidad. Sobre tradición. El porvenir.

La primera edición de este libro (Cuadernos Lagoven) salió de la imprenta en mayo de 1986, fecha en la que Uslar cumplía ochenta años, y el país celebró el onomástico de distintas maneras, pero con el espíritu de la unanimidad. La idea de la publicación había surgido del propio Uslar, que veía acercarse la fecha de 1992, cuando se cumplirían quinientos años de la incorporación de América al mundo occidental o, también, del Encuentro entre dos mundos, como se llamó entonces la celebración. Sobre este tema, Uslar reflexionó en muchas oportunidades. Entre ellas, una de las más concluyentes fue la introducción a esta selección. Allí pone en duda la novedad del continente americano, llegando a considerar tan antiguo a Cortés como a Moctezuma. Con ello abogaba, con razones de peso, para que el llamado Descubrimiento de América se denominara Encuentro entre dos mundos y, además, que dejara de llamarse Nuevo Mundo a América, que era tan vieja como cualquier otro de los mundos del orbe. Trabajaba por que la novedad se hallara en la influencia mutua que experimentaron estos mundos desde que se vieron frente a frente.

Es indudable que el tema central de la tarea intelectual de Uslar fue Venezuela, pero desde este centro no perdía de vista que formamos parte de una comunidad histórica más amplia. Esta sensata disposición para estudiar la venezolanidad en el marco de un tablero complejo signa los análisis que nuestro autor adelanta en este y en cualquiera de sus libros de tema americano.

Felizmente, el concurso del autor y el antólogo dieron a luz *Medio milenio de Venezuela*: uno de los mejores compendios venezolanistas que se han conformado en el tiempo y que, gracias a la salvación de la dispersión hemerográfica, pudo reunirse en un solo volumen. Queda en manos de los lectores este libro que vuelve a tocar a la puerta en el momento preciso en que el país necesita escuchar de nuevo a sus voces más templadas.

2008

Educar para Venezuela

ENTRE LAS LÍNEAS TEMÁTICAS que acompañan a Uslar Pietri durante toda su existencia, la educación ocupó un lugar preponderante. Desde el comienzo de su vida intelectual tuvo un marcado interés por la figura histórica de Simón Rodríguez. De hecho, no solo es personaje de uno de sus primeros cuentos sino autor examinado en varios de sus ensayos y personaje principalísimo en su novela *La isla de Robinson*. Lo que más le interesaba de Rodríguez en materia educativa era su concepción de la educación para el trabajo. Esta tesis Uslar la hizo suya y trajinó los ámbitos de su magisterio personal difundiéndola con el fervor de los convencidos.

No sospechaba el joven narrador interesado en Rodríguez que muy pronto ejercería la docencia en la Facultad de Derecho de la Universidad Central de Venezuela, donde fundaría la Cátedra Libre de Ciencias Económicas y sociales, que sería la semilla de la Facultad homónima de su *alma mater*. Tampoco podía imaginar que pronto asumiría el Ministerio de Educación, por designación del presidente López Contreras, ni que le tocaría participar activamente en la redacción de la Ley de Educación de 1940, aprobada durante su ministerio por el Congreso de la República y tenida como la primera ley moderna sobre la materia. Entonces, era imposible que el joven ministro intuyera que la educación estaría reclamando su presencia hasta los últimos días de su vida.

El joven Uslar que sale al exilio en 1945, a los treinta y nueve años, va a hallar un espacio en el claustro de la Universidad de Columbia, en Nueva York, donde –después de una década de tareas gubernamentales– recupera el silencio del cubículo del profesor y la alegría de las aulas de clases. Luego, pocos años después de su regreso a Venezuela, en 1950, cuando la televisión hizo acto de presencia para siempre en los salones de las casas venezolanas, allí estuvo Uslar sembrando el conocimiento en su programa *Valores humanos*, cita semanal que supo mantener a lo largo de treinta y cinco años. Cuando es designado embajador de Venezuela ante la Unesco, en 1975, cuenta sesenta y nueve años y la vida le tiene reservadas muchas tareas literarias, políticas y educativas, aunque él pensaba que la línea final de su horizonte estaba cerca. Entre estas tareas estaba la de presidir la Comisión Presidencial para el estudio del Proyecto Educativo Nacional, en 1985. Como vemos, en su hoja de vida el tema educativo siempre estuvo allí, reclamando su voz.

Si bien el asunto de la educación lo abordó innumerables veces en su columna Pizarrón y fue objeto de sus ensayos, no fue sino en 1982 cuando se decidió a publicar un libro enteramente dedicado a la materia: *Educar para Venezuela*. El texto más lejano en el tiempo de los recogidos en la obra data de 1938, y no es otro que el discurso de instalación de la Cátedra Libre de Ciencias Económicas y Sociales, mientras que los más recientes son ensayos firmados en 1980. Más de cuarenta años de reflexión sobre la educación se reúnen en el libro, siempre guiados por el desiderátum robinsoniano de la «educación para el trabajo».

En las palabras prologales que el propio Uslar redactó para *Educar para Venezuela*, se lee con meridiana claridad:

> El destino del país depende directa e indirectamente de lo que haga o deje de hacer en materia de educación. El taller donde Venezuela se hace está en la escuela y en ninguna otra parte, ni siquiera en el despacho de los altos poderes públicos. Si queremos vislumbrar la Venezuela de mañana hay que asomarse a la escuela de hoy.

Será mucha la sustancia que el lector hallará en las páginas que siguen, tanta como la muestra anterior.

Aunque muchos de los ensayos surgieron al calor de la diatriba cotidiana, en todos ellos su autor voló alto y pudo ver el bosque desde las alturas. Es por ello que la vigencia de sus observaciones se hace tan evidente. Muchos lectores tendrán la sensación de que fueron articuladas el día de hoy. Esto suele ocurrir cuando la inteligencia muerde en la yugular de sus objetos de estudio. Queda en manos del lector un conjunto de textos luminosos, que sobreviven lozanos al paso del tiempo.

2008

Arturo Uslar Pietri: «El progreso del mundo se debe a los disidentes»

EN EL MUNDO LITERARIO venezolano algunos comentan que usted se ha prestado por demasiado tiempo a la actividad política. Se dice que esta circunstancia le ha restado tiempo a su labor como escritor. Este comentario nos remite a la vieja discusión sobre el papel intelectual, del escritor en la sociedad.

En primer lugar, quiero decirle que a mí me parece completamente injustificado que se diga que las otras actividades me han robado el tiempo para la literatura porque, más bien, he escrito demasiado. Creo que soy el escritor venezolano que ha escrito más, sin exageración. Tengo, imagínese usted, más de 45 libros publicados, entre los cuales hay 5 libros de cuentos, 6 novelas, más de 30 volúmenes de ensayos; he publicado más de 1200 artículos de prensa, he hecho más de 1200 programas de televisión. No sé cómo hubiera podido hacer más, ¿verdad? Creo que, honestamente, soy el escritor venezolano que ha producido más, sin duda alguna. No conozco otro que tenga ese volumen. De modo que es injustificado decir que las otras actividades me han robado el tiempo.

En cuando a ese viejo debate, que tantas veces se ha planteado, del escritor y su tiempo, el escritor y la sociedad, el escritor y la política, es un debate muy mal planteado y siempre es muy mal resuelto, por lo consiguiente. El escritor debe ser un hombre de su tiempo, un hombre de su sociedad, esté con ella o en su contra. No creo que haya existido nunca un escritor que no sea de su tiempo, aun los que creen que no son de su tiempo lo son y de una manera flagrante; y que no haya habido nunca un escritor que haya escrito fuera de la consideración de un medio en que se mueve como adhesión, como reacción, como sorpresa, como interpretación, de mil modos.

Lo que se ha discutido mucho, sobre todo en los últimos años –ya hoy en día eso pasó de moda– era aquello que llamaban el *compromiso*, si el escritor debía estar comprometido con un credo político o una ideología política o un partido político. Creo que no. Desde luego, todo escritor tiene una ideología y como todo ser humano tiene una manera de entender el mundo y de entenderse a sí mismo. Pero lo que no puede el escritor es convertirse en el apéndice de un movimiento político, en el apéndice y propagandista de una ideología, porque es renunciar a lo que se es. El escritor es una conciencia libre, fundamentalmente, y el gran papel que puede hacer en una sociedad es ser una conciencia libre. Ni estar en contra ni estar a favor; él desde su ángulo de lo que cree que es la verdad, y decirla y retratarla y reflejarla y combatir lo que cree un error, siempre que lo haga no como una acción apendicular de un movimiento político; siempre que lo haga como una expresión de su conciencia. Un escritor es la conciencia de su tiempo, aunque esté escribiendo poesía pura o abstracta. Por ejemplo, la poesía de Paul Valéry es una poesía totalmente de su tiempo y en la que es muy fácil ver por alusión o por omisión lo que estaba sucediendo en Francia en su tiempo. De modo que el compromiso del escritor trajo consecuencias atroces. Afortunadamente eso cesó; hoy en día ya nadie habla de literatura comprometida; por lo contrario, se le nombra con un sentido peyorativo. Pero en una época eso era la moda.

Hoy en día ya no tiene sentido, ya es evidente que los escritores, con su capacidad mayor o menor, con su sensibilidad, son fatalmente el eco, los intérpretes y la conciencia de su tiempo desde su propio ángulo personal. No tienen manera de escapar de eso.

Su diálogo con la poesía ha sido fecundo, pero ¿por qué no lo ha llevado a tener una mayor producción poética?

Ahora va a salir un nuevo libro de poesía. Pero las razones son probablemente obvias: nunca me he sentido poeta ni creo que mi obra central es la de un poeta.

He visto mi poesía como un complemento, como un remate natural, como una desembocadura inevitable de una reflexión. Hay cosas que a mí me interesa decir que las he dicho en el ensayo, en la ficción, pero que para llegar a lo que sería la síntesis final, el summum, el extracto, la clave final, no hay otra manera de encontrarlo sino con la poesía, y por eso lo hago como una salida final, como un escape de una cosa que no hallo cómo decir de otra manera.

Usted, que ha desarrollado tantas facetas, ¿en cuál de ellas se siente más cómodo?

No creo que uno se sienta cómodo en ninguna. No soy un transformista: un hombre que se para en un escenario y aparece como un faraón y luego aparece como un burgués del siglo xix y luego como un personaje del Renacimiento. No se trata de sucesivas reencarnaciones o metamorfosis. No. Quien me dicta siempre lo que he hecho ha sido la vida y lo que he hecho son respuestas a la vida, a lo que ha sido mi vida y esa exigencia de mi vida me ha planteado cosas a las que he tenido que responder por la necesidad de expresión que está en mí.

No ha sido el producto de una persona que se pone en un plan de virtuosismo a tocar con la mano derecha o la izquierda, no; es que de repente estoy tocado a cuatro manos porque era eso lo que había que hacer. Era eso lo que correspondía. No tengo en mi vida compartimientos estancos: una hora en que soy escritor, otra político o periodista. No, todo eso está mezclado en una cosa que soy yo y mis intereses, mis obsesiones, mis fantasmas, lo que usted quiera.

Por otra parte, no he ido a la política para ser un político profesional y me hubiera aterrado serlo, no porque tenga desprecio por los políticos profesionales.

Cuando usted era ministro, a los treinta y tres años, ¿a esa edad tenía claro que no quería ser político profesional?
En esa época han podido ocurrir muchas cosas. Es posible que si no hubiera ocurrido el golpe de Estado del 45 y el régimen que venía funcionando hubiera seguido evolucionando, habría salido de allí una Venezuela muy distinta a la de hoy en día. Me hubiera sido a mí muy difícil escapar porque estaba muy involucrado y quizás no hubiera podido hacer mi obra literaria como la hice; eso es posible.

Pero a la hora en que se plantea la política como una profesión, eso a mí siempre me ha aterrado. La política no puede ser una profesión, como ser escritor tampoco puede ser una profesión. Ser escritor es una necesidad existencial. Hay hombres que tienen una necesidad biológica de expresarse, de buscarle un sentido al mundo que los rodea, pero eso no se aprende ni se ejerce como una profesión. No se puede decir yo voy a ser escritor y voy a vivir de ser escritor; esa es una decisión muy sospechosa, revelaría que hay poca calidad en quien toma una decisión de esa clase.

Debe haber algunos aspectos no realizados de su personalidad. Algunos hitos o frustraciones.
Le voy a decir lo siguiente: entre las cosas que tengo se cuenta una muy buena salud mental, ¿verdad? Soy muy equilibrado y, por serlo, no soy ni nostalgioso ni añorante ni ansioso. Siempre he sido un hombre que se ha propuesto hacer las cosas y las ha tratado de hacer. No tengo remordimientos. En cada época de mi vida he sido un personaje distinto.

Si usted me dice a mí, hoy en día, por qué no reescribo *Las lanzas coloradas* le diría a usted que no por varias razones: primero, haría una novela distinta; y segundo, esa ya no es una obra mía. Esa es la obra de un joven de veinticuatro años que, hoy día, no soy yo. En el registro civil sigo siendo la misma persona, pero psicológicamente, emocionalmente no soy la misma persona. Entonces, no tengo derecho a tomar esa obra ajena; es como si cogiera una obra suya y me pusiera a rehacerla.

Con la explicación que ha dado puede inferirse que usted no tiene fantasmas.
De fantasmas vivo lleno, de fantasmas que son formas de llamada, formas de búsqueda... Mire, lo que a mí me ha mantenido vivo ha sido que siempre tengo un proyecto abierto, un presente actual y viviente y exigente, el tema presente sin volverse hacia el pasado y sin estar imaginando futuros hipotéticos, sino ¿qué hago yo ahora con esta hora que me han regalado y que tengo aquí? Vivo lleno de emoción por un libro que estoy haciendo. Si usted me pregunta «¿cuál es el libro más importante suyo?», le diré que el que estoy haciendo.

¿Qué opinión y qué relación a través de la lectura o personal tiene Ud. con las generaciones posteriores a la suya?
Desgraciadamente poca y no por culpa mía. Ya con la generación suya la situación puede ser distinta, porque ya usted me ve a mí allá, en una situación en la que no lo afecto ni poco ni mucho. Pero las generaciones inmediatas reaccionan violentamente. En Venezuela hubo una revitalización muy grande de una actitud literaria que le costó muy caro al país y a muchos escritores... de tal modo que eso trajo una gran reacción contra mí: si usted se pone a leer textos del cincuenta, sesenta, al setenta casi, usted verá que no existo; escritores que no me nombran y entonces fabrican escritores venezolanos, de méritos muy dudosos, que no han salido nunca de la parroquialidad venezolana, pero que ellos exaltan y esa es una manera de negarme a mí. Ahora, esto ya ha pasado,

felizmente ha pasado. Pero todo esto estableció la dificultad de acercarme a ellos. Eran ellos lo que me cerraban las puertas, no yo. Recuerdo aquella escena en la Universidad Central, grotesca y dolorosa para mí, cuando en un homenaje a Mariano Picón Salas no me dejaron hablar y sacaban unas pancartas que decían «Uslar Pietri asesino». Eran tiempos difíciles.

Sí, tiempos pasados.
Veo con mucha ansiedad y curiosidad aquello que está saliendo en Venezuela. Tengo la impresión, en primer lugar, de que están desorientados, están atrasados, demasiado parroquializados; no están viendo hacia el mundo sino hacia el pequeño grupo, escribiendo para diez personas y eso es muy peligroso.

Cuando nosotros éramos jóvenes escritores teníamos una visión universal; pensábamos que éramos importantes a escala mundial; queríamos ser traducidos al alemán, ser conocidos en París, en Madrid. Nosotros teníamos la vista puesta fuera. Cuando escribo *Las lanzas coloradas* lo hago pensando en un escenario mundial y no estaba pensando que mis amigos de la parroquia San José me iban a celebrar. Logré que esa novela, dentro del año de su publicación, fuera traducida al alemán y recibiera comentarios muy elogiosos en todas partes. Yo tenía la vista puesta en algo más ambicioso.

Aparte de los poemas que Monte Ávila le publicará próximamente, ¿qué otro proyecto literario tiene?
Bueno, ahora sale este libro de ensayos en España, que debe llegar pronto. A mí no me gusta hablar de cosas que voy a hacer porque es muy fácil decir, pero estoy muy entusiasmado con una novela que quiero hacer; es muy distinta a todo lo que he hecho hasta ahora.

Le quiero decir que para mí el gran problema es el tiempo, porque hago demasiadas cosas, hago mucho más de lo que debería hacer. Hago un programa de televisión semanal, escribo 72 artículos anuales y usted sabe que esos artículos míos están sindicalizados, se están publicando en 30 diarios de habla española. Después escribo un artículo mensual para la agencia EFE en un espacio que ellos llaman Grandes Firmas y, además, escribo 4 artículos anuales para la revista *Visión*. Doy conferencias y escribo libros, voy a actos públicos, de modo que estoy agobiado. ¿Cómo hago? ¿Me convierto en un caballo de circo? Es una pesadilla.

De Jorge Luis Borges ha sido muy difícil obtener una respuesta sobre su visión del mundo, su ideología. Solo en una de las infinitas entrevistas que ha concedido recuerdo haber sentido a Borges proclive a declararse anarquista. ¿Usted comparte en algo su posición?

«No estoy de acuerdo con ningún gobierno» fue lo que dijo Borges. A mí nunca me ha preocupado si soy un hombre de derecha, de izquierda o de centro; esas etiquetas no me importan. Reacciono como creo que debo reaccionar frente a la escena del mundo. De repente lo que digo puede coincidir con una posición de derecha o con una de izquierda; eso no me preocupa; jamás me han preocupado esas especies de lealtades ideológicas. Si usted me pregunta «¿cuál es su visión del mundo?», le diría: todavía no he terminado de tenerla, porque ¿qué es lo que he hecho viviendo? Enterarme de quién soy y cómo es el mundo que me rodea, pero esa tarea no ha terminado y solo terminará el día en que muera. No tengo una concepción del mundo, sería una cosa estúpida que lo dijera; si la tuviera sabría lo que no sabe nadie. Tengo unos atisbos, algunas perplejidades fecundas.

Parece que en su vida y en su obra siempre ha habido una resistencia a alinearse.

Es cierto. Lo único que he mantenido toda mi vida es que soy enemigo de los gobiernos autoritarios. Soy partidario de la libertad de conciencia, no de eso que la gente llama *libertad*, porque la libertad no existe. Pero el sagrado derecho a disentir, a decirle a usted «no estoy de acuerdo con lo que usted dice» y que por eso no me vayan a matar, a expulsar del país. Esta es la semilla de todo lo valioso que tenemos los hombres. Ahora, cuando se establece un conformismo, en el que hay que estar de acuerdo con algo, se llega a algo desnaturalizante; es la muerte de la personalidad.

¿Lo único revolucionario es el individualismo?

Así es, porque no somos otra cosa que individuos. El progreso del mundo se debe a los disidentes.

Dentro de las ideologías actuales, donde todo tiende a la serialización, a la estandarización, eso que usted dice no debe gustarles a muchos.

Eso ha cambiado muy radicalmente. Mire, eso que llaman «el fin de las ideologías» es algo exagerado. Pero lo que sí ha terminado es la dictadura de las ideologías. Ya no hay ideología dominante en el mundo, ya no hay riesgo de pensar y atenerse a las consecuencias. Hoy en día la gente que viene de las posiciones más definidas ideológicamente le han dado la espalda a eso y están buscando por su lado cómo expresarse, y a mí me parece eso sano, me parece bueno.

1986

Cronología Arturo Uslar Pietri (1906-2001)

1906

Nace un miércoles 16 de mayo a las dos de la madrugada, en la casa número 102, entre las esquinas Manduca y Romualda de la vieja Caracas. Es el primogénito del coronel Arturo Uslar Santamaría y Helena Pietri Paúl. Sus padrinos de bautizo serán el presidente de la República, Cipriano Castro, y su esposa, doña Zoila Rosa de Castro.

1908

Nace Helena Uslar Pietri, quien falleció antes de cumplir dos años.

1909

Nace Teresa Uslar Pietri, quien también fallece, recién nacida. Muere su abuelo paterno, el general Federico Uslar Hernández.

1911

Fallece su abuelo materno, el general Juan Pietri Pietri.

1913

Ingresa en una escuela atendida por una señorita. Allí aprendió a leer.

1914

Ingresa en el Colegio Francés, en la esquina de Mijares. Comparte aula con quien será amigo de todas las horas: Eugenio Mendoza Goiticoa.

1916
El 11 de junio hace la primera comunión en la capilla del Colegio Francés. Su padre es nombrado jefe civil de Cagua (estado Aragua), adonde se muda la familia. Allí es inscrito en la Escuela Unitaria, que dirigía el maestro Luis Alejandro Alvarado. Luego la familia se muda a Maracay (capital del estado Aragua) y es inscrito en la Escuela Federal Graduada Felipe Guevara Rojas, en donde concluirá la escuela primaria, en 1919. Allí conoce a quien será su compañero toda la vida: Carlos Eduardo Frías. Por razones familiares, traba amistad con los hijos del general Juan Vicente Gómez: José Vicente y Florencio.

1919
Para comenzar el bachillerato, es inscrito en el Colegio Federal de Varones de Maracay.

1920
El 28 de agosto publica su primer artículo en el diario *El comercio* de Maracay. Se tituló «El plátano o banano».

1921
Su familia lo envía interno a Valencia (estado Carabobo), al Colegio Salesiano. Permanece seis meses allí y regresa a Maracay.

1922
Hacia finales de año se le manifiesta un paludismo pernicioso. Los médicos aconsejan la mudanza a Los Teques (estado Miranda), de manera de combatir el mal desde un ambiente propicio. Es inscrito en Liceo San José, donde culmina el bachillerato, en 1923. Comparte aulas con Miguel Otero Silva, quien será su amigo desde entonces.

1923
Además de obtener el título de bachiller, el 23 de octubre, publica sus primeros relatos en la revista *Billiken*.

1924
Se muda solo a Caracas, en donde alquila una pieza en una pensión. Comienza sus estudios de Derecho en la Universidad Central de Venezuela. Frecuenta las tertulias literarias de entonces. Publica crónicas taurinas con el seudónimo de Don Critias, el exiguo.

1925

Nace su hermano Juan Uslar Pietri, quien se dedicará a la investigación histórica y la diplomacia. Participa en la Federación de Estudiantes de Venezuela como bibliotecario.

1926

Ingresa como escribiente en el Juzgado de Primera Instancia en lo Civil del Distrito Federal. Publica regularmente en la revista *Elite*.

1927

Sus colaboraciones literarias en las revistas y periódicos caraqueños se hacen habituales. Sus cuentos, ensayos y poemas son publicados, además de en *Elite* y *Billiken,* en *El Universal, Cultura Venezolana* y *Universidad.*

1928

En enero se publica el único número de la revista *Válvula*, de la cual es el autor de su editorial y principal entusiasta. Publica su primer libro de cuentos: *Barrabás y otros relatos.*

1929

Se gradúa de doctor en Ciencias Políticas en la Universidad Central de Venezuela. Es nombrado agregado civil en la Legación de Venezuela en Francia. Viaja a París y comienza sus labores diplomáticas. Asiste como secretario de Delegación a la sesiones de la Sociedad de las Naciones, en Ginebra.

1930

Escribe su primera novela: *Las lanzas coloradas*. Viaja a Italia.

1931

Se traslada a Madrid en busca de editor para su novela y lo consigue. *Las lanzas coloradas* es publicada por la Editorial *Zeus*. La recepción celebratoria es inmediata. Viaja a Egipto con su amigo, el escritor guatemalteco Miguel Ángel Asturias.

1932

Asiste como delegado a la Conferencia Internacional del Trabajo en Ginebra. Se publica la traducción al alemán de su novela. Viaja a Marruecos. Navega por el Mediterráneo.

1933
Aparece la traducción al francés de su novela príncipe. Se traducen algunos de sus cuentos a diversas lenguas. Viaja a Bélgica, Gran Bretaña e Israel.

1934
Regresa a Venezuela y se instala en Maracay, en casa de sus padres. Allí ejerce por pocos meses como presidente de la Corte Suprema de Justicia del estado Aragua.

1935
Abandona el cargo en Aragua y se muda a Caracas. Le es conferido el premio de cuentos de la revista *Elite* por su relato «La lluvia». Funda con Alfredo Boulton, Pedro Sotillo y Julián Padrón la revista *El ingenioso hidalgo*.

1936
Participa por algunos meses en la organización política ORVE. Trabaja en el diario *Ahora* y escribe muchos de sus editoriales, entre ellos el que se haría famoso: «Sembrar el petróleo». Es nombrado por el ministro Alberto Adriani, en el gobierno que se inicia del general Eleazar López Contreras, como jefe de la Sección de Economía del Ministerio de Hacienda. Luego es trasladado a la Cancillería como director de Información, y después de Política. Es nombrado presidente de la Asociación de Escritores de Venezuela. Publica su segundo libro de relatos: *Red*.

1937
Ingresa como profesor en la Facultad de Derecho de la Universidad Central de Venezuela; allí se desempeña al frente de la cátedra de Economía Política. Participa en el recién fundado Partido Agrario Nacional (PAN).

1938
Participa en la creación de la Cátedra Libre de Ciencias Económicas y Sociales en la Universidad Central de Venezuela. Esta será la semilla de la facultad que luego se fundó.

1939

Es nombrado director del Instituto de Inmigración y de Colonización (febrero a julio). Es nombrado ministro de Educación. Es el integrante más joven del Gabinete Ejecutivo. Contrae nupcias con Isabel Braun Kerdel.

1940

Participa, en su condición de ministro, en la comisión que revisa el proyecto de Ley de Educación, proyecto que es aprobado por el Congreso Nacional. Nace Arturo Uslar Braun, su primer hijo.

1941

Al comenzar el período presidencial del general Isaías Medina Angarita es nombrado secretario general de la Presidencia de la República.

1943

Forma parte de la comisión que redacta la nueva Ley de Hidrocarburos. Es nombrado ministro de Hacienda. Integra el equipo fundador del PDV (Partido Democrático Venezolano), agrupación que respalda la obra de gobierno de Medina.

1944

Regresa a desempeñar el cargo de secretario general de la Presidencia de la República. Es elegido diputado a la Asamblea Legislativa del Distrito Federal en las planchas de su partido, el PDV. Nace su segundo hijo: Federico Uslar Braun.

1945

Es designado ministro de Relaciones Interiores. Se publican *Las visiones del camino* (crónicas de viajes) y *Sumario de economía venezolana para alivio de estudiantes*. El gobierno de Medina es derrocado por un golpe cívico-militar el 18 de octubre. Uslar es hecho preso y luego enviado al exilio. Se radica en Nueva York con su familia.

1946

La Junta de Gobierno, a través de un tribunal *ad hoc*, le confisca sus bienes, entre ellos su casa. Consigue trabajo en el Servicio de Información Interamericano y luego entra como profesor en la Universidad de Columbia, en el Departamento de Español. Imparte clases sobre literatura venezolana.

1947

Publica en Buenos Aires su segunda novela: *El camino de El Dorado.*

1948

Inicia en el diario *El Nacional* una columna semanal que mantendría hasta 1998: Pizarrón. Publica su libro de ensayos *Letras y hombres de Venezuela.*

1949

El gobierno militar que ha derrocado al gobierno democrático de Rómulo Gallegos le permite regresar al país a visitar a sus padres. Publica su tercer título de relatos, *Treinta hombres y sus sombras,* y un nuevo libro de ensayos: *De una a otra Venezuela.* Obtiene el premio del concurso anual de cuentos de *El Nacional* con el relato «El baile del tambor».

1950

En julio regresa definitivamente a Venezuela. Ingresa a trabajar en la compañía de publicidad de su fraterno Carlos Eduardo Frías: ARS. En ella es nombrado integrante de su directiva. Es nombrado director del Papel Literario de *El Nacional.* Imparte la Cátedra de Literatura Venezolana en la Facultad de Filosofía y Letras de la Universidad Central de Venezuela. Viaja a Europa.

1951

Le es devuelta su casa. Muere su padre. Publica un libro de ensayos: *Las nubes.* Es elegido individuo de número de la Academia Venezolana de la Lengua.

1952

Publica *Apuntes para retratos*: conjunto de esbozos biográficos de personajes venezolanos.

1953

Publica su tercer libro de crónicas de viajes: *Tierra venezolana.* Inicia su programa de televisión, *Valores humanos.*

Estuvo haciendo esta serie semanal televisiva durante más de tres décadas.

1954

Le otorgan el Premio Nacional de Literatura, compartido con su amigo Mariano Picón Salas.

1955

Se incorpora como individuo de número de la Academia de Ciencias Políticas y Sociales. Publica una selección de sus artículos de prensa: *Pizarrón*. Aparece su estudio *Breve historia de la novela hispanoamericana* y, también, el primer tomo de la serie *Valores humanos*.

1957

Se estrenan sus obras de teatro *El día de Antero Albán* y *El Dios invisible*.

1958

Firma el manifiesto de los intelectuales en contra de la dictadura de Marcos Pérez Jiménez y es hecho preso. Al salir en libertad es corredactor del Acta de Constitución del gobierno de Wolfgang Larrazábal que sucede al de Pérez Jiménez. Se incorpora a la Academia Venezolana de la Lengua. Es elegido senador en las elecciones de diciembre, en las planchas de URD (Unión Republicana Democrática).

1959

El presidente de la República, Rómulo Betancourt, en un acto de pedagogía política aceptado por ambos, lo designa embajador plenipotenciario para la inauguración de la estatua de Simón Bolívar en Washington. Se estrenan sus obras de teatro *Chúo Gil y las tejedoras* y *La fuga de Miranda*. Publica un libro de ensayos intitulado *Materiales para la construcción de Venezuela*. Muere su madre.

1960

Se incorpora como individuo de número a la Academia Nacional de la Historia. Se publican *Chúo Gil y las tejedoras* y su ensayo memorable sobre Nueva York: *La ciudad de nadie*. Desarrolla una intensa actividad parlamentaria.

1962

Publica un nuevo libro de ensayos: *Del hacer y deshacer de Venezuela*. Es editada en Buenos Aires su tercera novela: *Un retrato en la geografía*.

1963

Un vasto sector de la vida nacional lanza su candidatura a la Presidencia de la República. Obtiene un caudal importante de votos en el centro del país, cerca del 40%. Es electo senador.

1964

Con el aval de sus electores, funda el partido FND (Frente Democrático Nacional) e integra el gobierno de Raúl Leoni, sobre la base del programa de Amplia Base que el gobierno convoca. Publica su cuarta novela, *Estación de máscaras*, y recoge en un tomo sus intervenciones parlamentarias: *La palabra compartida*.

1965

Publica *Hacia el humanismo democrático*, libro de ensayos que contribuye a dibujar el perfil de su partido.

1966

Se retira, con su partido, de la coalición de gobierno con Leoni. Publica su cuarto libro de relatos: *Pasos y pasajeros*.

1967

Renuncia a la Secretaría General de FND. Publica *Oraciones para despertar*: conjunto de discursos de tema venezolanista.

1968

Es elegido senador en las planchas del FND. Publica *Las vacas gordas y las vacas flacas*, un conjunto de artículos de temas diversos.

1969

Asume la dirección del diario *El Nacional*. Publica *En busca del nuevo mundo*, cuerpo ensayístico centrado en el tema hispanoamericano.

1971

Emprende un viaje alrededor del mundo y luego publica la experiencia: *La vuelta al mundo en diez trancos*. Entrega una nueva selección de sus artículos: *Vista desde un punto*. Publica un ensayo que alcanzó vasta notoriedad; se titula «Los expulsados de la civilización» y le responde al crítico inglés Kenneth Clark acerca de la importancia del aporte hispanoamericano al mundo. Le es conferido el Premio Nacional de Periodismo.

1972

Publica su primer poemario, *Manoa*. En España recibe el Premio de prensa Miguel de Cervantes; en Chile el Premio Mengerthaler, y en Estados Unidos el Premio María Moors Cabot.

1973

Es distinguido con reconocimientos en Argentina y Brasil. Se despide de la actividad parlamentaria y de la política activa; por ello pronuncia un recordado discurso en el Congreso Nacional.

1974

Concluye su período como director de *El Nacional*. Realiza diversos viajes por América y Europa.

1975

El presidente de la República, Carlos Andrés Pérez, lo nombra embajador de Venezuela ante la Unesco, en París. Publica *El globo de colores*, libro donde se recogen todas sus crónicas de viajes.

1976

Publica su novela sobre el tema del dictador hispanoamericano: *Oficio de difuntos*.

1977

Es nombrado vicepresidente del Consejo Directivo de la Unesco.

1978

Es publicado el libro del periodista Alfredo Peña: *Conversaciones con Uslar Pietri*. Recibe el Premio Henrique Otero Vizcarrondo al mejor artículo de opinión del año del diario *El Nacional*.

1979
La Universidad de París le otorga el Doctorado *honoris causa*. Concluye su embajada en París y regresa a Venezuela. Publica un poemario titulado *Escritura*, texto que se asocia con obras de Jesús Soto. Publica uno de sus mejores libros de ensayos: *Fantasmas de dos mundos*. Reaparece su programa de televisión *Valores humanos*.

1980
Es publicado su quinto y último libro de relatos: *Los ganadores*. Concluye una serie televisiva intitulada *Cuéntame a Venezuela*.

1981
Publica su novela sobre un personaje que le interesó desde muy joven: Simón Rodríguez. La obra se titula *La isla de Robinson*.

1982
Le es otorgado por segunda vez el Premio Nacional de Literatura. Publica un libro de ensayos: *Fachas, fechas y fichas*.

1983
En el año bicentenario del natalicio de Simón Bolívar publica un conjunto de ensayos bolivarianos titulado *Bolívar hoy*.

1984
La Academia Nacional de la Historia publica un libro homenaje *El valor humano de Arturo Uslar Pietri*. Le es conferido el Doctorado *honoris causa* de la Universidad Simón Bolívar y de la Universidad de Los Andes.

1985
El presidente de la República, Jaime Lusinchi, lo designa presidente de la Comisión Presidencial para el Estudio del Proyecto Educativo Nacional.

1986
Diversos sectores de la vida nacional se disponen a celebrar sus ochenta años. La Presidencia de la República, el Congreso Nacional y la comunidad académica le rinden homenaje. En Madrid, el Instituto de Cooperación Iberoamericana le dedica la

Semana de Autor. Publica el libro de ensayos *Godos, insurgentes y visionarios*, y el poemario *El hombre que voy siendo*.

1987

Se recogen en un solo tomo sus ensayos sobre artes visuales: *Giotto y compañía*.

1988

Se publica un segundo libro de conversaciones con el escritor. Se titula *Muchos hombres en un solo hombre* y su autora es Margarita Eskenazi.

1989

Se publica la investigación de Astrid Avendaño y Javier González titulada *Contribución a la Bibliohemerografía de Arturo Uslar Pietri*. Le es conferido el Doctorado *honoris causa* de la Universidad Metropolitana. En Madrid se publica el tomo *Iberoamérica, una comunidad*, coordinado por él, por honrosa designación de la monarquía constitucional española.

1990

Publica su última novela: *La visita en el tiempo*. Le es conferido el premio Príncipe de Asturias de las Letras; lo recibe en Madrid. Francia lo condecora con la Legión de Honor.

1991

Recibe el Premio Internacional de Novela Rómulo Gallegos por su obra *La visita en el tiempo*. Fallece su hijo Arturo.

1992

Encabeza el grupo de los llamados «Notables», que solicita la renuncia de la Corte Suprema de Justicia y luego la dimisión del presidente de la República después de los intentos de golpe de Estado de febrero y noviembre. Publica el libro de ensayos *Golpe y Estado en Venezuela*.

1994

Publica su último libro: *Del cerro de plata a los caminos extraviados*.

1995

En la Universidad de La Sorbona en París le rinden homenaje durante un Coloquio sobre Literatura y Cultura venezolanas.

1996

Cumple noventa años y el Congreso Nacional le rinde homenaje con palabras pronunciadas por Juan Liscano. Se publica *Los artículos de Pizarrón, aproximación al pensamiento de Arturo Uslar Pietri* del profesor Francisco Barbadillo. Fallece su esposa: Isabel Braun de Uslar Pietri. Sus apariciones públicas se reducen al mínimo.

1997

Se publican *Entre la razón y la acción* de Astrid Avendaño, un estudio detallado de su vida política, y *La vigilia del vigía, vida y obra de Arturo Uslar Pietri* de Jorge Marbán.

1998

En México, un jurado *ad hoc* le otorga el Premio Alfonso Reyes.

1999

Se inaugura la sala Arturo Uslar Pietri en el Celarg (Centro de Estudios Latinoamericanos Rómulo Gallegos). Fallece su hermano Juan Uslar Pietri.

2000

Acepta grabar horas de entrevistas con el escritor Rafael Arráiz Lucca, entre agosto y diciembre, con miras a publicar un tercer libro de conversaciones. Lo aqueja una enfermedad irreversible. El libro, *Arturo Uslar Pietri: ajuste de cuentas*, es publicado dos meses después de su muerte, en abril de 2001.

2001

El 25 de febrero, después de varios meses de quebranto, fallece en su casa de La Florida, en Caracas, a los noventa y cuatro años. El país entero se sume en duelo.

Bibliografía

Bibliografía directa

Novela

Las lanzas coloradas. Editorial Zeus, Madrid, 1931.
El camino de El Dorado. Editorial Losada, Buenos Aires, 1947.
Un retrato en la geografía. Editorial Losada, Buenos Aires, 1962.
Estación de máscaras. Editorial Losada, Buenos Aires, 1964.
Oficio de difuntos. Editorial Seix Barral, Barcelona, 1976.
La isla de Robinson. Editorial Seix Barral, Barcelona, 1981.
La visita en el tiempo. Editorial Norma, Bogotá, 1990.

Cuento

Barrabás y otros relatos. Tipografía Vargas, Caracas, 1928.
Red. Editorial Élite, Caracas, 1936.
Treinta hombres y sus sombras. Editorial Losada, Buenos Aires, 1949.
Pasos y pasajeros. Editorial Taurus, Madrid, 1966.
Los ganadores. Editorial Seix Barral, Barcelona, 1980.

Ensayo

Sumario de economía venezolana para alivio de estudiantes. Ediciones del Centro de Estudiantes de Derecho de la UCV, Caracas, 1945.

Letras y hombres de Venezuela. Fondo de Cultura Económica, México, 1948.
De una a otra Venezuela. Ediciones Mesa Redonda, Caracas, 1949.
Las nubes. Ediciones del Ministerio de Educación, Caracas, 1951.
Apuntes para retratos. Cuadernos de la Asociación de Escritores de Venezuela, n.º 71, Caracas, 1952.
Arístides Rojas. Biblioteca Escolar. Fundación Eugenio Mendoza, Caracas, 1953.
Breve historia de la novela hispanoamericana. Editorial Edime, Madrid, 1955.
Pizarrón. Editorial Edime, Caracas, 1955.
Valores humanos. Tomo I. Editorial Edime, Madrid, 1955.
Valores humanos. Tomo II. Editorial Edime, Madrid, 1956.
Valores humanos. Tomo III. Editorial Edime, Madrid, 1958.
Materiales para la construcción de Venezuela. Ediciones Orinoco, Caracas, 1959.
Del hacer y deshacer de Venezuela. Ateneo de Caracas, Caracas, 1962.
Hacia el humanismo democrático. FND, Caracas, 1965.
Oraciones para despertar. Ediciones del Cuatricentenario de Caracas, Caracas, 1967.
Las vacas gordas y las vacas flacas. Ediciones del Concejo Municipal del Distrito Federal, Caracas, 1968.
En busca del nuevo mundo. Fondo de Cultura Económica, México, 1969.
Vista desde un punto. Monte Ávila Editores, Caracas, 1971.
Bolivariana. Ediciones Horizonte, Caracas, 1972.
La otra América. Alianza Editorial, Madrid, 1974.
Viva voz. Ediciones de la C.A. Tabacalera Nacional, Caracas, 1975.
Fantasmas de dos mundos. Editorial Seix Barral, Barcelona, 1979.
Educar para Venezuela. Gráficas Reunidas, Caracas, 1981.
Fachas, fechas y fichas. Ateneo de Caracas, Caracas, 1982.
Venezuela en el petróleo. Ediciones Urbina y Fuentes, Caracas, 1984.
Medio milenio de Venezuela. Cuadernos Lagoven, Caracas, 1986.

Godos, insurgentes y visionarios. Editorial Seix Barral, Barcelona, 1986.
Giotto y compañía. Fundación Eugenio Mendoza, Caracas, 1987.
Golpe y Estado en Venezuela. Editorial Norma, Bogotá, 1992.
La creación del nuevo mundo. Editorial Grijalbo, Caracas, 1992.
Del cerro de la plata a los caminos extraviados. Editorial Norma, Bogotá, 1994.

Crónicas de viajes

Las visiones del camino. Ediciones Suma, Caracas, 1945.
Tierra venezolana. Editorial Edime, Caracas, 1953.
El otoño en Europa. Ediciones Mesa Redonda, Caracas, 1954.
La ciudad de nadie. Editorial Losada, Buenos Aires, 1960.
La vuelta al mundo en diez trancos. Editorial Tiempo Nuevo, Caracas, 1971.
El globo de colores. Monte Ávila Editores, Caracas, 1975.

Poesía

Manoa. Editorial Arte, Caracas, 1972.
Escritura. Ediciones Macanao, Caracas, 1979.
El hombre que voy siendo. Monte Ávila Editores, Caracas, 1986.

Teatro

El día de Antero Albán. La tebaida. El Dios invisible. La fuga de Miranda. Ediciones Edime, Caracas, 1958.
Chúo Gil y las tejedoras. Tipografía Vargas, Caracas, 1960.

Bibliografía indirecta

Uslar Pietri. Renovador del cuento venezolano. Domingo Miliani. Monte Ávila Editores, Caracas, 1969.

Bibliografía de Arturo Uslar Pietri. Efraín Subero. Universidad Católica Andrés Bello, Caracas, 1973.

Uslar: cultura y dependencia. Mario Szichman. Vadell hermanos editores, Caracas, 1975.

Conversaciones con Uslar Pietri. Alfredo Peña. Editorial Ateneo de Caracas, Caracas, 1978.

La cuentística de Arturo Uslar Pietri. Rosalina García de Jiménez. Universidad Central de Venezuela, Caracas, 1982.

Uslar Pietri: una manera de ser hombre. Ignacio Quintana. Cromotip, Caracas, 1982.

El valor humano de Arturo Uslar Pietri: homenaje de la Academia Nacional de la Historia. Varios Autores, Caracas, 1984.

Uslar Pietri: muchos hombres en un solo hombre. Margarita Eskenazi. Editorial Caralex, Caracas, 1988.

Contribución a la bibliohemerografía de Arturo Uslar Pietri. Fundación Polar, Caracas, 1989.

Las lanzas coloradas ante la crítica. Selección prólogo y notas Domingo Miliani. Monte Ávila Editores, Caracas, 1991.

Los artículos de Pizarrón. Aproximación al pensamiento de Arturo Uslar Pietri. Francisco Barbadillo. Ediciones de la Presidencia de la República, Caracas, 1996.

Arturo Uslar Pietri, entre la razón y la acción. Astrid Avendaño. Oscar Todtmann Editores, Caracas, 1996.

La vigilia del vigía. Jorge Marbán. Foncied, Caracas, 1997.

Todo Uslar. Varios Autores. Universidad Metropolitana-Editorial Panapo, Caracas, 2001.

Arturo Uslar Pietri: ajuste de cuentas. Rafael Arráiz Lucca. Los Libros de El Nacional, Caracas, 2001.

Arturo Uslar Pietri, biografía literaria. Tomás Polanco Alcántara. Ediciones Ge, Barcelona, 2002.

Vida y obra de Arturo Uslar Pietri. Rafael Augusto Cadenas. Universidad de Carabobo, Valencia, 2002.

Del retrato a la máscara en el laberinto literario de Arturo Uslar Pietri. Julio Rafael Silva Sánchez. Fondo Editorial Tiriguá, San Carlos, Cojedes, 2003.

Arturo Uslar Pietri 1906-2001. Rafael Arráiz Lucca. Biblioteca Biográfica Venezolana, n.º 27. Diario El Nacional-Banco del Caribe, Caracas, 2006

Arturo Uslar Pietri o la hipérbole del equilibrio. Rafael Arráiz Lucca. Fundación para la Cultura Urbana, Caracas, 2006.

Uslarianas. Rafael Arráiz Lucca. Universidad Metropolitana, Celaup, Caracas, 2007.

www.ingramcontent.com/pod-product-compliance
Lightning Source LLC
Chambersburg PA
CBHW031622160426
43196CB00006B/244